云南文库

学术名家文丛

《云南文库》编委会

主 任 委 员：李纪恒　赵　金　高　峰
副主任委员：钱恒义　张瑞才　陈建国　陈秋生
委　　　员：杨　毅　范建华　任　佳　李　维　张　勇
　　　　　　张昌山　王展飞　何耀华　贺圣达

《云南文库·学术名家文丛》编委会

主　任：赵　金
副主任：张瑞才　张云松　张昌山
委　员（按姓氏笔画排序）
　　　　王文光　王展飞　尤　中　朱惠荣　伍雄武　伏润民
　　　　任　佳　刘　稚　刘大伟　汤文治　李红专　杨　毅
　　　　杨先明　何　飞　何　明　何耀华　邹　颖　张文勋
　　　　张桥贵　陈一之　陈云东　武建国　范建华　林文勋
　　　　和少英　周　平　周永坤　胡正鹏　段炳昌　施本植
　　　　施惟达　贺圣达　崔运武　董云川　谢本书

主　　编：张瑞才
副 主 编：张昌山
编　　辑：马维聪　柴　伟　杨君凤

云南文库

学术名家文丛

王天玺学术文选

王天玺 著

云南人民出版社
云南大学出版社

作者简介

王天玺，男，彝族，中共党员，1942年10月生于云南省云县。1968年毕业于北京师范大学哲学系，1980年毕业中央民族大学民族学系，获得硕士学位；1968年到部队锻炼，1970年转为地方工作，先后在全国人大、国家民委、中共云南省楚雄州委、中共云南省委、中共中央机关《求是》杂志社工作，曾历任国家民委办公厅主任、中共楚雄州委书记、中共云南省委宣传部部长、中共云南省委副书记、中央党刊《求是》杂志总编辑。并先后当选中共十四大、十五大、十六大代表和十六大主席团成员，第九届、十届全国人大代表及第十届人大常委会法律委员会委员。现任中国少数民族哲学学会理事长、《求是》研究所所长、云南民族文化发展基金会理事长、中国发展战略基金会顾问委员会主席。

自20世纪80年代以来，作者先后参与起草《中华人民共和国民族区域自治法》，参与修改《中华人民共和国宪法》；出版《民族法概论》《变革时代行与思》《宇宙源流论》《先民的智慧》《民族、社会和国家》《"三个代表"兴中华》《金融海啸和世界大格局》《文化经济学》《社会主义文明的曙光》《中国模式论》等学术专著；在《人民日报》《求是》等报纸杂志发表多篇重要理论文章；主创大型电视片《东方之光》在中央电视台和全国20多个电视台播出，主编《中国彝族通史》等近2000万字的图书。

作者是著名的马克思主义理论家和民族学家，擅长哲学、政治、经济、文化、民族等方面的理论研究，并取得了众多理论研究成果。

总　序

中共云南省委书记 李纪恒

"盖文章，经国之大业，不朽之盛事。"一部承载责任与使命的好作品，必将是一部千古不朽的立言典范，也必将是一部历久弥新的传世教科书。千百年来特别是明代以来，许多贤人君子和名人大家在广袤的云岭大地耕耘、思考和写作，留下了闪光的足迹和丰厚的作品，足以飨及后进，启迪晚辈。在搜集、遴选和整理云南明代以来学术大家、学术名家著作的基础上，由云南宣传部门牵头推出了《云南文库》，这一丛书的面世诚为云南学术研究和出版界之盛事。

编纂《云南文库》是传承云南地域文明、提高云南文化自觉的有益尝试。"七彩云南"这片神奇的土地孕育了对中国乃至世界文明都有重要影响的古人类，造就了云南文化的丰厚积淀，从而构成了博大精深的云南文化艺术宝库。作为中华文化圈、印度文化圈和东南亚文化圈的交汇地，云南自古以来都不缺乏学贯中西的大师和博古通今的大家，从来都不缺乏魅力四射的光辉著作和壮美奇绝的文化遗存。其中，许多学术作品都凝聚了深邃的思想和超凡的智慧，体现了鲜明的地域特色和民族特色，彰显了有云南自身特点的知识谱系和学术传统。今天，我们将历史长河中的明珠拾起，用心记载云南学术史上的灿烂篇章，正是为了守护云南优秀的地域文化，为了汲取进一步繁荣发展云南哲学社会科学的养分和动力，进而筑牢云南文化自信的根基。

编纂《云南文库》是树立云南文化品牌、增强云南文化影响力的重要举措。云南文化是中华文化的有机组成部分，其悠久的历史文化、多彩的民族文化、独特的生态文化、包容的宗教文化，已经成为文化百花园中一枝流光溢彩、香飘四海的奇葩。千百年来，云南学者中英奇瑰伟之士以及众多寓居云南的外省学者念兹在兹，深植于云南沃土，扎根于传统文化，不懈探索、勤奋撰述，留下了一批经得住历史和实践检验的珍贵成果。特别是抗战时期，随着西南联合大学和相关研究机构的到来，昆明一时风云际会，云集了大批我国现代学术史上开宗立派的学术大师和著名专家，云南成为当时中国学术中心之一，诞生了大批学术经典。新中国成立后，云南学术研究取得很大进展，研究队伍空前壮大，学科建设卓有成效，学术成果日益丰硕，推出了一批享誉国内外的学术精品。近年来，《云南史料丛刊》《云南丛书》等一批历史文献和地方文献丛书相继刊印，云南文化的影响力和竞争力不断增强。今天，我们隆重推出《云南文库》，就是要为更多的人了解云南、熟悉云南、研究云南搭建一个平台和载体，为云南的经济社会发展、文化建设、文史学术研究等提供有益的历史借鉴，为在更广领域传播云南文化、打造云南品牌、增强云南软实力创造更好条件。

编纂《云南文库》是保障人民群众的基本文化权益的有效途径。文化建设的根本就是要用健康高雅的艺术、用智慧明辨的思想、用善良温厚的德行启迪人、引导人。编纂《云南文库》一个重要目的是丰富人民群众的精神文化生活、增进人民群众的幸福感。此次收入《云南文库》的著作，涉及哲学、历史、文学、语言、艺术、民族、宗教、政治、军事、外交等诸多方面，包含着丰富的自然、社会和人生哲理知识，体现了高度的人文关怀。阅读这些著作，有助于培育读者自尊自信、理性平和、积极向上的心态，有助于引导人们去发现、享用、珍惜世界和人生之美，能使大众的精神世界得以滋养和美化、人格得以陶冶和熏陶、心灵得以安顿和抚慰、情感得以丰富和升华，从而更好地满足人民群众多层次、多方面、多样性的审美需求。

编纂《云南文库》是推动云南跨越发展的必然要求。云南早在1996年就提出了建设"民族文化大省"的目标，是全国最早提出建设民族文化大省的省份之一。2000年，我省正式确立了"建设绿色经济强省、民族文化大省和中国连接东南亚南亚的国际大通道"的三大目标，把文化事业和文化产业的发展纳入了全省经济社会发展战略的范畴。2009年召开的中共云南省委八届八次全委会，作出了把云南建设成为"绿色经济强省、民族文化强省、中国面向西南开放的桥头堡"的重大决策，把云南文化建设推向了一个新的阶段。2011年11月，云南省第九次党代会进一步明确了科学发展、和谐发展、跨越发展的发展主题，要求更加自觉、更加主动地推动文化大发展大繁荣。当前，云南人民正豪情满怀地沿着建设民族文化强省的道路阔步前行，具有云南特色的文化模式已经也必将进一步焕发动人而耀眼的光芒。我们将以打造《云南文库》等一批社科品牌和文化精品为契机，继承优良传统，发挥优势，突出特色，以面向现代化、面向世界、面向未来的宏大眼光，锐意进取，积极开展学术研究，努力创造出无愧于时代、无愧于人民、无愧于历史的优秀学术成果和文化产品，更好地弘扬以高远、开放、包容的高原情怀和坚定、担当、务实的大山品质为主要内容的云南精神。

《云南文库》最终得以发行，首先是众位先贤心血和智慧的结晶。在此，我们要对创造了云南学术精品并因此而为中华文化做出杰出贡献的学者们表示崇高的敬意！在《云南文库》的编纂过程中，相关编纂单位、出版单位和参加整理的学者，以高度的责任感和使命感，兢兢业业地做好编校和出版工作，正是有了他们的辛勤劳动和精心工作，才有如今的翰墨流芳。在此，我要诚恳地道一声，大家辛苦了！《云南文库》从构想走向现实，离不开众多读者和社会各界人士的支持，我也一并向你们表示诚挚的谢意！同时，衷心希望同志们一如既往地为云南文化建设献智献策，欢迎更多的同仁志士参与到云南文化建设的伟大事业中来！

谨为序。

目 录
Contents

卷一 理论创新

中国模式是人类文明的一种崭新形态 ……………………………… 3

两个太阳的世界 …………………………………………………… 12

马克思主义中国化与中国经验马克思主义化
　　——纪念毛泽东同志诞辰110周年 ……………………………… 35

磨亮我们的根本思想武器 ………………………………………… 39

解放思想
　　——一个重大而迫切的课题 …………………………………… 45

中华民族伟大复兴的指路明灯 …………………………………… 47

中华民族的伟大创造 ……………………………………………… 59

伟大的历史使命 …………………………………………………… 67

创造的新纪元 ……………………………………………………… 72

共产党人要有浩然正气 …………………………………………… 74

东方之光
　　——"三个代表"与理论创新 …………………………………… 77

卷二　国际观察

社会主义是人民心中的太阳 ………………………………………… 113

多极世界和为贵
　　——兼评亨廷顿"文明冲突论" ………………………………… 127

科索沃独立与世界难题 …………………………………………… 140

世纪末的战争 ……………………………………………………… 145

中国模式与东西方平衡 …………………………………………… 148

被美化的西方政治文明 …………………………………………… 157

卷三　民族之论

中国各民族都是祖国统一的缔造者和维护者 …………………… 169

西藏今昔 …………………………………………………………… 174

彝学和彝学学派 …………………………………………………… 180

卷四　调查研究

茶·茶文化·茶产业
　　——关于振兴云南茶叶产业的调查报告 ……………………… 189

放眼彩云南 ………………………………………………………… 200

天府之国新跨越 …………………………………………………… 209

贵州有戏很精彩 …………………………………………………… 217

卷五　文化透视

中华文化的创新 ·· 225

人类发展的新时代 ·· 233

中华文化具有无与伦比的凝聚力 ···························· 240

文艺创作需要理论指导 ·· 242

愿世界华文文学更加繁荣 ····································· 246

不平凡的哲学家
　　——纪念冯定诞辰 100 周年 ···························· 249

生命大爆发 ··· 251

彩云之南大通道 ··· 260

中国西部小康之星 ·· 274

中华绿色赋 ··· 282

学术年表 ·· 312

卷一　理论创新

中国共产党人的理论创新，可以归结为这样一句话：马克思主义中国化和中国经验马克思主义化。

中国模式是人类文明的一种崭新形态

太阳从东方升起。

中国模式在世界的东方兴起。

中国模式的出现是一个客观事实，并已引起世人高度的关注。美国全球语言研究所跟踪全球75万家主要纸媒体、电子媒体和互联网站，挑选21世纪头10年中世人谈论最多的10大新闻话题。结果发现"中国模式"或"中国崛起"的话题高居榜首，总共被播发了约3亿次。

中国模式或中国崛起为什么会成为新千年以来最大的新闻话题？因为中国模式不仅与中国人有关，而且与全人类有关；因为中国模式推动世界重心东移，有利于形成平衡而和谐的新世界。

中国人曾经创造过非常辉煌的古代文明，正如保罗·肯尼迪在《大国的兴衰》中所说："在近代以前时期的所有文明中，没有一个国家的文明比中国文明更发达、更先进"。

辉煌的中华文明，是以雄厚的经济实力为基础的。根据英国经济史学家安格斯·麦迪森的研究，从耶稣诞生到1820年，中国都是世界上最大的经济体，中国对全球GDP的贡献超过25%。最高峰的1820年，中国GDP曾占全球总量的32.5%。此后不断下降。

古代西方人士来到东方，无不惊羡于中国灿烂的文明。在19世纪前的数百年里，整个西方都沉浸在马克·波罗的《东方见闻录》的巨大影响中。法国启蒙运动的大师如伏尔泰、德国大文豪如歌德、美国《独立宣言》的起草者杰斐逊都曾极力称颂中国，他们把中国人视为"天生的贵族"。

然而，从19世纪初以后，随着工业革命的展开，西方诸国逐渐变强，而中国则已经陷于停滞并向下沉沦,西方人看待中国的心态也从过去的向往变成轻蔑。英国汉学家约翰·巴罗曾在1840年出版的一本书中写到:"认为中国很强大,富裕辉煌,这是对常识的公开侮辱",中华民族是"一个野蛮的异端民族,几乎比野人好不了多少"。这样的话,巴罗说过,其他许多西方人也说过。他们这样说,正是为了把中国人当做"野人"来践踏和屠杀。我们今天没有忘记巴罗之流的谰言,是为了永远警醒自己:国家的强盛从来不是天命注定的,任何不求进取的民族,都会陷入内忧外患,被人蔑视和欺辱的悲惨境地。

我们当然也没有忘记,即使在中国社会最混乱,中华民族最悲惨的时候,西方仍然有一些具有超凡智慧和远大眼光的人,不敢轻视中华民族,并且相信中国将来的位置,是在世界的舞台中心。

法国人拿破仑关于当中国觉醒时就将震动世界的名言是众所周知的。

美国人罗斯福也曾在几十年前正确地预测过中国的未来。

美国外交政策专家约翰·伊肯伯里为了撰写《中国的崛起和西方的未来》一文,查阅了许多历史档案,从中发掘出一则宝贵的史料。在第二次世界大战期间,澳大利亚驻美大使欧文·迪克逊爵士曾参加罗斯福总统在白宫主持的一次会议。罗斯福在会上谈到中国未来的崛起和因循守旧的英国首相丘吉尔。狄克逊爵士在他的日记中这样记述当时的情景:"罗斯福说,他与丘吉尔多次讨论过中国问题,他感觉丘吉尔在中国问题上落后了40年,还把中国人称为'中国佬'或'华人'。他觉得这样做很危险。罗斯福想要与中国保持良好的关系,因为他认为,四五十年后,中国将很可能成为一个伟大强国"。

英国人丘吉尔在中国问题上的短视不值一提,他的同胞阿诺德·汤因比的智慧和真诚则非常令人感动。作为思接古今的历史学家,汤因比在对人类创造的几十种文明体系作了详尽的比较和研究后,特别推崇中华文明。几十年前,当有人这样问他:"如果再生为人,您愿意生在哪个国家,做什么工作?"他稍加沉思就回答说:"我愿意生在中国。因为我觉得,中国今后对于全人类的未来将起到非常重要的作用。要是生为中国人,我想自己可以做某种有价值的工作。"说完这些,汤因比意犹未尽,又补充说:"就中国人来说,几千年来,比世界上任何民族都成功地把几亿民众从政治文化上团结起来。他们显出这种在政治文化上统一的本领，具有无与伦比的成功经验。这样的统一正是今天世界的绝对要求。"

当历史进入 21 世纪的时候，人们惊讶地发现，当初拿破仑、罗斯福、汤因比等人对中国的预测和猜想全部变成了现实。

2010 年，中国已跃居世界第二经济大国。而且就发展的潜力、态势和增速来说，中国超过美国，成为世界第一经济大国，即使不是指日可待，也是指年可待的。

最近 200 年左右，形成了以欧洲为中心的国际关系，人们习惯了欧美主导的世界格局。然而，在 20 世纪和 21 世纪交替的时节，一个东方大国崛起了，一个曾经被人蔑视、被人践踏的落后国家，猛然之间成为创造人类历史的主角之一。这件事情简直不可思议，太令人震撼了。于是，"中国崛起"就成了前面提到过的"世界第一新闻话题"，"中国模式"就成了政治家和学者们热烈讨论的政治和学术课题。

此时，一个耐人寻味的现象出现了，这就是中国人对"中国崛起"和"中国模式"都显得非常淡定。关于中国经济总量超过日本的信息，在世界其他地方都是大新闻，但在中国只是一个普通的消息，各类传媒上都只是一带而过。

关于"中国模式"的讨论，中国人也是不怎么关心。人民网曾专门做了一个网上抽样调查，结果是 84% 的受访者不认为有中国模式。不仅如此，还有中国知名学者不赞成提中国模式。有的说，"模式"一词含有示范、榜样的意涵，中国无意输出"模式"，不如用"中国案例"来代替"中国模式"。有的说，我们的体制还没有定型，讲"模式"就有定型之嫌，这很危险，以后就有可能把这个"模式"视为改革的对象。还有人说，"中国模式"是一些别有用心的外国人提出来的，意在遏制中国的进一步发展。

中国人为什么对"中国崛起"的说法如此淡定？一方面，可能是"不识庐山真面目，只缘身在此山中"，我们更多地关注中国社会存在的现实问题，至于中国的发展对外界产生的巨大影响则不容易直接感受到；另外一方面，更重要的是中国人对自己所走的道路非常自信，并且有着远大的目标，在实现中华民族伟大振兴的长征途程中，成为世界第一、第二经济大国，都只是一些不应过度关注的阶段性成果。

至于许多中国人不关心"中国模式"的讨论，那可能是误以为"中国模式"同"中国特色社会主义"不相干。

实际上，"中国模式"就是"中国特色社会主义"。"中国模式"最早是邓小平提出来的。

1980年5月，在谈到各国共产党的关系时，邓小平说："中国革命就没有按照俄国十月革命的模式去进行，而是从中国实际出发，农村包围城市，武装夺取政权。既然中国革命胜利靠的是马列主义普遍真理同本国实际相结合，我们就不应该要求其他发展中国家也采取中国的模式"。邓小平在这里主要讲的是夺取革命胜利的中国模式。

1988年5月，邓小平在接待莫桑比克朋友时说："世界上的问题不可能都用一个模式解决。中国有自己的模式，莫桑比克也应当有莫桑比克的模式"。邓小平这里讲的是解决国家发展问题的中国模式。

在邓小平的心目中，夺取革命胜利的中国模式，解决国家发展问题的中国模式，本质上是一致的，都是"中国特色的社会主义"。

"中国模式"不是别的什么东西，就是中国人民走出来的社会主义道路，就是中国特色的社会主义。这是中国千百万革命者用鲜血和生命凝结而成的，是十多亿中国人民用勤劳和智慧创造出来的。中国模式的创造，毫无疑问是人类历史上最伟大的实践、最辉煌的成就。任何一个中国共产党党员，任何一个中华民族的儿女，都可以为我们创造了中国模式而自豪。

我们可以肯定地说，中国模式是人类文明的一种崭新形态。

马克思认为，历史上的文明形态都是以对抗为基础的。他说："当文明一开始的时候，生产就开始建立在级别、等级和阶级的对抗上，最后建立在积累的劳动和直接的劳动的对抗上。没有对抗就没有进步。这是文明直到今天所遵循的规律"。

马克思对文明历程的观察是深刻的，人类经历过的奴隶社会文明和封建主义文明，都是建立在"等级、级别和阶级的对抗上"。人类正在经历的资本主义文明则是"建立在积累的劳动和直接的劳动的对抗上"。

中国模式创造的文明不是建立在对抗的基础上，而是建立在和谐的基础上，这就是社会主义文明，这是区别于以往各种文明的崭新的文明。

像中国模式这样的社会主义文明，当然不是某种偶然出现的历史幻象，必定是在社会发展的大潮流中千锤百炼而成。

塑造和锤炼中国模式的是当今世界三大进步潮流：世界实现现代化潮流，社会主义胜利前进潮流，中华民族伟大振兴潮流。当代世界中如果有什么重大的奥秘，那么这三大进步潮流在中华大地上融合为一，共同锤炼出中国模式这种崭新的社会主义文明，就是最重大的奥秘。

塑造和锤炼中国模式基本特征的是中华振兴的伟大潮流。

中华人民共和国的成立是20世纪具有世界历史意义的伟大事件，标志着中国人民经过100多年的英勇斗争，终于推翻了帝国主义、封建主义和官僚资本主义的统治，结束国家四分五裂、民族蒙受屈辱、人民灾难深重的局面，开启了中华民族走向伟大复兴的历史时代。

这个伟大的胜利，是无数的革命志士用鲜血和生命换来的。毛泽东曾经说过："建立新中国死了多少人？有谁认真想过？我是想过这个问题的"。新中国成立的前一天，中国人民政治协商会议就作出了关于建立人民英雄纪念碑的决议。

人民英雄纪念碑的碑文如下：

"三年以来，在人民解放战争和人民革命中牺牲的人民英雄永垂不朽！

30年以来，在人民解放战争和人民革命中牺牲的人民英雄永垂不朽！

由此上溯到1840年，从那时起，为了反对内外敌人，争取民族独立和人民自由幸福，在历次斗争中牺牲的人民英雄永垂不朽！"

千百万人民英雄的生命熔铸而成的这座纪念碑，巍然屹立在中国最神圣的广场中央，标志着中国人民发出了共同的誓言：先烈们可以放心，我们一定会实现中华民族的伟大振兴！这个誓言是从13亿人民的心中共同发出的，是从5000年文明的长河中自然流出的，由此汇成中华振兴的伟大潮流，摧枯拉朽，改天换地，汹涌向前，无可阻挡。这个伟大潮流必定把5000年文明的精华溶进中国模式之中。

塑造和锤炼中国模式前进方向的是社会主义发展的伟大潮流。

没有压迫，没有剥削，人人都能平等相处，自由发展的社会思想，是一种朴素的社会主义思想。这样的社会理想，在人类文明的发展历程中，不论在东方还是在西方，都是自古就有的。当代社会主义包含着这样的思想元素，但它是作为一种思想体系、一种社会运动、一种国家形式、一种社会形态出现的。也就是说，当代社会主义是作为一种完整的系统的文明的社会形态出现的，它比古代的奴隶社会和封建社会优越，也比当代的资本主义社会优越。

当代社会主义潮流的第一个高潮于19世纪中后期出现在欧洲西部，法国的巴黎公社，英国的大宪章运动，德国的马克思和恩格斯发表《共产党宣言》，是第一个社会主义高潮的标志性事件。

社会主义大潮从西向东流，于20世纪前期形成以苏联为中心的第二个高潮。俄国十月革命成功、苏联的壮大、各国共产党的活跃、中国革命胜利和社会主义阵营的形成，是第二个社会主义高潮的标志性事件。

20世纪50年代中期以后，苏联逐渐演变成社会帝国主义国家，对内思想停滞、体制僵化，对外实行侵略和扩张。中国共产党人看在眼里，想在心里，开始自觉地探索有中国特色的社会主义道路。其间，国际环境非常复杂，国内困难也不少。因为急于求成，制定政策脱离实际，造成了一些重大的挫折。但是中国共产党人把错误当做智慧的源泉，愈挫愈奋，一步一步开辟出建设社会主义的宽广大道。

20世纪80年代末，当克里姆林宫红旗落地，苏联瓦解，整个东欧社会主义阵营改变颜色的时候，世界上许多目光肤浅的人以为社会主义已经失败，资本主义与之竞争的历史终结了。他们没有想到，这只是社会主义与资本主义竞争的新起点；他们没有看到，世界社会主义运动的中心，早已向东转移到了中国；他们更没有看到，在东方、在中华大地上，已经形成社会主义胜利的新高潮。

对于社会主义能够对资本主义取得竞争优势，邓小平充满了必胜的信念，他说："我们要用发展生产力和科学技术的实践，用精神文明、物质文明建设的实践，证明社会主义制度优于资本主义制度，让发达资本主义国家人民认识到，社会主义确实比资本主义好。"邓小平还说，到中华人民共和国成立100周年的时候，中国将达到中等发达国家水平，国民生产总值位居世界前列。"更重要的是向人类表明，社会主义是必由之路，社会主义优于资本主义"。

在20世纪和21世纪交替的关键时期，社会主义需要依靠中华民族的振兴开辟胜利前进的大道，中华民族则只能走社会主义道路才能实现伟大的振兴，由此形成的中国模式必定以社会主义为根本方向。

塑造和锤炼中国模式世界意义的是全球现代化的伟大潮流。

现代化是一个内涵丰富的社会发展过程，但最核心、最基本的是实现工业化，使不同形态的传统经济转变为以工业经济为主干的现代经济。

自工业革命以来，经过300多年的演变，在世界200多个国家和地区中，只有10多个国家实现了现代化；在全球60亿人口中，只有10亿左右的人实现了现代化。

这10多个国家的现代化，走的都是资本主义道路。这种道路的突出特征有两条，一是通过战争和殖民，大肆掠夺其他国家的财富；二是凭借先发优势和垄断地位，无限制地消耗地球资源，造成生态环境的严重破坏。

中国土地面积几乎和欧洲一样大，人口达世界五分之一，根本不能走这样的道路。新中国从现代化建设的第一天，就摒弃了给人类造成无数灾难的资本主义道路，坚定地走上了社会主义现代化之路。20世纪50年代初期，毛泽东就向全世界宣告："我们的总目标，是为建设一个伟大的社会主义国家而奋斗。我们是一个六亿人口的大国，要实现社会主义工业化，要实现农业的社会主义化、机械化，要建成一个伟大的社会主义国家。"

中国现代化起步的时候，借鉴了苏联的经验，得到了苏联的帮助，但中国从一开始就没有完全照搬苏联的做法，而是自己探索适合中国情况的现代化之路。毛泽东设计了一条"以农业为基础、以工业为主导"，注重农业、轻工业和重工业合理比例的现代化发展道路。实践证明，这样的发展道路优于苏联的道路，因为他们那里重工业太重、轻工业太轻、农业又非常脆弱，经不起经济风浪和政治风浪的冲击。表面强大的苏联国家一夜之间即分崩离析，与此有很大的关系。

到了经济全球化和现代科技革命突飞猛进的时代，13亿中国人以改革开放的大气魄全面推进现代化进程。这期间，中国与世界各国之间物资的交流、思想的交流、人才的交流达到了前所未有的广度和深度。一个有着最深厚文明底蕴的伟大民族，放下身段，向外部世界学习一切好东西。一个伟大的社会主义国家，解放思想，努力革除一切不利于走向现代化的体制弊端。正如邓小平所说："社会主义要赢得与资本主义相比较的优势，就必须大胆吸收和借鉴人类社会创造的一切文明成果，吸收和借鉴世界各国包括资本主义发达国家的一切适应现代社会化生产规律的先进经营方式和管理方法"。这样的学习，这样的改革，有利于中国，也有利于世界，并且彰显出中国模式的世界意义。

当今世界，中华民族伟大振兴、社会主义胜利前进和全人类实现现代化这三大进步潮流汇合在中华大地，奔腾在中华大地，不是一个短期的、偶然的现象，而是一个符合人类发展规律的长期的、必然的现象。从20世纪50年代到21世纪50年代，三大进步潮流的交汇形成一个高潮期。三大进步潮流在这一百年左右的高潮期，塑造中国模式，锤炼中国模式，推动人类发展走向社会主义文明的光辉境界。

"模式"本身是一个高度哲理性的概念，它表明事物内在本质的全面展现，表明事物特殊性和普遍性的具体统一，表明模式是可以借鉴可以学习的。中国模式是中国特色社会主义的全面展现，是中华文明特殊性和人类文明普遍性的具体统一。作为走向现代化的崭新道路，中国模式是可以为其他国家、其他民族借鉴和学习的。

人们可以从不同侧面去研究中国模式，为了方便读者把握，本文提出"一、二、三、四、五"的中国模式图。

"一"是一条道路，即中国特色社会主义道路；"二"是两大目标，即实现中华民族伟大振兴和社会主义胜利前进；"三"是"三个代表"，即坚持代表先进生产力，代表先进文化，代表广大人民的根本利益；"四"是四大制度，即人民代表大会制、共产党领导的多党合作制、民族区域自治和基层民主自治；"五"是建设五大文明，即建设经济文明、政治文明、精神文明、社会文明和生态文明。按照一即是多，多即是一的道理，五大文明又总归为社会主义文明，从而回到中国模式的本质。

中国模式成长过程中，来自西方世界的不是掌声和喝彩，更多的是批判和制裁。由于西方国家控制着国际话语权，几十年下来，中国发展的真情被严重扭曲，社会主义中国的形象遭恶意贬损。为了让世人看清真实的中国模式，本文在研究过程中运用了比较的方法，就是把一向被美化的西方模式和一向被丑化的中国模式放在一起进行比较，并且立足于用事实说话，让客观实际检验不同的思想理念，让社会实践评判不同的发展模式，以便于人类社会选择正确的前进方向。

（本文为《中国模式论》序言，原载《红旗文稿》2013年第7期）

两个太阳的世界

古人言：天无二日。

令人惊奇的是现在世界上流传一种说法：天有二日。

"天有二日"的说法是韩国人首先提出的。2009年8月22日，韩国《金融消息》发表一篇文章，题目很显眼："世界经济的另一个太阳——中国"。

文章写道："如果天上有两个太阳，世界将变成怎么样？这是我们小时候可能有过的疑问。突然提出这个话题，是因为现实世界中尤其是国际经济界中有迹象表明，两个太阳正同时升起。美国曾是全球经济界的太阳。但去年开始，全球经济陷入不景气，美国地位被削弱，此时另一个太阳升起来了，这就是中国。

太阳最重要的作用就是自己发光，将热传向四方。去年9月后，中国在全球经济界的作用日益接近太阳。中国政府的扶持政策刺激了消费，对华出口多和出口少的国家开始出现分化。通过各类指标，我们可以发现与中国贸易规模大的国家，其经济恢复速度相对要快。今年第二季度经济增长率，对华出口额大的亚洲国家表现出色，韩日分别为2.3%和0.9%，而美国和欧盟是-0.3%"。

一名韩国央行负责人也表示，美国一家独大时，只需将美国经济走势与韩国情况相结合即可，今后如果继续这样，将很可能招致失败。想象中的两个太阳如今成了现实。现在的情况确实变了，金融危机后，越来越多的人意识到不能再跟一个太阳走了。

经济是基础，从经济基础看，当今世界有两个太阳，已成为全球经济界的某种公识。不仅韩国人这样说，世界其他地方很多人也有类似的说法。

英国《泰晤士报》说，200年后，东方又成经济重心。

马丁·索尔雷发表在《泰晤士报》的文章写道，许多西方人嘲笑说，中国只能生产廉价的仿制品。他们认为，高级品牌和优质的创新服务仍将只属于西方。10年前可能是这样，现在当然不是了，经济力量正确定无疑地转向东方。

原因很简单，中国人有远大的抱负，对经济持务实态度。如果要给他们挑错的话，那就是他们乐于倾听和好学。任何人希望在中国获得成功，都必须向中国学习并理解中国的历史、规模、多样性和文化。

这一切并不是新鲜事，1825年，中国和印度在世界经济中所占的份额为40%，与高盛公司预测的2025年两国在世界经济所占的份额相同。

18世纪，中国的瓷器曾在世界市场占首位。后来，一些欧洲工厂生产出了质量相同但更便宜的产品，严重损害了中国的瓷器行业。这与今天欧洲和美国的制造业经历的过程刚好相反。这200年的剧变是势不可挡的。[①]

美国国家情报委员会2012年12月10日发布题为《全球趋势2030：可能的世界》的报告，承认全球最大经济体的地位将被中国超越，超级大国一家独大将成过眼云烟，预测到2030年美国霸权将会终结。

该报告称，在美国情报委员会与各国专家讨论未来趋势时，"中国是一个关键主题"，"许多人都同意报告中提出的美中关系可能是塑造未来的最重要的双边关系。"

该报告受到国际上广泛关注，澳大利亚广播网说，美国情报机构描绘了一幅中国崛起的场景，中国将在本世纪20年代超过美国成为最大经济体。中国对世界经济增长的贡献现在是美国的1.5倍，而到2025年中国将贡献全球经济增长的约1/3，远超其他经济体。

美国《华尔街日报的》的评论甚至以悲观情调说，面临糟糕处境的是整个西方文明：西方两个世纪以来在全球范围内的主导地位将被颠覆，美国和欧洲国家将不再享有霸权地位，而可能在一个多极化的世界中与充满

---

① 见英国《泰晤士报》2010年2月15日文章：《为何我们必须分享200年后东方再成重心》。

活力的新兴经济体分享这种地位。

国际货币基金组织公布的研究报告说，2010年时，按购买力平价计算，美国CDP为14.6万亿美元，中国为10.15万亿美元，相差不到5万亿美元。像中美这样的两个大国，GDP相差5万亿美元，不必看得很重，因为它只有相对的意义。

第一，它只能近似地反映两国的经济差距，不能真实表现双方经济实力的对比。例如，在中国的GDP中，以制造业为核心的实体经济占70%，服务业占30%；美国则反过来，以金融为核心的服务业占70%以上，实体经济甚至不到30%；虚拟经济再大，也离不开一个"虚"字，以股票、债券来表现的庞大财富，一夜之间就可能蒸发掉，百万富翁变成无产者是常有的事。个人如此，国家也一样。

第二，统计和测算，都是主观对客观的反映，由于主观手段不同，结果也会有很大的差别。例如，同样运用购买力平价法，美国彼得森国际研究所以佩恩表为根据，得出如下计算结果：2010年美国GDP为14.6万亿美元，中国为14.8万亿美元，中国超越美国。2011年初，美国《华盛顿邮报》和《印度时报》等媒体，都对此作了报道，"中国成为世界头号经济体"的轰动新闻不胫而走。

第三，最重要的不是现在的数据，而是发展的速度和趋势。2005年，按现行汇率计算，日本的GDP还是中国的3倍，但仅仅过了6年，中国GDP就轻松超过了日本。中国经济发展速度比美国快得多，2001年到2010年，中国经济增长了316%，美国只增长了43%。2010年初，美国《外交政策》杂志发表一份研究报告，认为以中国经济发展趋势推算，到2040年，中国经济规模会达到123万亿美元，远远超过美国。

展现在世人面前的中美关系的重要性，不仅只表现在经济方面，而是表现在当今人类生活的一切方面。

中国是最古老的世界大国，美国则是最年轻的世界大国；

中国是蓬勃崛起的东方大国，美国是颓势尽显的西方大国；

中国是最大的发展中国家，美国是最大的发达国家；

中国是最大的社会主义国家，美国是最大的资本主义国家。

中国是最大的世俗国家，美国是最大的基督教国家；

中国是最大的和平国家,美国是最大的霸权国家;

中国是东半球最大的国家,美国是西半球最大的国家。

……

诸如此类的许多重要比较,可以归结为一个比较:中国是最大的东方文明之国,美国是最大的西方文明之国。

我们开篇所说的两个太阳,实际上指的是两大文明,中国代表东方文明的太阳,美国代表西方文明的太阳。

全世界的人们不能不思索这样一个问题:为什么在众多东方国家和西方国家中,会形成两个势均力敌的"最大者"?为什么在21世纪初期,会出现两个太阳同时辉耀天庭的奇观呢?

这种奇观不是中国的玉皇大帝创造的,也不是西方的上帝创造的,是历史辩证法创造的。

历史辩证法说到底就是一句话,阴阳的对立统一。

如果我们把东方文明当做阳,西方文明当做阴,那么整个世界历史无非是东方文明和西方文明的阴阳平衡过程。

早在公元前时期,中国已是最大的东方文明之国,此后的2000多年间,中国一直是最大的东方文明之国。企图与之抗衡的西方文明之国根基不牢,在历史长河中总是缥渺不定,容易幻灭。工业革命后兴起的英国、法国、德国、意大利、西班牙都曾强盛异常,但领土和人口有限,规模不大。从长远来看,它们难以同东方文明大国相抗衡。

在历史辩证法的推动下,人类历史上出现了两大奇迹,一个是中国奇迹,一个是美国奇迹。正是中国奇迹和美国奇迹创造了两个太阳辉耀天庭的奇妙景象。

美国奇迹

历史辩证法需要一个超越欧洲诸强的西方文明大国,并为之创造了一切必要的条件。

符合历史辩证法需要的这个国家就是美国。这个国家是在18世纪后期才诞生的，仅仅过了100多年，就爆发式地成为一个世界大国，这真是一个奇迹！

17世纪初以后，一直到18世纪中叶，在英国和其他欧洲国家受排挤的基督教新教群众纷纷来到"新大陆"，在北美大西洋沿岸建立起13个殖民地。

13个殖民地的主体居民是英国人，受英国政府管辖，因而属于英国的殖民地。

殖民地的社会管理是双轨制，既有英国派出的总督，又有殖民地居民选出的议会。一般情况下，总督是殖民地的行政首脑，议会所通过的法律由他执行。但在有些殖民地中，议会权力凌驾于总督之上，总督要听命于议会的决定。

北美殖民地的建立，同奴隶制度是分不开的。当地实行的奴隶制度有两种，一种是白人契约奴隶制度，另一种是黑人奴隶制度。

因欠债无力偿还的白人，会被法庭判为契约奴隶；想到北美谋生而缺乏路费的英国穷人，会卖身为奴；被拐骗的乞丐、儿童会成为奴隶；英国的罪犯也愿到北美为奴，他们为主人服役五年或七年，就可以获得自由。

比白人契约奴隶人数更多，生活更苦的是黑人奴隶，他们是奴隶商人从非洲贩运到北美为奴的。

北美殖民者不但残酷地压迫白人契约奴和黑人奴隶，而且野蛮地屠杀印第安人。殖民者闯进新大陆，对原住当地的印第安人采取两个办法，一个办法是把他们驱赶到西部山区不毛之地，另一个方法是把赶不走的印第安人屠杀掉，强占了他们的全部财产和土地。

殖民地和宗主国的矛盾是不可调和的，到18世纪60年代，北美殖民地和英国的矛盾突然尖锐起来。一方面，英法两国争霸欧洲的长期战争在1763年结束，为了弥补战争造成的巨大损耗，英国政府加重了对殖民地的剥削和掠夺，使其不堪忍受；另一方面，乘英法战争之机，北美殖民地的经济迅速发展起来，独立自主的倾向日益强化。

在北美殖民地争取独立的大潮中，杰弗逊和富兰克林这些杰出思想家起了推波助澜的巨大作用。

杰弗逊深受法国启蒙运动的影响，发挥了"人民主权"的思想。他强调，政府的一切权利都是人民委托给他的，如果政府实行暴政，并且引起人民的强烈不满，人民就有权用革命的手段推翻旧政府，建立新政府。为了推翻以暴政压迫人民的政府，人民起义是不可避免的。1787年，杰弗逊曾在一封信中写道："正好像在自然世界中雷电是不可缺少一样，在政治世界中，起义也是必要的。"杰弗逊的这些思想，成为北美人民反对英国殖民统治的有力武器。

富兰克林不但是一位发明了避雷针的科学家，而且是一位推动社会进步的思想家。富兰克林曾提出这样一个问题：社会的贫困是怎样造成的？他回答说：主要是因为"爱好劳动的人们必须把自己劳动的第一批果实分给寄生的懒惰的人们。而劳动者这样做是迫不得已的。"显然，这是对剥削制度的强烈控诉。

杰弗逊和富兰克林都坚持各族人民平等的思想。他们都反对当时盛行的奴隶制度，主张废除这个黑暗而罪恶的制度。杰弗逊同情印第安人的遭遇，他严厉谴责白人"剿灭"印第安人的罪行。富兰克林非常痛恨种族歧视，他主张黑人、印第安人应该享受和白人同等的权利。为了驳斥一些贬低印第安人的白人殖民者，富兰克林特别推崇印第安人的文化，认为印第安人拥有水平很高的独特文化，拥有合理的社会制度，拥有高尚的品格。

北美殖民地人民就是带着这些先进的思想理念走上争取独立和创立国家的道路的。

北美独立战争的引爆点是"印花税法"。1765年，英国政府颁布的"印花税法"规定：凡殖民地的商业契约、广告、历书，新闻纸以及一切证明文件，都必须贴上印花。这种印花税很重，单是一张大学毕业证书就需要缴纳两英镑的印花税，英国政府估计这项印花税每年将带来6万英镑的收入。

同年10月，北美殖民地举行代表会议，并通过会议宣言。"宣言"指出，不得人民的同意，或者不经过人民代表的同意，就不能向人民征税，这是天经地义的原则。在英国国会里，并没有北美人民的代表，所以英国国会向他们征税是不合理的。

北美人民不但发表宣言否定英国征税的权利，而且成立名为"自由之子"和"自由之女"的群众组织，用实际行动反对征税。他们在波士顿、

— 17 —

纽波特和纽约等城市捣毁印花税征税机关，驱逐税吏，声势日益浩大。

1775年4月18日，英国总督盖治将军派兵夺取民众武器，激起民众愤怒。在列克星顿发生的武装冲突中，英军死伤300人，民兵死伤99人。

列克星顿的枪声传到各地，人民运动的浪潮顷刻间就淹没了英国在北美的全部殖民地，群众到处进攻和夺取英军的堡垒、兵营和仓库。在人民起义大潮的推动下，北美13块殖民地一个接一个宣布独立。

1776年7月4日，由各殖民地代表组成的大陆会议通过了美国《独立宣言》。宣言的起草者是著名的思想家和革命家托马斯·杰弗逊、约翰·亚当斯和本杰明·富兰克林。

宣言分两个部分，第一部分发挥了人民主权的思想，从理论上阐明美国人民举行起义和宣布独立是完全正当的。宣言说："我们相信这是不言自明的真理：所有的人生下来本来都是平等的，他们被创世主赋予某些不可割让的权利，其中包括有生命、自由和追求幸福的权利；为了保障这些权利，才在人民当中设立政府，而政府的正当权利是来自被统治者的同意；如果任何形式的政府破坏这个目的，那么，人民便有权改变它或废除它，而建立新政府。把新政府建立在最能保障人民的安全与幸福的原则之上，并用符合于这种原则的形式组织它的权力……"。

宣言的第二部分列举英国国王对于北美殖民地人民施行的种种暴政，最后宣布："这些联合殖民地从此成为，而且名正言顺地应当成为自由独立的合众国；它们解除对于英王的一切从属关系，而它们与大不列颠王国之间的一切政治联系就应从此完全废止"。

《独立宣言》的发表，极大地鼓舞了北美人民的革命斗志，他们热情洋溢地走上战场，为争取美国的独立而战。

北美人民是在力量悬殊的情况下发动反英起义的，当时英国是世界头号强国，拥有雄厚的经济资源，还有强大的海军和武器精良的陆军，北美人民面临着同英国侵略军的生死战斗。

1787年，费城制宪会议制定了一部美国联邦宪法。这是世界近代史上第一部成文宪法，它促进了美国的统一，它确立了共和制。当时世界上普遍实行君主制，唯独美国建立了共和制，这是一个伟大创举，是对人类文明的重大贡献。

北美独立战争真正伟大的意义，是通过人民战争打出了一个崭新的国家——美利坚合众国。但是，北美社会发展中一些深层次问题，独立战争并没有解决。例如，野蛮黑暗的奴隶制度仍然存在着，千千万万黑人奴隶还在水深火热之中挣扎；半封建的租佃制及大土地所有制仍然存在着，实际耕作的农民未获得土地。

杰弗逊等人倡导的"人民主权"的思想只是停留在宣言上面。穷人被剥夺选举权，享有选举权的只是有产阶级。

萨拉托加战役失利后，英国远征军进攻重点转向南部地区。英军虽然取得一些胜利，占领了一些地方，但完全陷入了人民战争的汪洋大海之中被动挨打。1781年8月，华盛顿率军从北方南下，和南方起义军会合，在约克镇地区包围了康纳利斯指挥的英军主力，迫使其投降。至此，北美大陆上的英国侵略军已经完全瓦解。

1783年9月3日，美、英两国在巴黎签订条约，英国承认美国独立，并且把阿巴拉契亚山以西、密西西比河以东的土地割让给美国。

北美独立战争是一个伟大的历史事件，它使被压迫的北美人民从英国的殖民统治下解放出来，走上了独立建国的道路。正如列宁所说："现代的文明的美国的历史，是由一次伟大的、真正解放的、真正革命的战争开始的。"①

大陆会议不仅发表了《独立宣言》，而且任命华盛顿为起义军总司令。

华盛顿曾是一个土地测量员，英法争夺殖民地战争期间，华盛顿成为民兵指挥员，不但积累了军事经验，也获得了财产，成为拥有广大田庄和大量奴隶的大富豪。

当时的起义军都是自发组成的散漫队伍，活动性大，随兴参军，任意离队，多半不守纪律，不服从上级指挥。华盛顿针对这些弱点进行整编，逐渐组成一支战斗力很强的革命军队。华盛顿作为统帅，遇敌不慌，能沉着指挥作战，为美军克敌制胜发挥了重大作用。

美国独立战争的转折点是萨拉托加战役。1777年10月，柏高英将军率领的英国远征军在萨拉托加被起义军所围攻，弹尽粮绝的7000多英军

---

① 《列宁选集》，第3卷，人民出版社1995年版，第586页。

最后俯首请降。

独立战争胜利后，在新生的美国社会中，实际上存在着两种相互联系又彼此对立的劳动制度，在北方工商业发达地区，资本主义的自由劳动制占着主导地位；在南方农业地区，存在着以黑人奴隶劳动为基础的种植场经济。两种制度的矛盾渗透在社会生活的一切方面，特别是在扩张到西部的大片领土上，究竟实行自由的工商业制度还是实行奴隶种植制度，南北方的矛盾发展到水火不容、兵戎相见的程度。

1860年11月，代表北部工商业者利益的亚伯拉罕·林肯当选总统，南方奴隶主们深感危机，先后有11个州参与分裂国家的叛乱，于1861年初组成"美利坚诸州联盟"，悍然对北方发动武装进攻，一场决定美国前途命运的南北战争就此爆发。

战争初期，在要不要废除奴隶制度问题上，林肯总统犹豫不决，引起南北方人民普遍不满，再加上政治和军事上举措失当，北方军节节败退，南方军连获胜绩，一路北上，甚至直接威胁首都华盛顿。

危机关头，林肯痛切的感到：为了赢得战争，必须解放奴隶。

1862年9月24日，林肯发表《解放宣言》，宣布从1863年1月1日起，南方各州的奴隶全部获得自由，并且决定武装黑人。

马克思高度评价林肯的这个举动，称《解放宣言》是在"联邦成立以来的美国史上最重要的文件"。同时指出，由于发表了《解放宣言》，"在美国历史和人类历史上，林肯必将与华盛顿齐名"。[①]

马克思的评价非常准确。《宣言》一发表，大批黑人奴隶就投奔了北方军队，使北方军的战斗力突然增强。据著名学者杜波伊斯研究，有30万黑人在北方军中浴血奋战，有30多万黑人从事军事后勤劳动，有3.8万黑人战士献出自己的生命。解放了的黑人奴隶为战争胜利所作出的巨大贡献是任何人都无法否认的，林肯就说，"倘若没有黑人的支持，北方将无法取得胜利"。

1863年7月，北方军因取得盖提斯堡大捷而一举扭转战局。此后以两

---

① 马克思：《北部事件》，《马克思恩格斯全集》第15卷，人民出版社1995年版，第586页。

路大军分进合击，把南方军主力逼到叛乱"首都"黑土满一带。

1865年4月9日，南方军总司令罗伯特·李率队投降，历时四年的南北战争结束，实行奴隶制、进行武装叛乱和分裂国家的反动势力遭到彻底的失败。

19世纪60年代的美国内战，是一场伟大的资产阶级民主革命，包括黑人在内的人民大众积极参加了革命，不断把革命推向前进，消灭了奴隶制，为资本主义的大发展扫清了道路，也深刻地推动了社会的民主进程。列宁评价说，美国内战"具有极伟大的、世界历史性的、进步的和革命的意义"。①

内战结束之后，美国人民并未停下前进的脚步。奴隶制度废除了，建设一个全新的资本主义社会的条件齐备了，美国人民开始了他们非凡的创新历程，主要做了这样几件大事：

第一，建立了完善的资本主义经济制度。

资本主义的生产生活方式是在欧洲诞生的。从17世纪到19世纪，欧洲出现了许多资本主义国家，形成了多种多样的资本运作方式和相应的经济理论。革命后的美国人对这些方式和理论兼收并蓄，并根据当时的历史条件进行创新，形成了资本和产业相结合、垄断经营和自由竞争并行存在的美国式资本主义。从此，美国超越欧洲国家，成为引导资本主义经济发展潮流的国家。

第二，完善了资本主义政治制度。

欧洲国家的政治制度是多种多样的，有的国家还保持有封建主义的残余，众多的历史残余对经济发展和社会进步起着阻碍作用。美国是一个完全没有历史负担的新国家，他们从欧洲政治体制中引进了一切先进的东西，创造了比较完善的资本主义政治制度，为人类政治文明发展作出了重要贡献。

第三，发展了资本主义文化。

从发表《独立宣言》以来，人民主权的理想，自由、平等的观念，在

---

① 列宁：《给美国工人的信》，《列宁全集》第2版，人民出版社1972年版，第35卷，第57页。

美国广泛传播。同时，靠个人奋斗去争取成就和幸福的"美国梦"为人向往。以市场法则去发展文化产业大行其道。美国把资本主义文化发展到登峰造极的程度。

第四，善于运用科技革命的契机。

19世纪最后30年，是近代科技革命开花结果的重要时期。

经过改进的内燃机使用液体燃料，优于蒸汽机得到广泛运用。

电能的运用，电动机的发明，远距离输电技术的发明，可以把工作机安装在远离能源的地方，为广大地域的经济腾飞创造了条件。

从80年代起，人们从煤炭中提炼氨、苯、人造染料等化学产品，塑料、绝缘物质、人造纤维开始投入生产，诺贝尔发明了炸药、改良了制造无烟火药的技术，化学工业迅速发展起来。

电器工业的兴起，改造了旧的产业，开发了新的产业，新的炼钢技术得到推广，钢铁产量爆发式增长，机器制造实现了电气化。

火车、轮船得到改造，汽车开始到处跑，飞机即将腾空，无线电发明了，"传电脉冲方法"获得了专利，各大洲之间建立了电报网，交通运输大为改观。

新兴的美国对科技革命成果的运用比当时任何国家都成功，他们完成了一系列重大的发明和技术革新。仅在1860年至1890年间，美国政府颁发的专利证就达44万份之多。

第五，抓住了19世纪和20世纪之交的重大机遇期。

两个世纪交替的时候，往往潜藏着巨大的发展机遇。19世纪和20世纪交替时期，就存在着巨大的发展机遇。我们从前面论述中可以感觉到，从独立战争以来的各方面的发展，都为美国人抓住这个历史机遇期创造了主观的和客观的条件。

在两个世纪交替时期，英国作为头号资本主义强国正在走向衰落，与之形成鲜明对照，美国开始了突飞猛进的发展。

1870年到1913年间，美国工业跳跃式地增长了8.1倍，而英国却只增长了1.3倍。早在1894年，美国工业就超过英国，跃居世界首位。到1914年，美国工业生产总值超过240亿美元，占全世界的三分之一以上。在主要的重工业产品中，美国生铁产量由1860年的84万吨增加到1915年的 3300 万吨；钢产量从 1.2 万吨增加到 3200 万吨；石油产量从 50 万桶增加到 2096 万桶；发电量和汽车生产更是独步天下，其他国家望尘莫及。曾经称霸天下的大英帝国对咄咄逼人的美国感到威胁，又完全手足无措。罗斯伯里勋爵只好很无奈地说道，大不列颠很怕和美国搞经济竞争，因为"美国拥有的工业生产能力无与伦比，生产力量无穷无尽。"

美国从此一路顺风，势不可挡。两次世界大战重创了许多资本主义强国，但美国受损可控，不但赢得了战争，而且不可动摇地成为西方资本主义世界的龙头老大。

1776 年才诞生的美国，仅仅过了 100 多年，就成为世界上最强大的国家，这是一个真正的奇迹。美国人民创造了以最短的时间建设起世界上最强大国家的奇迹。所有的人都会由衷地赞叹：美国人民是伟大的人民！

中国奇迹

如果说美国奇迹是表现为近代才出现的不可思议的爆发性，那么中国奇迹则是表现为几千年传承不断的无与伦比的持久性。

世界历史是资本主义兴起并且形成世界市场以后才出现的，最初是西方学者按欧洲中心的定式进行编写的。中国被安放的位置是"远东"，长时间被边缘化了，因此，世人不能真正了解中国是唯一绵延几千年的伟大的文明古国。

中国作为文明古国的出现，比既有的世界历史教科书告诉人们的要早得多。汉文史料和彝文史料都奉黄帝为中华人文始祖，这是有充分根据的。农业的出现是人类文明形成的重要经济基础，而农业离不开天文历法。人们可以列出多项文明标志，天文历法的发明无疑是最重要的一项标志。根据彝文文献记载，5000 年前的黄帝时期，中华民族已经创制了一种先进的历法——太阳历。

太阳历非常简明，一年 10 个月，一个月 36 天，共 360 天，另有 5 天为"过年日"。如遇闰年，"过年日"为 6 天。

黄帝时代的中心是在西部地区，后来中心转移到中原地区。地理和气象条件都变了,为了适应中原地区农业生产发展的需要,创立了12个月和24节气的阴历。但在《夏小正》等重要文献中,还可以看到10月太阳历的影子。

生命来自太阳,能量来自太阳,文明也来自太阳。中华文明就源自黄帝时代的太阳历。

中华文化最根本最精致的表现是阴阳平衡的太极图,太极图就来自太阳历。由于地球和太阳的相对运动,上半年的5个月是从寒到热,这是阳;下半年的5个月则是从热到寒,这是阴。一天之内,也是这样变化。太阳和地球的这种相对运动影响一切、规定一切、渗透一切。这是宇宙之大法,是自然之大道。中华民族的祖先在5000年前就能够领悟和把握阴阳平衡之道,这不是很高的智慧、很高的文明吗?

黄帝时期还发明了一种特别的"干支纪年法",天干和地支相配,正好形成60年的一个"甲子周期"。如此循环递进,以至无穷。这个奇妙的"天干"和"地支",也是源自太阳历。一年10个月,对应10"天干"。每个月36天分上中下3旬,每旬12天,对应12"地支"。

黄帝时期的社会文明程度已经相当高了。

古文献《礼记·礼运篇》这样记述当时的社会情况:

"大道之行也,天下为公,选贤与能,讲信修睦。故人不独亲其亲,不独子其子。使老有所终,壮有所用,幼有所长,鳏寡孤独废疾者皆有所养。男有分,女有归。货恶其弃于地也,不必藏于己。力恶其不出于身也,不必为己。是故谋闭而不兴,盗窃乱贼而不作,故外户而不闭,是为大同。"

《礼记》不是黄帝时期的作品,但《礼记》这里记载的是原始共产主义社会的历史传说,这是可以肯定的。那个时候,社会的本质是"天下为公",人们各尽所能,不欺诈不盗窃,不争不抢,只是彼此关心,和睦相处。这不是野蛮混乱的社会,而是有秩序的文明社会。

文明中国兴起于5000年前的黄帝时期,不仅表现在历史传说和文献史料中,而且为最近几十年的考古成就所证明。考古学家们很兴奋地说,距今6000年左右,是一个"满天星斗"的非凡时期。中华大地的文明火花如同满天星斗一样璀璨。

2001年4月，在河南贾湖遗址，出土一支二孔骨笛。骨质呈棕黄色，两端刻有规则的菱形花纹，花纹细如发丝。经碳14测定，是9000前的乐器。

河南二里头，发现了一座5000年前的宫殿遗址。在600万平方米的遗址上，保留着多处宫殿遗迹。仅一号宫殿遗址就有1万平方米，上面有宫殿、门厅和回廊，中间是一个大庭院。围绕宫殿有道路和围墙。宫城之外，发现一处面积达1万平方米的铜器作坊遗址。贵族墓中出土的青铜器有鼎、爵、盉、铃等乐器，有戈、钺、戚、镞等兵器，有锛、凿、钻、锥、刀、和龟钩等工具。其中陶器和骨器上有刻画文字。令人惊叹的是在一座大墓中还发现一龙形物，由2000多片绿松石和玉质组件拼装而成，工艺相当精巧，是中华龙文化的重要象征。

像二里头这样5000年前的城市遗址，已经发现多处。最著名的有山西陶寺遗址、山东大汶口遗址、辽宁牛梁河遗址、江苏良诸遗址、湖北石家河遗址、四川金沙遗址等。

牛梁河遗址中有一座"女神庙"，内有彩绘壁画，有女人塑像。这些塑像残块复原起来，宛如真人，有的则比真人大两倍。

金沙遗址中出土一件"太阳神鸟"，为四鸟绕日飞行的金制美丽图案，应是与太阳历对应的一种神器。现代科学家想进行复制，但困难重重，遭遇了一次又一次的失败，引起人们对中华古文明的深深敬仰。

在汉语中，"国"字的含义是城。在金文或青铜器铭文中，国字的原始字形作"戈"加"口"，戈是声符，有执戈守城之意，口表示城邑。从字形上看，一个国家是以都城为中心，加上周围的领土构成的。"中国"原意是"中央之城"。

大量的考古材料，还有众多的文献史料和历史传说可以证明，早在5000年前，"中国"就在世界的东方出现了。当时的中国有发达的农业和手工业，有先进的天文历法，有阴阳平衡的思想体系，有和谐大同的社会组织形式。

5000年前，当欧美大陆的许多地方还是莽荒一片的时候，广大的黄河流域已是洒满文明之花的璀璨之地，这就是中国的奇迹！

在近代以前的世界历史上，出现过许多很有名的大国，如巴比伦、古埃及、亚述、古印度、罗马、波斯、奥斯曼等等。它们都曾经声名显赫，疆域广大，兵强马壮，但全都缺乏深厚的根基和稳定的核心，只是历史长河中的几个波浪，这些国家没有一个活到现在。

世界历史上的文明古国，生命力能延续几千年，直到现在还坚强活着的唯有中国，这就是中国奇迹！

如今的中国奇迹是怎样创造出来的呢？探索这个问题的思路可能是无限多样的。有的看经济结构，如古代中国形成了以黄河长江两大流域为核心的农业手工业经济区，并通过商业纽带吸附边缘畜牧业区，此种经济结构非常稳定，数千年很少变化。有的看民族结构，以结构核心区相互适应的是擅长农业和手工业的汉族人数十分庞大，自然居于国家人口的主体地位，众多的少数民族则同汉族存在着非常紧密的联系，这种民族结构也比较稳定，数千年很少变化。有的看政治结构，中国自古就形成了天下统一的理念和制度，虽然历史上出现过像春秋战国、五代十国那样分裂战乱的情况，但任何人都认为那是不正常的，必须复归到大一统的政治体制中，这种追求统一的政治理念能凝聚无比巨大的力量，往往能使国家分而复统，衰而再振，这种政治结构有利于稳定，几千年很少变化。

以上这些观察和分析都很有道理，但都是侧重于某个方面，不能揭示创造奇迹的总根源。

创造中国奇迹的总根源是中国人民，是中国文化。

什么是文化？"人类认识世界、改造世界的能力，人类发挥这种能力创造出来的物质和精神的东西，反映了人的本质，这就是文化，这是广义的文化"。[①] 这里说的"文化"，与"文明"是同等的概念。中国人民创造了中国文化，中国文化反映了中国人民的本质，中国奇迹就是这种本质的体现。

城市可以毁灭，黄帝、尧、舜、禹以及秦皇、汉武、唐宗、宋祖、成吉思汗都死亡了，但中国人民永生，中华文化永生。

文化通过文化力表现出巨大的能动性和创造性。

文化力的作用是无边的，无形的，无限的，永恒的。人们可以蔑视一

[①] 王天玺：《文化经济学》，云南人民出版社2010年版，第4页。

切，但是不敢藐视文化力 。

人类从野蛮的荒野进入文明的胜景，从奴隶社会进入封建社会、资本主义社会和社会主义社会，是文化力推进的。

地球上从古至今的一切奇迹，从中国万里长城、埃及金字塔、希腊迷宫、到飞船、卫星和现代化大城市，都是文化力创造的。

在无坚不摧的文化力面前，高山要让路，大海会献宝，一切黑暗的王国都会烟消云散。

在激动人心的文化力面前，枷锁可以打烂，梦想能变成现实，人类可以创造崭新的国家和美好的社会。①

创造中国奇迹的中国文化力是无形的、无边的、无限的。永恒的、虽然似乎看不见，摸不着，但它无时不有、无处不在。它存在于中国人民创造的一切物质和精神的东西里，存在于中国人的思维定式和生活习惯中，甚至存在于中国人的一闪念和举手投足之中。

19世纪后期到20世纪前期，就在美国猛然跃上世界第一强国的时期，包括印度在内的许多东方国家都被帝国主义列强灭亡了，成了失去国格的殖民地。中国也是国势一落千丈，成为穷国弱国，任人侵略欺辱，但毕竟没有亡国，因为有中国人民在，有中华文化在。

中国近代一度面临亡国的危险，人民饱受了百年的辛酸和苦难，但从历史辩证法看，这个苦难也并非没有价值。在与资本主义强国的激烈碰撞中，在刻骨铭心的无数失败中，先进的中国人警醒了，看到在千年旧制中因循守旧是多么危险，只有创新和革命才有民族的生路。

中国共产党举起了创新和革命的大旗，中华民族的先锋战士冲在创新和革命的最前列。国家重建的规模和文化创新的程度都是人类历史上罕见的。这是百炼成钢的过程，这是凤凰涅槃的契机。伟大的中国已经浴火重生，伟大的中华文化已经焕然一新。当中国共产党和中国人民用几千年的中华文明去吸纳世界上一切文明成果的时候，真正的奇迹便发生了。新中国只用了一个甲子年，就重新站上世界舞台的中心，并大踏步地走向人类进步潮流的最前列，这是世界上无与伦比的奇迹。

---

① 王天玺：《文化经济学》，云南人民出版社2010年版，第33页。

共创奇迹

21世纪的天空，容得下两个太阳吗？

中美两国能否共创奇迹？这是一个大问题，是一个关乎中美两国人民和世界人民祸福的大问题。

现在看来，中美关系的发展无非是以下三种情况：

第一种情况，中美两国友好相处，互助共赢，努力造福于两国人民，合力推动人类社会的文明进步。

第二种情况，中美两个大国像惯常的大国关系那样，多种矛盾聚集，利益冲突激化，直至爆发大规模战争。由于双方的武力都是前所未有的强大，战端一开，就会超出任何人的控制能力，足以陷世界于灭顶之灾。

第三种情况，矛盾和冲突不断发生，但双方都能顾及大局，适可而止，并在世界其他力量的作用下，达成相互可以接受的妥协。共同利益的领域不断扩大，相互合作的机制日益牢固，承认差别，尊重特点，以世界和平为重，共创新型的大国关系。

由于中美两国禀赋的文明不同，社会制度不同，双方的矛盾点无限的多，出现第一种情况只是善良人们的期望，实际上是不可能的。

当今世界上两个国家之间发生战争的可能性始终是存在的，中美两国也不例外。但因为中美两个大国都拥有摧毁对方的强大力量，特别是中美两国人民和世界人民珍视和平，反对战争，因此发生第二种情况的可能性非常小。

最可能发生的，应该是第三种情况。果然如此，中美两国也就能共创奇迹了。

从任何角度上看，中美两国都是可以分庭抗礼的。虽然美国在一些方面远占优势，但这种优势只是相对的。

值得人们认真观察的，是中美两国正处于不同方向的发展态势之中。

宇宙间的一切事物都有发生、发展和消亡的过程。资本主义社会也逃不脱这个规律。资本主义社会在地球上出现已经300多年了。从自由资本主义到垄断资本主义,再到金融资本主义,已陷入发展的困境。任何头脑健全的人都会看到,如今传染世界的金融之病、债务危机正是资本主义社会重病缠身的表象。

美国是最大的资本主义国家,在资本主义固有矛盾普遍爆发的大背景下,美国并不能独善其身,只能很不情愿地走进新的战略收缩期。

美国作为一个帝国,一直处在战略扩张和战略收缩的循环之中。

二次大战之后,美国作为最大的战胜国和最大的经济体,实施了大规模的战略扩张,在世界几十个国家和地区建立军事基地,驻扎大批军队,发动了侵略朝鲜的战争和侵略越南的战争。

到20世纪70年代初,由于深陷"越战"泥潭,美国被迫进行战略收缩。1969年11月,尼克松发表关于越南问题的演说。1970年2月,尼克松向国会提交外交政策报告。正式推出所谓"尼克松主义"。尼克松表示,美国将遵守"条约义务",但美国不可能承担所有"自由国家"的全部防务责任。也就是说,美国必须减少在全球承担的义务,实行战略收缩。

这次战略收缩使美国逐渐从"越南战争综合症"中恢复过来,到20世纪80年代初,里根政府又开始新的战略扩张。他们实行与苏联的全面对抗,尤其是发起了"星球大战计划",直到拖垮苏联,赢得冷战的胜利。老布什、克林顿和小布什三任总统打着"重振国威"的旗号,继续加强军事同盟,推动北约东扩,发动海湾战争,轰炸南斯拉夫,入侵伊拉克和阿富汗,挟其一超独霸的威势走向"帝国的过度扩张"。

这种"帝国的过度扩张"后果极其严重。实行"星球大战计划"以来,经过几场高强度、长时间、大消耗的战争,国家财富消耗殆尽,从世界最大的债权国变为最大的债务国,美国政府已成资不抵债的空壳机构。因为醉心于军事扩张和"金融创新",实体经济日渐衰弱,除了军事工业畸形发展之外,真正创造财富的其他产业越来越缺乏竞争力。看起来无比雄伟的美利坚帝国大厦,根基已然松动,脆弱得不堪重负。不仅如此,由于不顾国际社会的强烈反对,以推进民主和维护人权为幌子,把残酷的战争强加给一个又一个弱小国家,杀害了数以十万计的民众,给这些国家人民造成巨大的灾难。陷进伊拉克和阿富汗战争泥潭的美国,现在遇到的难题,已经不是怎样脱身的问题,而是曾经傲视天下的美式政治经济制度的光辉形象怎样不使它从天上掉到地下的问题。

面对如此形势，美国现在的当政者在战略扩张和战略收缩之间犹豫不决，收缩不甘心，扩张无能力。一会儿按扩张的惯性行事，一会儿则不得不收缩。美国人民寄厚望于奥巴马，但奥巴马不是超人，他上台几年，挣扎了几年，得到的结果是美国人民很不满意。在其任期内举行的中期选举中，奥巴马代表的民主党遭到了惨败。2012年总统大选，完全提不起民众的热情，因为争取执政的两个党对改变美国经济和社会发展颓势都显得一筹莫展。不可抗拒的困难局面正迫使美国延长战略收缩期。

马克思在150多年前就预言，美国的资本主义制度将陷入停顿并开始腐朽，由于疯狂投机，底特律汽车城有可能不再生产汽车。马克思的预言正在成为美国的现实。

中国则有完全不同的发展趋势。

从人类社会发展的大规律看，社会主义社会必然代替资本主义社会。中国是最大的社会主义国家，中国的前进方向是符合人类社会发展的进步潮流的。正是在这一点上，中国相比美国，占有明显的优势。

中国共产党人和中国人民经过几十年的艰苦奋斗，走出了中国特色社会主义道路，创造了一个崭新的发展模式，形成了"一、二、三、四、五"的中国模式图。

"'一'是一条道路，即中国社会主义的科学发展之路；'二'是两大目标，即实现中华民族伟大振兴和社会主义胜利前进；'三'是坚持党的领导、依法治国和人民当家做主三者有机统一，实现先进生产力、先进文化和人民利益三者有机统一，注重改革、发展、稳定三者有机统一；'四'是实行四大制度，即人民代表大会制、共产党领导的多党合作和政治协商制、民族区域自治和基层民主自治；'五'是建设五大文明，即建设经济文明、政治文明、精神文明、社会文明和生态文明。按照一即是多、多即是一的道理，五大文明又总归为社会主义文明，从而归到中国模式的本质。"[①]

全世界已经见证，中国模式的生命力是无限的，中国发展的速度、广

[①] 王天玺：《中国模式论》，红旗出版社2013年版，第9页。

度和稳定性都是超乎人们想象的。一方面，美国进入战略收缩期；另一方面，中国进入稳定发展期。这种情况决定了在21世纪第二个10年的开端，中美关系发展到一个影响深远的转折点：在此之前，中美两国是不平等的，总的态势是：美国强，中国弱；美国进攻，中国防守；美国压，中国顶。如今，这样的态势走到了终点，一种新的格局出现了，这便是中美两国在世界上"平起平坐"。

2011年初，一场全球直播的隆重仪式宣告了这个转折点的到来，这就是中国国家主席胡锦涛对美国的国事访问。

《印度时报》说：这个星球的每一个首都在关注这场为期4天的访问，关注中美元首的一言一行，他们每一个象征性姿态以及这对世界及其未来意味着什么。因为此次访问发生在极为关键的历史时刻：美国经济衰退已经是广泛共识，而中国正在冉冉升起。

英国《卫报》1月18日报道干脆写道："当胡锦涛走进华盛顿，中美终于平起平坐"。这种"平起平坐"，不仅体现在美国以最高规格迎接中国国家元首的到访，更重要的是体现在《中美联合公报》确定的共识中。

中美整体关系的共识是双方确定成为相互尊重、互利共赢的合作伙伴。

中美之间的整体关系有三个关键词："尊重""共赢""伙伴"。

"尊重"，意味着双方要尊重彼此的核心利益，尊重彼此的发展道路，尊重彼此的发展模式。

"共赢"，意味着双方不应是你输我赢，你兴我衰，而是互利互惠、共同受益。

"伙伴"，意味着双方在地区乃至全球问题上不应是敌对者，而是战胜困难的合作者、跨越挑战的同行者。

中美政治关系的共识是求同存异、平等互信。

中美两国历史文化、社会制度、发展水平不同，双方在政治上存在分歧和摩擦是正常的，但是只要求同存异，客观理性地看待对方，尊重对方领土、主权完整等核心利益，两国关系就不会偏离正常轨道。

实际上，中美两国真有"大同"，比如，两国都致力于维护世界和平稳定、推动国际体系改革；两国都致力于推动亚太地区发展，促进亚太地区繁荣；两国都致力于加强双边各领域合作、造福两国人民。

站在这些"大同"的基础上，双方就不难克服"威胁论""遏制论"的干扰，就能建立起两个大国的战略互信。中国领导人已经表示中国"欢迎美国作为一个亚太国家为本地区和平、稳定与繁荣作出努力"，美国领导人也高度评价中国取得的巨大成就，表示美国欢迎中国崛起，中国和平发展有利于美国，有利于世界。这样的战略互信将确保中美关系沿着正确的航道前进。

中美经济上的共识是全面合作，互利双赢。

中美之间新经济关系也有三个关键词："全面""互利""合作"。

"全面"，就是包括两国宏观经济政策、汇率政策、开放贸易和投资、知识产权、政府采购、中国市场经济地位、协商对话机制、金融监管等等。

"互利"是中美经济关系的突出特点，两国的经济利益已经交织在一起，而且是相互依存的。

"合作"，就是为了两国的共同繁荣，要长期相互配合，实现互补。

东风好作阳和使，逢草逢花报发生。站在全球最高的观察点，人们一定会发现，在当代历史的重要节点上，中美关系的每一次演进，都向全世界传递着新春的信息。

20世纪70年代，中美领导人在北京的历史性握手，建立起跨越大洋的战略联系，种下了打破冷战寒冬、催暖全球的种子。

30年前中国领导人首次访问美国，拉开了中国改革开放的历史大幕，催生了世界和平、发展与合作的世纪春风。

21世纪第二个10年的开端，中美领导人在华盛顿历史性的握手，强化跨越大洋的战略联系，共同迎接和谐世界的春天。

2011年的《中美共同声明》向全世界宣告，中美合作的时代已经来临，它将造福于中国人民和美国人民，也将有利于世界人民。韩国《中央日报》评论称，这次中美峰会标志着"美中同舟"时代开幕，"即使把此次美中首脑会谈称作中国正式成为G2的加冕仪式也不为过"，两国缔结的《共同声明》无异于同乘一条船的两个船长共同勾画出来的21世纪第二个10年的航海图。

不难看出，人们对中美关系的发展有很高的期待，但实际情况要复杂和严峻得多。确定建设相互尊重、互利共赢合作关系的中美《共同声明》刚刚签字，美国就大张旗鼓地开始实施"重返亚太"战略。总统奥巴马、国务卿希拉里和国防部长帕内塔一起上阵，在中国周边强化军事联盟，扩建军事基地，大搞军事演习，挑动南海和钓鱼岛争端，遏制中国的企图昭然若揭，还有一些冷战骑士提出了各种与中国对抗的战略方案。

这种遏制中国的作法在美国也不得人心，美国维基战略网站首席分析师托马斯·巴尼特对新保守主义者对抗中国的战略很反感。他直截了当地说："新保守主义派的甜言蜜语为我们国家划定了一条糟糕的航线，因为他们强迫我们去对抗的那股力量恰恰是决定美国复苏的那股力量——那就是中国"。[①]

中国人民观察世界自有定力，我们深知，无论在美国还是其他西方国家，都有一批死硬的反华人士，他们很难改变自己的立场和观点。中国脆弱，他们蔑视；中国强大，他们仇视。他们一直在思考、讨论和策划打倒社会主义中国的战略战术。随着中西关系大局的演变，他们或者得势，或者失势，但他们不会失声。

美国也好，其他西方国家也好，都是多元社会，有各种各样的政治派别。对这些死硬的反华派，一定要警惕，要戳穿他们的阴谋，但也不要以为他们就代表了美国，代表了西方。有时候，可以把他们的言论当做狗的吠声，让牠们吠去吧，路人照样前行。

习近平在2012年初访美时指出，宽广的太平洋有足够空间容纳中美两个大国。这不是外交辞令，而是说明一个基本事实，表达中国人的一个战略构想。

中国和美国都是太平洋地区的大国，这是上天的安排。改变这种状态就意味着违反天道，谁有这个胆量，谁有这个力量？

实事求是地说，中国完全没有"容不下美国"的野心和狂想。中美两个大国肯定存在着竞争关系，但大多数中国人希望这是一种良性的竞争关系。

---

① 引自美国《世界政治评论》杂志，2012年2月20日。

问题出在美国，美国有不少人容不下中国，他们害怕中国的崛起动了美国霸权的奶酪。

美国人有这种担忧心情，是自然的。如果美国经济继续萎缩，中国不断强势崛起，这种担忧心情只会更加严重。中国人理解美国人的感受，但我们不能为了照顾任何人的感受而停下实现中华民族伟大复兴的脚步。

实际上，只要美国人把"领导世界"的野心去掉一点，把霸权心态改一改，就会看到太平洋实在太广大了，就会看到向他们迎面走来的中国不是邪恶的挑战者，而是宝贵的合作者。

（原载《中美关系论》）

马克思主义中国化与中国经验马克思主义化

——纪念毛泽东同志诞辰110周年

共产党从1921年创建时的几十人,到如今壮大为8000多万党员的宏大队伍,一直高举着马克思主义的旗帜胜利前进。

在世界上,信仰马克思主义的不只是中国共产党人,从欧美各国到大洋洲,从亚洲到非洲、拉丁美洲,到处都有马克思主义者。

在人类历史上,没有任何一种思想理论能像马克思主义那样具有如此强大的威力。《共产党宣言》发表以来,150多年中,马克思主义一直是塑造世界的主要精神力量。

马克思主义的批判精神,工人阶级和广大人民群众坚持不懈的斗争的革命力量,迫使资本主义发生改变,从野蛮的资本主义变成现代"文明"的资本主义。

马克思主义武装的共产党人,团结广大人民,成为维护世界和平,推动人类进步的中坚力量。没有这样的中坚力量,战胜不了法西斯主义,也不会有二次大战结束以来整个世界总体上的和平。

马克思主义指引下创建的社会主义国家,使一些落后的民族实现了社会形态和生产力的巨大飞跃,物质生活和文化生活水平普遍提高,并且从历史发展的边缘地带走进创造人类文明的中心舞台。

马克思主义对世界的深刻影响,不仅表现在社会形态的变化,而且更深刻地表现在人们观念的变化上。由于马克思主义理论的批判性和深刻性,现在有文化的人再也不可能像没有马克思主义的时代那样去思考了。在意识形态领域,在人类思维的天地中,你可以赞成马克思,也可以反对马克思，但你绕不过马克思。马克思的观点已成为现时代深厚的思想文化背景。正如历史学家吕·费弗尔所说，"任何一个历史学家，即使他从来没有读过一行马克思的著作，或者他认为除了在科学领域之外自己在各个方面都是狂热的反马克思主义者，也不可避免地要用马克思主义的逻辑来思考，来了解事实和例证。马克思表达得那样充实的许多思想早已成为我们这一时代精神宝库的共同储蓄的一部分了。"另一个著名思想家 J. A. 熊彼德则这样评价马克思："大多数智力和想象的创作，经过一段时间，短的不过饭后一小时，长的达到一个世纪，就完全湮没无闻了。有些却不，它们遭受了晦蚀，但是又复活了。不是作为文化遗产中不可辨认的成分而复活，而是穿着自己的服装，带着人们看得见摸得着的自己的瘢痕而复活了。这些创作，很可以称之为伟大的创作。在我看来，伟大和生命力是联结在一起的。按这个意思来说，伟大这个词无疑适用于马克思。"

苏联东欧的社会主义实践失败之后，整个资本主义世界兴高采烈，它们的思想家，以弗朗西斯·福山为代表，大肆宣扬关于马克思主义和社会主义制度的终结："配合着流畅的进行曲节奏，它宣称：马克思已经死了，共产主义已经灭亡……它高呼资本主义万岁，市场万岁，经济自由幸甚，自由幸甚！"

当代资产阶级的政治家、思想家有理由庆幸他们对苏联东欧社会主义国家的"不战而胜"。但他们宣称马克思主义和共产主义也随之灭亡则显得过于肤浅。对此，历史和现实都会打他们的耳光。实际上，现实生活已经在打他们的耳光了。

苏联的加盟共和国和东欧各国并没有因为投入资本主义的怀抱而得救，至今还未完全走出危机。在发达的资本主义国家，许多根本性的矛盾一旦失去冷战大幕的掩盖，就日甚一日地暴露在光天化日之下。人们比过去看得更清楚，马克思揭示的社会发展并没有因为反马克思主义者的喧嚣而改变，马克思主义真理的光辉也没有因为社会主义运动的某些挫折而暗淡。

20世纪90年代中期以后，马克思主义者在世界范围内重新活跃起来。欧美国家一些享有盛誉的思想家的动向尤其引人注目。法国的德里达、美国的詹姆逊、英国的吉斯登、波兰的沙夫，都是在各自学术殿堂上有影响的学者。他们的背景和经历不同,但恰恰是在苏联东欧的社会主义国家崩溃之后,不约而同地走近马克思,满腔热情地研究马克思、宣传马克思、维护马克思。而在英国 BBC 举办的全球性评选活动中,马克思被评为"千年思想家之首"。这些引人深思的现象告诉人们:马克思活在现实世界中,也必将活在未来世界中。

马克思生前可能没有想到,在太阳升起的东方,在长江黄河奔流不息的中华大地,他的思想会找到最好的家园。马克思主义在世界上一些地方还只是一种思想家讨论的题目,但在中国,马克思主义已经是千百万人手中强大的思想武器。中国共产党人用马克思主义来认识世界,来改造世界,来创造人间奇迹。

社会主义中国在东方的崛起,显示了马克思主义理论的巨大威力。但这不是教条式马克思主义理论的威力,而是中国化马克思主义的威力。

中国化马克思主义不是"一化",而是"两化",即马克思主义中国化和中国经验马克思主义化。

所谓马克思主义中国化,就是把马克思主义同时代特征和中国实际结合起来,使马克思主义的基本原理同中华民族的优秀思想和中国共产党人的实践经验结合起来,使之在其每一表现中都带着中国老百姓喜闻乐见的中国特性和中国气派。

所谓中国经验马克思主义化,就是按照马克思主义的立场、观点和方法,把中国共产党和中国人民的实践经验上升为科学的理论,从中国的革命、建设和改革的具体实践中,揭示人类社会发展规律、社会主义建设规律和共产党执政规律,不断丰富和发展马克思主义,从而为新的实践提供有力的理论指导。

中国化马克思主义的形成和发展,是中华民族由弱变强的根本枢纽。启动这个根本枢纽的历史伟人是 110 年前在湖南韶山冲诞生的毛泽东。

历史上的伟大人物都曾志其所行,亦曾行其所志。20 世纪 30 年代后期,在红星照耀的宝塔山下,毛泽东鲜明地提出了马克思主义中国化和中国经验马克思主义化的历史任务,并且身体力行,创造了永远融入中国历史和世界历史的伟大功绩。

毛泽东用中国传统文化中的"实事求是"来揭示马克思主义活的灵

魂，由此确立党的思想路线。他创作的《矛盾论》《实践论》《人的正确思想是从哪里来的?》等经典著作，推动了马克思主义哲学的大普及、大发展，实现了马克思主义中国化的理性飞跃，重塑了中国人认识世界和改造世界的思维方式，这是中国人民能够不断创造历史奇迹的真正秘密。

毛泽东缔造了中国共产党和中国人民解放军，创造性地提出了新民主主义革命的理论，并且将武装斗争同党的建设、统一战线有机地结合起来，领导中国人民取得了新民主主义革命和社会主义革命的伟大胜利，对中国传统社会进行了根本性改造，使之成为人民当家做主的社会主义社会。

20世纪末期，当西方资本主义强国欢呼对苏联"不战而胜"，世界社会主义遭受严重挫折之时，中国共产党人不信邪，不怕压，坚持解放思想、实事求是、与时俱进的思想路线，先后举起邓小平理论和"三个代表"重要思想的创新旗帜，以非凡的勇气和智慧，打开了改革开放的历史之门，创造了社会主义自我完善的辉煌境界。

人类已经走进新的世纪，在中华大地上，社会主义胜利前进和中华民族伟大振兴两大进步潮流正融为一体，焕发出改变世界格局的伟大力量。中国共产党人将不断推进马克思主义中国化和中国经验马克思主义化，为创造新的人类文明作出应有的贡献，这是中国人民对毛泽东诞辰110周年最好的纪念。

（原载《求是》2003年第24期）

磨亮我们的根本思想武器

"解放思想,实事求是,与时俱进,开拓创新,是马克思主义活的灵魂,也是我们认识新事物、适应新形势、完成新任务的根本思想武器"。江泽民的这个精辟论断丰富和发展了党的思想路线,磨亮了我们的根本思想武器。

"与时俱进"一词,源自《易经》"与时偕行"。《易经》的"益卦"中有这样一句话:"天施地生,其益无方。凡益之道,与时偕行。"意思是说,给人民大众带来利益,就像高天降下雨露,大地滋生万物,没有什么固定的方法。如果抓关键,就是随时令前进,把握时机施行。

"与时俱进"的"时",讲的就是时机和时代。马克思主义是共产党人认识世界和改造世界的科学理论,必须随时代变化而发展,才能永远葆有强大的生命力。共产党人要为人民利益而奋斗,必须使党的理论、党的事业、党的建设与时俱进,而且要善于把握时机,既要反对超越时代的空想主义,也要反对落后于时代的教条主义。要永远做到解放思想,实事求是,与时俱进,开拓创新。

一个党,一个国家,一个民族,要与时俱进,要发展,就必须创新。江泽民说,整个人类历史,就是一个不断创新、不断进步的过程。没有创新,就没有人类的进步,就没有人类的未来;没有创新,就没有发展,就没有生命力。

什么是创新呢?创新是人类特有的认识能力和实践能力,是人类主观能动性的高级表现形式。用哲学语言来说,创新过程是人们运用物质运动的普遍规律,发挥主观能动性,使事物从无到有和从有到无的创造过程。

中国古代哲学中的一个重大命题,就是讲从无到有。老子《道德经》

第一章开宗明义："无名，天地之始；有名，万物之母。"第四十章说："天下万物生于有，有生于无。"都是讲从无到有。西方哲学则反过来，讲从有到无。黑格尔研究逻辑学，第一个概念是有，第二个概念是无。他是从有推到无。

实际上，撇开老子的"道"和黑格尔的"绝对精神"，东西方哲学的这两个命题是相反相成、互为补充的。

从无到有，从有到无，有无相生。这听起来很玄，其实并不难理解。例如，由于中国共产党人和中国人民进行改革开放的伟大实践，社会主义市场经济体制在中华大地上从无变成有，同时，集中的计划经济体制则从有变成无。一个伟大的创新活动就这样实现了。总而言之，一些现在有的东西，过去是没有的，经过人类的创造，有了。这样，无变成了有。但是这些现在的东西，原来并不是绝对的空无，而是某种别的东西，别的有。由于人发挥主观能动性，经过创造，产生了新的东西。新的东西产生后，原来的东西没有了，有变成了无。世界上所有创新，都是这样有无相生的辩证统一过程。这个从无到有、从有到无的创新过程，对人类的生存和发展太重要了。没有这种创新活动，人类可能还处于蒙昧状态，不可能有现在的文明社会。

我们的祖先很早就赞美创新活动了。3000多年前的商代就有一句名言，"苟日新，日日新，又日新"。

孔夫子非常赞赏这句话，他说："日新之谓盛德"，意思是说，如果能够做到天天都创新，那是最高的道德了。

可惜，在这个问题上，孔老夫子有点言行不一。他嘴上说创新是最高的道德，实际做的是"克己复礼"，是"信而好古"，很有一点保守的味道。他的一些弟子继承了他思想中保守的方面，并且把它推向极端，一直到董仲舒提出"天不变，道亦不变"这样反对创新的观念。

这种反对创新的传统观念在中国古代影响很大。中国封建社会长期停滞不前，中华文明由盛转衰，跟这种反对创新的传统观念有很大的关系。

五四运动的一个伟大功绩，就是打破了这种传统观念，激发了中华民族的创新活力，并且传播了具有与时俱进理论品格的马克思主义，直接为中国共产党的建立作了准备。从此，中国革命的面貌就焕然一新。

在中国社会中,反对创新的传统观念根深蒂固。这种传统观念必然要反映到中国共产党党内。我党历史上的教条主义很难根治,很大程度上就是这种反对创新的传统观念在作祟。用什么办法激发创新思想?用什么武器战胜教条主义?

这个办法,这个武器,是毛泽东发明的,这就是"实事求是"的思想路线。

众所周知,遵义会议确定了毛泽东在党和红军中的实际领导地位之后,很快取得长征的胜利,并且巩固了陕北革命根据地,建立了抗日民族统一战线,形势发展很快很好。但是不是径情直遂,一帆风顺。

1937年,王明从苏联回来了。王明当时是中共驻共产国际代表、共产国际执委会主席团成员和候补书记,来头不小。他一回来就反对毛泽东同志关于统一战线的正确主张,大讲"一切经过统一战线,一切服从统一战线"。党内许多同志糊涂了,动摇了。在年底召开的中央政治局会议上,王明作了报告之后,一些同志认为自己的思想不符合共产国际的要求,作了自我批评,毛泽东成了少数。

1938年初,党中央决定王稼祥代替王明任中共驻共产国际代表,并派任弼时和王稼祥到苏联去,找共产国际、找季米特洛夫汇报情况。季米特洛夫听了汇报之后,要王稼祥回来向中国共产党转达两句话:第一句,中国共产党的政治路线是正确的。第二句,在中共中央内部,应支持毛泽东的领导地位,王明缺乏实际工作经验,不应争当领袖。

王稼祥向党中央传达了季米特洛夫的指示后,大家恍然大悟:原来共产国际的态度是这样!于是都转而拥护毛泽东的正确主张,毛泽东得到了大多数同志的支持。这件事引起了毛泽东的深刻思考。他想,如果在统一战线这个问题上可以动摇,今后出现新情况,遇到新问题,同样会发生动摇。如果我们党没有正确的思想路线,就很难达成政治上和行动上的高度统一。所以,关键是要找到一条正确的思想路线。

什么是正确的思想路线?就是辩证唯物主义和历史唯物主义。但是,要让马克思、恩格斯这些外国人发现的辩证唯物主义和历史唯物主义为中国同志所接受,就必须把它中国化,把它和中国优秀的传统文化结合起来。

毛泽东是唯物辩证法大师，是学识渊博的革命家，具有非凡的创造能力。他从中国传统文化中找到了"实事求是"四个大字，加以创造性的改造。他说，"实事"就是客观存在着的事物，"是"就是规律性，"求"就是我们去研究。

"实事求是"是东汉史学家班固《汉书·河间献王传》中的话，原意是做学问应有的严谨态度。经毛泽东这么一改造，就具有了全新的意义，它揭示了马克思主义的精髓和灵魂，构成了我们党正确的思想路线。

经过延安整风，我们党确立了"实事求是"的思想路线，实现了全党在政治上、思想上和行动上的高度统一。于是，抗日战争胜利了，解放战争胜利了，社会主义中国出现在世界的东方。这充分证明，正确的思想路线具有无比强大的威力。没有正确的思想路线，没有与时俱进，开拓创新的精神，就不可能有中国革命和建设的伟大胜利。

"文化大革命"之后，中国处在一个重大的历史转折关头。在中国向何处去的问题上，当时人们的思想相当混乱。有的坚持"两个凡是"，有的要全盘否定毛泽东。邓小平应党心、顺民意，顶天立地地站了出来。他的办法不是别的，就是抓关键，即抓思想路线。他领导了真理标准的大讨论，重新确立了"解放思想，实事求是"的思想路线。于是，改革开放的大道打开了，建设中国特色社会主义的伟大事业蓬蓬勃勃地向前发展。

现在，我们有了"解放思想，实事求是"的思想路线，是不是就可以万事大吉了呢？不是。时代在变化，历史在发展，任务很艰巨，我们的思想路线也要丰富和发展。

江泽民在坚持解放思想，实事求是的基础上，强调与时俱进，强调开拓创新，也是抓关键，就是要丰富和发展我们党的思想路线。

"与时俱进，开拓创新"，怎样丰富和发展了党的思想路线呢？

首先，"解放思想，实事求是"加上"与时俱进，开拓创新"，能够完整地表达共产党人遵循社会运动的客观规律，发挥主观能动性，正确认识世界和改造世界的精神，突出了实践性和创造性。

其次，"解放思想，实事求是"加上"与时俱进，开拓创新"，不但强调了对客观世界的认识和改造，而且强调了认识主体和实践主体的自身改造，突出了共产党人的自觉性和先进性。

还有，与时俱进，开拓创新，突出了时代精神和创新要求。在经济全球化、知识化，社会信息化、网络化，科技革命化、产业化的时代，人们生产生活方式的变化之大、之快是前所未有的。不与时俱进，不创新发展，就没有先进生产力，没有先进文化，没有人民的根本利益。一句话，不与时俱进，不创新发展，共产党就不能坚持"三个代表"，就会被历史所淘汰。

现在，与时俱进，开拓创新，是文章中、讲话中出现频率很高的词汇。但是有的人这样讲、这样写，只是人云亦云，并没有真正理解与时俱进，开拓创新特殊的、重大的意义，也没有把这些概念提高到江泽民强调的高度。实际上，"三个代表"重要思想的提出，江泽民"七一"讲话和"5·31"讲话的发表，标志着一个理论创新的伟大时代已经到来，亟须我们把对创新、特别是对理论创新的认识提到江泽民强调的高度。

第一，创新不是一般的概念，而是根本性、决定性的概念。江泽民说，创新是一个民族进步的灵魂，是一个国家兴旺发达的不竭动力，是一个政党永葆青春的源泉。还有什么概念能够像创新这样成为民族进步的灵魂、国家兴旺发达的不竭动力、政党永葆青春的源泉？没有了。所以，一定要认识到创新是根本性、决定性的概念。

第二，创新有理论创新、科技创新、体制创新和其他创新，但根本性、决定性的是理论创新。理论创新，它是马克思主义唯物辩证法的根本要求，是推动其他创新的强大力量。要使党和国家的事业不停顿，首先理论上不能停顿。否则，一切新的发展都谈不上。如果没有新民主主义革命的理论创新，中国革命不能胜利；没有改革开放的理论创新，社会主义事业就会失去生机活力；没有"三个代表"的理论创新，中华民族的伟大振兴就很难实现。

第三，进行理论创新必须坚持两个基本要求：一是必须坚持马克思主义的立场、观点和方法，坚持马克思主义的基本原理。这一点，要坚定不移，不能含糊。二是一定要贯彻解放思想，实事求是的思想路线，坚持勇于追求真理和探索真理的革命精神。这一点，也要坚定不移，不能含糊。这两个"坚定不移，不能含糊"，始终是检验我们是不是真正的马克思主义者的试金石。

第四,理论创新要实现"三个解放出来"。一是从那些不合时宜的观念、做法和体制中解放出来;二是从对马克思主义的错误的和教条式的理解中解放出来,三是从主观主义和形而上学的桎梏中解放出来。这"三个解放出来",是层层递进的,最终是从世界观上解决问题。实践表明,这是最根本的。

第五,理论创新要依靠千百万人民群众。人民群众是实践的主体、认识的主体,也是创新的主体。在我们的时代,理论创新不只是少数领导干部和理论工作者的事,而是千百万人民群众共同的事业。创新是多方面、多层次的,只要有心,只要用心,人人都可有所作为。当几千万共产党员和亿万人民群众自觉参加理论创新、科技创新、体制创新和其他创新的时候,什么人间奇迹都可以创造出来。基于此,我们必须坚持解放思想,实事求是,与时俱进,开拓创新,不断磨亮我们的根本思想武器。

(原载《求是》2002年第17期)

解放思想

——一个重大而迫切的课题

"解放思想，实事求是"这八个字，对于亲身经历过改革开放巨大变化的中国人来说，是倍感亲切的。1978年底，党的十一届三中全会进一步确立了解放思想，实事求是的思想路线，实现了伟大的历史转折，我国从此进入了社会主义现代化建设的新时期。1992年初，邓小平发表视察南方的谈话，使全党和全国人民受到实事求是思想路线的深刻教育，由此带来思想上的又一次解放。当前，我们正处于两个世纪交替的关键时期，就云南来说，负担着2000年初步建立社会主义市场经济体制，全省基本实现小康的历史性任务。实现这个艰巨任务，需要我们全体同志解放思想，开拓前进。而目前我省相当一部分干部和群众还存在着许多不利于改革开放和发展生产力的思想障碍。正是在这样的时代背景下，省委在省第六次党代表大会上把"解放思想，更新观念"列在今后要做好的11项重点工作的首位，其重要性和迫切性显而易见。

解放思想与实事求是是辩证的统一。解放思想的核心是实事求是，解放思想不是破除原来的一切思想，而只是破除与客观情况不相符的思想，如果脱离了实事求是去解放思想，就不是科学意义上的解放思想了。另一方面还要认识到，坚持实事求是，必须解放思想。"实事求是"指人们去探求客观事物内部存在着的规律性，使思维与之相一致。这是马克思主义认识论的深刻内涵。它告诉我们，凡与客观事物不一致的思维或认识，都应破除；相一致的则应坚持。而这个破除，就得解放思想。当前，我们要反对教条主义、经验主义等错误思想和倾向，要破除温饱即安、小富即满，消极畏难、无所作为等与发展云南经济这个客观实际不相符的思想认识。解放思想的过程，就是认识与实际相统一、主观与客观相一致的过程，也是从事物运动发展中寻求正确处理和解决各种矛盾的方法的过程。

有破有立，破除了旧的、与客观情况不相符的思想后，要树立一种新的、符合客观规律的思想，也同样要解放思想。前些年搞家庭联产承包制破除平均主义，是结合我国农村实际提出的新的改革措施，但一开始有的同志不理解、不支持，需要有解放思想的胆略和勇气。当前我们要建立社会主义市场经济体制，这是一项全新的实践活动，还处于不断探索、总结的过程中。破除了如前所说的旧观念，要树立与市场经济相适应的新观念，如发展才是硬道理的观念，全方位对外开放的观念，科学技术是第一生产力的观念，敢试敢闯、敢为天下先的观念，也都需要解放思想。只有思想解放了，从"左"的、传统的僵化观念中摆脱出来，才能在马克思主义指导下，研究新情况，解决新问题。所以说，破和立，使思想认识符合不断发展变化的客观实际并创造性地开展工作，都需要真正解放思想。

解放思想，实事求是，是无产阶级世界观的基础，是马克思主义的根本观点、根本方法，是建设有中国特色社会主义理论的精髓，其内涵博大精深。我们要结合自己的思想实际和工作实际，认真地学习、研究。

十一届三中全会以来，我省在解放思想、实事求是的思想路线指导下，先后进行过关于真理标准、生产力标准、市场经济、所有制结构等比较广泛深入的讨论活动，不同程度地促进了思想的解放和经济的发展。这次的讨论是贯彻五中全会和省第六次党代会精神，到 2000 年建立社会主义市场经济体制，在全省基本实现小康的重要步骤，省委非常重视。这次讨论将更直接、更深入也更广泛地涉及到我省改革开放中碰到的一些重大理论问题和实践课题，因此，其意义的深远和重要，必将为我省改革开放和现代化建设的实践所证实。

（原载 1995 年 10 月 18 日《云南日报》）

中华民族伟大复兴的指路明灯

一位哲学家说过，人应当尊敬他自己，并且相信他配得上最高尚的东西。对当代中国人来说，最高尚的东西就是建设有中国特色的社会主义，就是马列主义、毛泽东思想、邓小平理论和"三个代表"重要思想。江泽民"七一"讲话激起亿万人民很高的热情，引起全世界广泛的关注，就是因为他讲述了我们时代最高尚的东西。这篇讲话，以马克思主义的伟大创新精神，系统地论述了"三个代表"重要思想，深刻地揭示了共产党执政的规律、社会主义建设的规律、人类社会发展的规律，是中华民族伟大复兴的指路明灯。

一、高扬理论创新的旗帜

中华民族要在21世纪实现伟大的复兴，靠什么打开通天之路，最根本的是靠马克思主义的理论创新。江泽民同志"七一"讲话，在世界面前高扬起中国共产党人理论创新的旗帜。

江泽民说，一个民族要兴旺发达，要屹立于世界民族之林，就不能没有创新的理论思维，这是人类文明发展史给人们的一个重要启示。他还强调指出，思想创新，理论创新，是引导社会前进的强大力量。把理论创新放到如此崇高的地位，就可以为振兴中华的伟业，为"三个代表"重要思想奠定坚实的哲学基础。

中华民族几千年的文明发展史表明，一个民族要走在时代的前列，要登上文明的高峰，一刻都不能离开创新的理论思维。春秋战国时期，百家争鸣，诸子讲学，他们的理论创新，推动了中国古代社会的大变革，奠定了中华文明的思想基础。但是，长期的封建统治造成一个很大的惯性，

"祖宗之法变不得"的教条一次又一次地扑灭了创新思维的火花,摧残了民族进步的生机与活力,中华民族终于由盛转衰,逐步落入苦难的深渊。

1919年五四运动,像惊雷,如闪电,激发了中华民族创新思维的活力,重现了2000年前诸子百家崇尚创新的风采。五四运动的重大成果,一是中国人民找到了具有创新品质的马克思主义,一是中华大地上产生了富有创新精神的中国共产党,表明中国现代社会大变革时代已经开始,中华民族伟大复兴的太阳必将在东方地平线上冉冉升起。

中国共产党80年的奋斗史也证明,一个政党要保持先进性,必须具备理论创新的勇气和能力。

20世纪前半期,如果毛泽东及其战友们固守马克思、恩格斯关于社会主义革命必须在资本主义发达国家同时进行才能胜利的论断,并且仿效俄国十月革命中心城市起义的模式,不进行理论创新,不建立农村革命根据地,不走农村包围城市的道路,就不会有毛泽东思想,不会有中国革命的伟大胜利。同样,如果邓小平固守马克思主义经典作家关于未来社会主义社会没有市场、不需要商品货币关系的设想,不进行理论创新,就不会有改革开放,不会有社会主义市场经济,不会有邓小平理论,社会主义中国的前途和命运就不堪设想。

当今中国和世界的巨大变化更加凸现了理论创新的重要性和紧迫性。放眼天外,世界多极化、经济全球化、科技革命化、社会信息化的浪潮席卷全球,一浪高过一浪。反观域内,文明与落后、现代和传统相互交织;富裕与贫困、廉洁和腐败同时存在。实现民族的复兴、国家的富强、人民的幸福,从来没有这样的好条件、好机遇,但也从来没有碰到过这么多的新情况、新问题。老办法已失去时效,新答案尚待寻找。面对巨大的希望和严峻的挑战,中华民族唯有理论创新才能走出伟大的复兴之路。

尊崇理论创新就是尊崇马克思主义的基本原理。"马克思主义的基本原理任何时候都要坚持,否则我们的事业就会因为没有正确的理论基础和思想灵魂而迷失方向,就会归于失败。"[①]

---

① 江泽民:《在庆祝中国共产党成立八十周年大会上的讲话》,人民出版社2001年版。

创新就是发展，是继承基础上的发展；创新就是超越，是坚持基础上的超越。我们要坚持、要继承的就是马克思主义的基本原理，说到底，就是唯物辩证法。这是共产党人认识世界和改造世界的强大思想武器，是人类迄今所创造的最科学的世界观和方法论。20世纪以来的科学技术革命产生了相对论、量子论、基因论、信息论、系统论等重大成果，社会生活也发生了深刻变化，但这些科学成果和社会变化没有推翻唯物辩证法，只是证明了它放之四海而皆准的真理性。马克思位居千年思想家之首，是因为他发现了辩证唯物主义和历史唯物主义。列宁、毛泽东、邓小平都是唯物辩证法大师，他们都是站在马克思主义基本原理的盘石上实现理论创新的。江泽民"三个代表"学说，把生产力和生产关系、经济基础和上层建筑以及物质文明和精神文明的辩证关系讲活了，使唯物辩证法放射出更加灿烂的光芒。

尊崇理论创新，就是尊崇解放思想、实事求是的思想路线。马克思主义基本原理及其实际运用，是一个矛盾的普遍性和特殊性相结合的过程。这个结合过程是很复杂、很精妙的，结合得好，就会实现理论创新，解决实际问题，推动事业发展。中国共产党人把这结合过程，亦即理论创新过程概括为八个大字：解放思想、实事求是。这八个大字，是引导社会前进的强大力量。它要求共产党人在马克思主义基本原理指导下，"一切从实际出发，自觉地把思想认识从那些不合时宜的观念、做法和体制中解放出来，从对马克思主义的错误的和教条式的理解中解放出来，从主观主义和形而上学的桎梏中解放出来。"① 对于共产党人来说，解放思想、实事求是是一个普遍的要求，也是起码的常识，随时随地都必须这样去做。例如，社会主义社会和资本主义社会是两个本质上不同的社会，马克思关于资本主义社会阶级和阶级斗争理论，劳动和劳动价值理论就不能简单地套用到社会主义社会中，而是要解放思想、实事求是，进行理论创新，用新的实践经验来丰富和发展这些理论。

尊崇理论创新，就是尊崇人民群众的历史首创精神。人民总是在社会

---

① 江泽民：《在庆祝中国共产党成立八十周年大会上的讲话》，人民出版社2001年版。

矛盾的运动中不断开辟前进的道路。人民也总是从历史活动的实践和比较中，不断寻找揭示和发展自己前进的真理。创新的过程本质上是实践的过程。人民群众是社会实践的主体，也是理论创新的主体。在社会主义中国，具有理论创新意识和能力的人，也就是能够代表先进生产力发展要求、先进文化前进方向的人。在占世界1/5的人口中，在有5000年文明史的伟大民族中，高扬理论创新的旗帜，其意义是无比深远的。

二、揭示共产党执政的规律

当代马克思主义理论创新最大的任务是揭示共产党执政的规律。江泽民"七一"讲话集中论述的就是这个问题，这是有深刻原因的。

首先是苏联东欧剧变的教训。苏东国家都是共产党长期执政的国家，经互会组织的政治、军事和经济力量曾经相当强大，足以和资本主义阵营分庭抗礼，有时还处于进攻态势。但到20世纪90年代初期，它们像"多米诺骨牌"一样纷纷倒下，执政的共产党突然全部丧失了执政地位。西方反共势力的围压、渗透、策反是这些国家共产党倒台的重要原因，但这只是外部条件，根本问题出在共产党内部。同一时期，世界上还有一些很有影响的大党衰落了，被社会和人民抛弃了。发生在眼前的这些悲剧给中国共产党人敲响了警钟，是我们最好的镜鉴。

其次是1989年政治风波的教训。当时的情况人们记忆犹新，由于国际大气候和国内小气候的交互作用，这场风波来势很猛。得到西方反华反共势力公开支持的资产阶级自由化分子，矛头直指共产党的领导和社会主义制度。值得深思的是一部分群众也跟着呐喊和示威，因为他们对腐败现象不满。而腐败现象在我们社会中是确实存在的，随时都可能激起群众的愤怒。堡垒最容易从内部攻破，腐败问题是一个很大的隐患。近几年，李洪志的"法轮功"邪教组织得以滋生蔓延，表明反动势力正在利用一切机会和共产党争夺阵地、争夺群众。江泽民经常讲要有忧患意识，要居安思危，真是语重心长啊！从根本上说，人类进入了21世纪，中华民族、中国人民、中国共产党面对着一个急剧变化的、充满机遇和挑战的世界。适应变化，理论创新，抓住机遇，加快发展，中华民族就有希望登上人类文明的中心舞台；墨守成规，故步自封，无所作为，随波逐流，共产党必然丧失执政能力，无情地被历史发展潮流所淘汰。

苏联东欧共产党丧失政权的教训，1989年动乱分子挑战共产党执政地位的教训，当代世界变化对共产党执政能力的考验，把一个重大的历史课题重新摆到人们面前，即什么是共产党，怎样建设共产党，怎样把握共产党执政的规律？谁能从理论和实践上回答这个问题，他就会实现伟大的理论创新，就会对社会主义的胜利和中华民族的振兴作出伟大的贡献。

江泽民作为伟大的无产阶级革命家，敏锐地把握着时代的脉搏和人民的意愿。为了探寻共产党执政的规律，他走访长城内外、大江南北的工厂、农村、部队、学校和研究机关，与工人、农民、干部、军人、知识分子促膝交谈；他召开包括民主党派、党外人士在内的不同形式、不同层次的座谈会；他重新阅读马克思主义经典著作和我们党重要的历史文献；他指示中央有关部门组织力量对党的建设问题进行深入的专题调查；他深入研究了党和国家工作中具有全局性、战略性的重大问题。在集中全党智慧的基础上，经过党中央集体讨论研究，发表了纪念中国共产党成立80周年的重要讲话，进一步系统全面深入地阐述了"三个代表"重要思想。

"三个代表"重要思想是和马克思列宁主义、毛泽东思想、邓小平理论一脉相承的，同时，由于它在继承前人的基础上更深刻地揭示了共产党执政的规律，因而实现了伟大的理论创新。

——"三个代表"确定了共产党的立党之本、执政之基和力量之源。关于先进生产力、先进文化和为人民服务问题，马克思主义经典作家分别作过许多论述，我们党和国家的文件也对如何发展先进生产力、先进文化和维护人民利益问题作过许多规定，但是明确提出共产党要代表先进生产力的发展要求、先进文化的前进方向和最广大人民的根本利益，把三者联为一个有机整体，确定为立党之本、执政之基和力量之源，这是历史上的第一次。"三个代表"是中国共产党80年经验的结晶，50年执政的根本，理论创新的典范。

——"三个代表"解决了共产党保持先进性的问题。共产党只有保持先进性，才有生命力，才有资格领导全国人民，才能巩固执政地位。怎样才能保持先进性呢？答案只有一个，就是始终坚持"三个代表"。但是，先进生产力的发展要求，先进文化的前进方向和最广大人民的根本利益是随着时代不同而不断变化的，执政的共产党必须与时俱进、与时俱变，才能保持执政的地位不变。共产党怎样与时俱变？围绕先进生产力的发展要求变，沿着先进文化的前进方向变，按照最广大人民的根本利益变。按照"三个代表"要求，正确把握这个变与不变的辩证法，我们党就能始终保持先进性，不管是80岁还是100岁、200岁，都能葆有强大的生命力。

——"三个代表"巩固了共产党的阶级基础和群众基础。江泽民"七一"讲话之后，中华大地上形成一个新的马克思主义理论学习热潮，形成一种人心向党、人心思进的气氛。即使是三资企业的许多职工，对共产党、对社会主义祖国都有了亲切感，增强了归属感。政策和策略是共产党的生命，革命时期是这样，执政时期更是这样。中国共产党是一个伟大国家的执政党，对世界1/5人口的生存和发展负有直接的责任。只有坚持"三个代表"，以极宽广的胸怀把一切社会主义事业的建设者，把一切爱国者都吸引过来，团结起来，才能获得最坚实的阶级基础，最广大的群众基础。

——"三个代表"规定了共产党建设的科学标准。"三个代表"把党的性质、宗旨、任务用三句简明的语言表达出来，好懂、好记、好实践，是检验党的建设工程的科学标准。每个共产党员都知道怎样当好"三个代表"，广大群众可以用"三个代表"来衡量共产党员、党的干部和党的组织。党的建设不只是少数党务工作者的事，而是全党同志和全国人民共同参与的伟大事业。

——"三个代表"贯通了党的最高纲领和最低纲领。一个政党的纲领就是一面旗帜，它能指明方向，凝聚人心，鼓舞斗志，推动革命和建设事业从胜利走向胜利。共产党的纲领包括最高纲领和最低纲领两部分，最高纲领是实现共产主义，这是长远的目标；最低纲领是根据不同历史时期的任务而确定的。共产党的最高纲领和最低纲领是相互统一、彼此贯通的，靠什么去统一、去贯通呢？只有坚持"三个代表"才能把党的最高纲领和最低纲领真正贯通起来、统一起来。只有坚持"三个代表"，才能实现我们党在社会主义初级阶段的基本纲领，才能一步一步地走向共产主义。

三、把握社会主义发展的规律

共产党的全部奋斗就是为了建设社会主义，进而实现共产主义的远大理想。把共产党建设好，就是要把社会主义的事情办好。

江泽民在"七一"讲话中满怀豪情地指出，中国共产党通过新民主主义革命向社会主义革命的转变，"全面确立了社会主义的基本制度，使占世界人口五分之一的东方大国进入了社会主义社会。这是中国社会变革和历史进步的巨大飞跃，也极大地支持和推进了世界社会主义事业"。在这里，江泽民把中国社会主义放到中国社会变革和历史进步的大趋势中，放到世界社会主义发展的大视野中来看待，使我们能够更好地把握社会主义发展的客观规律。

社会主义是作为资本主义的对立者、否定者和继承者登上人类历史舞台的。从1848年《共产党宣言》发表以来，在150多年间，世界五大洲千百万社会主义者为他们崇高的理想献出了青春和生命。刚刚过去的20世纪，最有意义、最激动人心的大事就是社会主义的兴起和壮大。共产党在180多个国家从事革命活动，社会主义旗帜在全球1/4的土地上飘扬，全世界有1/3的人口在15个国家建设社会主义的新生活。在社会主义和资本主义的较量中，一度形成毛泽东所颂扬的"东风压倒西风"的形势。

历史的发展从来是曲折的，社会主义潮流也只能在波涛起伏中前进。20世纪末期，经济全球化的步伐加快，不能适应形势的变化，不能与时俱进的共产党都陷入困境，有十个社会主义国家红旗落地，许多共产党员脱离了革命队伍，世界社会主义陷入低潮之中，中国共产党承受着巨大的压力。沧海横流，方显英雄本色。在国际风云变幻，许多人在为社会主义前途担忧的时候，邓小平坚定地指出："中国的社会主义是变不了的。中国肯定要沿着自己选择的社会主义道路走到底。谁也压不垮我们。只要中国不垮，世界上就有五分之一的人口在坚持社会主义。我们对社会主义的前途充满信心"。[①] 邓小平和他的战友们不仅具有中流砥柱、力挽狂澜的冲天豪气，而且具有思想解放、改天换地的非凡智慧。他们解决了"什么是社会主义、怎样建设社会主义"这个根本问题，闯出了改革开放、建立社会主义市场经济的道路，使社会主义重新焕发出蓬勃生机。

历史在发展，社会在前进，时代在变化，社会主义也必然会碰到新的

---

① 《邓小平文选》第3卷，人民出版社1993年版，第320—321页。

问题。

首当其冲的是经济全球化和社会主义的前途命运问题。

有人说，经济全球化就是资本主义的全球化，世界社会主义是没有前途的。如果世界社会主义没有前途，中国的社会主义红旗还能打多久呢？

江泽民回答说："社会主义代替资本主义是真正的历史大趋势，是人类从必然王国进入自由王国的一个决定性阶段。……我们回顾过去，展望未来，立足中国，放眼世界，对社会主义事业充满信心，对人类的共产主义前途充满信心"。[①] 这个信心是建立在人类历史的大趋势上的，经济全球化并没有改变，而恰恰是推动着这个历史大趋势。

世间一切事物都具有两重性，经济全球化也具有两重性。一方面，经济全球化推动资本主义向全世界扩张；另一方面，经济全球化准备了世界社会主义胜利的历史条件。

经济全球化不是现在才开始的。早在19世纪前半期，由于蒸汽机的广泛应用，欧洲一些国家发生了产业革命，资本主义开始向全球扩张，其情景正如马克思、恩格斯在《共产党宣言》中所描述的："资产阶级，由于开拓了世界市场，使一切国家的生产和消费都成为世界性的了。"[②] 经济全球化的起步阶段暴露了资本主义的深刻矛盾，催生了社会主义运动，马克思主义就是在这种情况下产生的。

20世纪前半期，由于电动机的广泛应用，发生了新的产业革命，追逐超额利润的资产者到处掠夺市场和资源，经济全球化发展到新的阶段，资本主义的矛盾以极其尖锐的形式表现出来，爆发了两次世界大战和许多国家的无产阶级革命，出现了一大批社会主义国家，推动世界社会主义运动走向高潮。

20世纪后半期以来，由于计算机的发明和广泛运用，人类进入现代科技革命和产业革命大发展时期，经济全球化以前所未有的广度和深度推进。第三波的经济全球化，推动资本主义向全世界扩张，也就推动资本主义的对立者——社会主义走向新的高潮。

[①] 江泽民：《在庆祝中华人民共和国成立四十周年大会上的讲话》，人民出版社1989年版。

[②] 《马克思恩格斯选集》第1卷，人民出版社1995年版，第276页。

——经济全球化使生产要素和经济资源在世界范围内得到优化配置，便于现代科技革命成果迅速转化为现实的生产力，社会物质财富极大地增长起来，从而为资本主义向社会主义转化创造了物质基础。

——经济全球化使植根于资本主义基本矛盾的经济危机、贫困危机、生态危机和战争危机在全世界范围扩展开来，积聚起来，形成资本主义向社会主义转化的社会爆发点。

——经济全球化迫使资产阶级国家进行改革。他们实行广泛的股份制、普遍的选举制、高额的遗产税和多种福利政策等等，准备了资本主义向社会主义转变的社会条件。

——经济全球化使人们的生产和生活社会化程度空前提高。存在决定意识，社会化的观念自然地渗透进人们的心灵深处，形成资本主义向社会主义转变的精神条件。

——经济全球化使工人阶级力量无比强大。从《共产党宣言》发表以来，全世界的工人阶级已经从1000多万人增长到数十亿人。随着知识经济时代的到来，工人阶级的科学文化素质不断提高，他们控制社会生产条件的能力空前增强，这就为资本主义向社会主义转变准备了阶级基础和革命力量。

经济全球化必然导向社会主义，但社会主义不会自然地产生和发展，它需要工人阶级和人民大众表现出创造历史的主动性，需要共产党坚强的领导。历史和现实告诉人们，没有共产党就没有社会主义，没有共产党的强大就没有社会主义的发展。江泽民"三个代表"重要思想，不仅揭示了共产党执政的规律，而且揭示了社会主义发展的规律。社会主义实际上是一种崭新的人类文明，这种人类文明是先进生产力、先进文化和最广大人民的根本利益融为一体的发展过程。当三者协调一致的时候，社会主义事业就会蓬勃发展，共产党也享有崇高的威望；当三者协调不好的时候，社会主义就会出现这样那样的弊病，共产党的执政地位就会受到挑战，甚至出现亡党亡国的危险。

共产党按"三个代表"的要求建设社会主义，就是要建设全面发展、全面进步的社会主义，就是要建设使人得到全面发展的社会主义。恰如江泽民所说，我们要在发展社会主义社会物质文明和精神文明的基础上，不断推进人的全面发展。

实现人的全面发展，就是使人民大众从自然和社会的桎梏中解放出来，这是一个长期的历史发展过程。社会主义初级阶段的基本纲领，指明了当代中国人全面发展的现实道路。建设中国特色社会主义经济，使亿万中国人从贫困走向小康，从温饱走向富裕，享受现代物质文明成果，从物质贫困的重压下解放出来。建设中国特色社会主义文化，使亿万中国人提高科学文化素质，充分享受现代精神文明成果，从精神贫困的重压下解放出来。建设中国特色社会主义政治，使亿万中国人自己掌握自己的命运，享受人民民主权利，努力发展社会主义的政治文明。着眼人的全面发展的理论，是暖人心、鼓斗志、振精神的理论，是社会主义的本质要求和内在规律，坚持人的全面发展的社会主义是不可战胜的。

四、探索中华民族振兴的规律

通过理论创新而揭示中华民族振兴的规律，是江泽民"七一"讲话的又一重大理论成果。两个80年的比较，两个100年的伟业，"三个代表"的论述，奏响了社会主义发展的主旋律，唱响了中华民族伟大复兴的最强音。

马克思、恩格斯认为，共产党坚持不分民族的无产阶级整体利益，但共产党首先要为本国各族人民的利益而奋斗。

1921年诞生的中国共产党，从一开始就是无产阶级的先锋队和中华民族的先锋队。但在党的幼年时期，马克思主义还不能和中国革命的具体实际很好地结合起来，错误和挫折是经常发生的。直到1935年遵义会议之后，中国共产党才真正成为坚强的马克思主义政党。从那时以来，在中国共产党为中国各族人民的根本利益而奋斗的过程中，经过了三个大的历史阶段，形成三代坚强的中央领导集体，实现了三次伟大的理论创新。

20世纪30年代中期，在党和红军处于生死存亡的危急时刻，历史选择毛泽东为我们党的领袖，形成了以他为核心的第一代中央领导集体，创立了毛泽东思想，谱写了新民主主义革命和社会主义革命的胜利篇章。当时的主题词是：革命。

20世纪70年代末，因"文化大革命"的灾难而使党和国家面临重大危机的历史关头,历史选择邓小平为我们党的领袖,形成了以他为核心的第二代中央领导集体,创立了邓小平理论,打开了建设有中国特色社会主义的康庄大道。当时的主题词是:改革。

20世纪80年代末,在世界风云急剧变幻,社会主义中国面临内外压力的危难之际,历史选择江泽民为我们党的领袖,形成了以他为核心的第三代中央领导集体,创立了"三个代表"重要思想,开创了中华民族实现伟大复兴的新局面。现时代的主题词是:创新。

历史的必然性总是通过偶然事件展现出来的。恰好是遵义会议选择毛泽东为党的领袖,以及后来选择邓小平、江泽民为党的领袖,似乎都有某种偶然性。但在这个偶然性背后,展现着中华民族一定要解放、一定要发展、一定要复兴的必然性潮流。毛泽东时代的革命、邓小平时代的改革、江泽民时代的创新,像后浪推前浪一样推动这个必然性潮流涌向无限美好的明天。

毛泽东写过"一万年太久,只争朝夕"的诗句,邓小平提出了"三个有利于"的标准,江泽民论述了"三个代表"的学说。三代历史伟人,喊出了一个伟大民族的共同心声,这就是抓住机遇,加快发展,振兴中华。这是时代的呼唤,民族的呐喊;这是最大的道理,最硬的道理;这是最崇高的事业,最伟大的事业。

中华民族振兴的历史机遇是客观存在的。

世纪之交的年代,往往潜藏着巨大的历史机遇。19世纪和20世纪交替的时候,美国人抓住机遇,实现跨越式发展,用40年左右的时间成为世界头号强国。20世纪和21世纪交替的年代,是中华民族振兴的关键时期。从1980年到2020年,也是40年左右的时间,中国面临着民族振兴的极好机遇。

从国际上看,总体形势趋向缓和,周边环境较为有利,可以赢得相当长的和平建设时期;世界政治经济重心正从大西洋地区向太平洋地区转移,位于太平洋西岸中枢地位的中国可得"水涨船高"之利;经济全球化方兴未艾,中国广大的市场,安定的社会,数量很大、素质较高的劳动者队伍具有强大的吸引力。

从国内看,近13亿人民振兴中华的共同心愿具有排山倒海的伟大力量；优越的社会主义制度和强大的人民民主专政保障着国家长治久安；逐步完善的社会主义市场经济体制促进国民经济持续、快速、健康地向前发展；长期积累起来的雄厚的物质技术基础，可资利用的现代科技革命成果，创造了跨越式发展的现实条件；历史悠久、博大精深的中华文化，以马列主义、毛泽东思想、邓小平理论和"三个代表"的学说为主心骨，吸纳、融汇世界各国的优秀文化成果，日益展现出社会主义文明无与伦比的精神文化魅力。

千载难逢的历史机遇就在眼前，我们能抓住吗？

伟大的无产阶级革命家邓小平是无所畏惧的，但他在《邓小平文选》第三卷中多次讲到"害怕"。他害怕什么呢？害怕丧失机遇。1992年，他在视察南方时曾语重心长地说："从现在起到下世纪中叶，将是很要紧的时期，我们要埋头苦干。我们肩膀上的担子重，责任大啊！"江泽民是邓小平最好的学生，他把邓小平的政治嘱托牢记在心，废寝忘食，殚精竭虑，探索抓住机遇，加快发展，振兴中华的真理，终于形成了"三个代表"重要思想。这是具有普遍指导意义的理论，"三个代表"揭示的既是共产党执政的规律和社会主义发展的规律，也是中华民族实现伟大复兴的规律。只要中国共产党始终坚持"三个代表"，就能调动全国人民的积极性、主动性、创造性，就能实现中华民族前所未有的大团结、大联合、大统一，中华民族伟大复兴的太阳就一定会高高升起，照亮东方，照亮世界。

（原载《求是》2001年第18期）

中华民族的伟大创造

社会主义市场经济这个概念的提出，是马克思主义政治经济学的一个重大突破。社会主义市场经济体制的诞生，是人类社会进步的重要成果。近代以来，人们探索现代经济运行模式基本上是两种：一种是市场经济，一种是计划经济。在很长的历史时期内，所有资本主义国家都搞市场经济，而所有的社会主义国家原来都搞计划经济，这是一个客观事实。存在决定意识，这个客观事实就在人们头脑中形成了一个观念，认为社会主义等于计划经济，资本主义等于市场经济。这样一种固定的观念形成以后，一直深入到普通老百姓的脑子里。不仅社会主义的政治经济学家是这么讲的，资本主义的政治经济学家也是这么讲的。《简明大不列颠百科全书》在表述市场经济的时候就是这么说的："市场经济是在资本主义制度下，生产资料大多为私人所有，主要是经过市场作用来指导生产和分配收入。"这成了一个权威的定义。这样一种教条主义、固定观念流传很广，影响很深。使这种教条主义站不住脚的，并不是长期以来经济学家们对市场和计划的无穷的辩论，而是生机勃勃的社会实践。

可以这样说，计划和市场都是人们用来把握现代化经济运行的两个好东西。这两个好东西单独使用都产生了历史性的巨大成就，也都暴露出严重的弊病。市场经济在封建社会就萌芽了，在资本主义社会得到充分的发展。市场经济大体上经历了两个阶段：第一个阶段是自由放任的市场经济。在这个阶段，市场经济靠的是价值规律这只看不见的手，对经济运行自发地进行调节。在这种调节下，社会生产力发展很快。正如马克思、恩格斯在《共产党宣言》里讲的："资产阶级在它的不到一百年的阶级统治中所创造的生产力，比过去一切世代创造的全部生产力还要多，还要大"。

这种市场经济运行模式在资本主义的经济学家中论述得比较清楚的是亚当·斯密。他写了一本书叫《国富论》，他崇拜"看不见的手"，他是反对国家干预的。他的口号是："什么也不管的政府就是最好的政府。"但是这种自由放任的市场经济造成了盲目的自发的无政府状态，靠周期性经济危机的破坏，强制性实行社会经济平衡。在这种情况下，大资本集团之间残酷的战争，造成国家和民族之间严重的冲突，甚至引发世界大战，给人类带来重大的灾难。这种情况很早就引起有识之士的担忧，他们看出了问题，提出了很多改良的主张，凯恩斯主义的诞生，就是这种改良主张的集中表现。到20世纪30年代世界性经济危机爆发之后，放任自流的市场经济的弊病就看得更清楚了，于是凯恩斯主义开始盛行起来，这是市场经济的第二个阶段。凯恩斯主义是对亚当·斯密理论的修正，他是主张国家干预的。后来美国罗斯福政府实行新政，就是运用这个理论，也就是搞点计划性。因为过去教条主义的影响，罗斯福新政在美国引起很大争论，甚至有的人攻击他搞"社会主义"。因为有人攻击他搞"社会主义"，罗斯福出来辩解。他说："为什么我们非要把自己说成是社会主义或资本主义呢？美国是一个大国，完全可以容纳好几种同时并存的制度，有足够的智慧来使这些体制得以利用，我们不必勉强用教条主义的框框来衡量每一件事情。"这种观点应当说是有见地的，美国从罗斯福时代以来，国家对经济运行一直在进行干预。二次大战以后，法国也搞了经济计划，到现在已经搞了十一个五年计划。日本也制定了十一个五年计划。他们的计划跟我们计划经济的指令性计划是不一样的。资本主义开始的时候是自由放任的市场经济，后来进行改良或者叫改革，加上国家的干预，加上一定程度的计划性，这是资本主义经济发展的一种趋势，也是一种世界性的社会实践。邓小平总结了这么一种世界性的社会实践，说了一句话："计划经济不等于社会主义，资本主义也有计划。"

计划经济实际上是针对自由放任的市场经济的毛病提出来的。我们现在搞社会主义市场经济，不应当把计划经济说得一无是处。对于初生的、处于资本主义世界包围中的社会主义国家来说，计划经济可以比喻为一个摇篮，社会主义的新生儿就是在计划经济的摇篮里生存下来的。因为它能够集中各种生产要素和社会资源，进行关系国计民生的大规模重点建设，为以后的发展奠定基础。像50年代中国搞的156项重大工程，就奠定了我国的工业基础；后来集中人力、物力、财力搞"两弹一星"，使中国的国力和国际威望迅速增长。计划经济实际上确实发挥过重大的作用，在相当长的时间之内，苏联的经济发展速度高于西方很多国家，这也表明了计划经济的历史性成就。但是，计划经济作为新生的社会主义国家的摇篮，它毕竟是有局限性的。经济发展了，科技发展了，经济规模扩大了，这个摇篮就不适用了。不但不适用，而且集中统一的计划经济的毛病也显露得越来越清楚。人们开始看到，这种集中统一的计划经济不能再继续下去。因为要真正实行计划经济，必须有两个重要的条件：第一，中央计划部门要能够掌握全社会的所有的经济信息，然后加以计算。实际上这是做不到的，因而，做出的计划就很可能带有主观片面性。我们几十年经济运行当中经常发生大起大落或者不符合国情的情况，就是不能全面掌握经济信息的一种表现。第二个条件，要使计划真正能实行得下去，必须假定全社会的单位和个人利益完全一致，这也是不可能的。单位和个人的利益是有差别的，单位和个人的利益跟国家的整体利益也是有差别的。如果生产者、经营者不能根据自己的利益来执行计划，不能参与计划的决策，只是被动消极地执行中央机关的决策，他的积极性就发挥不出来，甚至被束缚了。计划经济后来生产率比较低下，这是一个根本原因。

　　计划经济的这些毛病人们也逐渐看出来了，就进行改革，所有的社会主义国家都提出改革。改革的方向是什么呢？却经常不太清楚。但是人们逐步看到这一点：市场经济配置资源比较有效，对促进社会生产力的发展比较有效。日本、德国在战后发展那么快，亚洲的"四小龙"发展那么快，就是实行市场经济的结果。所以，社会主义国家的改革基本趋势都是引进市场经济的机制。哪个地方在这个问题上处理得好，经济发展就快，反之，经济发展就慢。中国经济改革突破口在农村，家庭联产承包责任制的意义，就在于使亿万农民变成自主经营、自负盈亏的商品生产者，成为市场主体。之后在改革中又创办了乡镇企业。乡镇企业没有国家投资，因而也不受计划经济的束缚，一开始就是在市场竞争中求生存求发展的，具有旺盛的生命力。乡镇企业也就成为市场经济的一种主体。改革从农村推广到城市之后，市场作用不断扩大，生产力发展很快。邓小平总结了社会主义国家的实践过程又说了一句话:"市场经济不等于资本主义,社会主义也有市场。"

从上面两个方面来看,一个是资本主义市场经济的演变过程,一个是社会主义经济的演变过程,都可以看到,社会主义市场经济的出现,不是主观的偶然的东西,实际上是整个人类社会现代化经济运行的必然结果,这一点是看得比较清楚的。

计划和市场这个问题差不多争论了100年,真正拨开迷雾、解开疙瘩的是上述邓小平说的两句话。根据邓小平的论述,江泽民在和党中央其他同志交换意见的基础上,于1992年6月在中央党校的讲话中,主张把社会主义市场经济体制作为我们要建立的社会主义新经济体制。党的十四大明确确定把建立社会主义市场经济体制作为经济体制改革的目标,这是具有重大的理论意义和实践意义的。社会主义市场经济在中国的确立,对这场百年争论作了很好的总结,计划和市场都是经济手段,都是人类文明的成果。建立新的经济体制关键要处理好计划和市场的关系。社会主义市场经济既不同于资本主义市场经济,也不同于社会主义普遍实行过的计划经济,它是一种崭新的现代经济运行模式。要建立这样一种新的经济运行模式,困难很多,任务非常艰巨。社会主义市场经济是社会实践发展的结果,是现代经济发展的产物,它不是无源之水,不是神秘之物,而是我们眼前活生生的事实,是我们可以掌握、可以认识的东西。所以对它不要感到很神秘,应该对建立这样一种新的经济运行模式充满信心。

对于社会主义市场经济的基本框架,中共中央《关于建立社会主义市场经济若干问题的决定》回答得很清楚。我们要建立的社会主义市场经济体制,是同社会主义基本制度结合在一起的,建立社会主义市场经济,就是要使市场在国家宏观调控下对资源配置起基础作用。社会主义市场经济是跟社会主义基本制度结合起来的。正是这一点,使它区别于资本主义的市场经济。当然从市场经济的基本规律来说都是相通的。但是它跟不同的社会基本制度结合在一起,就有本质上的区别。社会主义市场经济的基本框架,就是建立紧密联系的两大体系和三大制度。两大体系就是市场体系和宏观调控体系。三大制度就是现代企业制度、社会分配制度和社会保障制度。这个基本框架有两只手,一只是看不见的,一只是看得见的,就是市场和计划。市场和计划在这里是互补的，而不是互不相容的，它们在不同的层次上各自发挥自己的优势。市场是配置资源的基本形式，主要是在微观经济领域、日常生产经营活动和经济资源配置方面发挥作用。计划则是在整体的宏观调控、总量控制、结构调整、经济布局等方面发挥作用。这里说的计划，跟原来计划经济中指令性计划是不同的，可以叫指导性计划，换句话说叫国家宏观调控。看不见的那只手就是价值规律和市场机制、市场竞争。看得见的这只手就是计划，就是国家宏观调控。

虽然市场机制对于配置资源是比较优越的，促进生产力发展是强有力的，但是它也有自身不可克服的毛病，这方面的毛病只有通过国家的宏观调控加以弥补和完善。我理解，国家宏观调控主要是在这几个方面做好工作：第一，保证经济运行中总供给和总需求的基本平衡，这一点市场机制本身是做不到的。第二，制定社会和经济发展的战略、规划。第三，研究制定产业政策和技术政策，引导产业结构和技术结构的升级优化。第四，培育市场体系，这里面包括反对垄断。因为市场真正要有效，必须是开放的平等竞争的市场，搞不好它就成了垄断的市场。一旦成为垄断的市场，价格关系就会扭曲，市场信号就会对生产者和经营者产生误导，市场机制就会失灵。所以必须靠国家的力量来培育市场。第五，创造现代化经济健康发展的外部环境和社会条件。市场机制要健康发挥作用，基础设施得建设好，还必须有强大的国防，不然社会环境不稳定。另外，生态和人口的问题要处理好，社会公益事业得做好。因为搞竞争，企业往往只顾它自己的利益，哪怕社会环境受到污染也不管。这些事情必须由国家来管。道路的建设、城市的建设这些事，企业本身是不愿投资的，但是对市场运行是必不可少的，这就需要由国家来处理。第六，竞争这种市场机制往往会导致两极分化，就要通过国家的社会政策，使让一部分地方先富起来和共同富裕能够协调起来，把握效率和公平的度。效率和公平不完全是一致的，有时注意效率就要影响公平，如果强调公平又会影响效率。只有国家从宏观利益上考虑，才能掌握好这个度。而这个度掌握不好，社会就不稳定。强有力的完善的国家宏观调控是社会主义市场经济健康发展必不可少的。虽然资本主义市场经济当中也有国家干预，但它的力度比较轻、比较弱。我们社会主义制度的优越性，就在于能够对经济运行的偏差进行强有力的纠正，国家干预的力度比较强。对云南这样多民族的、社会经济发展处于社会主义初级阶段低层次的贫困地区来说，政府宏观调控职能特别的重要。与比较发达的地区相比，有一些特殊的任务。实际上云南省委、省政府自改革开放以来所实行的一系列重大的发展战略、发展思路，都是朝着发挥政府职能，加强宏观调控，促进市场经济发展这个目标前进的。比如说加强基础设施建设，没有这个条件，市场经济是根本发展不起来的。再有开发资源发展自己的支柱产业，这也是带领各族人民走向市场经济的重大步骤。另外是建立市场，像云南这样的地方，城乡市场是很不完善的，很多农村的市场就是草皮街，有的地方连草皮街都没有。有一点简单的商品市场，要素市场很缺乏。近几年以来，云南不但商品市场在城市建设得比较好，很多农村市场也已经建设起来，要素市场也逐步形成。特别考虑到云南的少数民族过去处于社会发展的不同阶段，从经济上来说基本上处于自然经济半自然经济状况，要让他们适应和发展社会主义市场经济，这是一个非常繁重的任务。我们一些民族还处于以物易物的状况，根本不知道市场经济为何物。按照常规自然地发展，从这种以物易物的商品交换到现代的市场经济，恐怕要经历几百年上千年的时间才能完成。但是在共产党的领导和社会主义国家的帮助之下，使这些民族比较快地从自然经济半自然经济进入社会主义市场经济，这是不是做得到呢？从一些民族的发展情况来看，我们应该对此有信心。像基诺族，过去就是个很落后的民族，现在由于国家的帮助，科技力量的投入，发展了砂仁等南药和其他经济作物的生产，使基诺族一下子就跟市场经济联系起来，促进这个民族的进步。"三结合一体化"这个路子的提出，在云南各民族从自然经济半自然经济走向社会主义市场经济这个道路上是一个重大的突破。前几天我到思茅走了一趟，到了江城的牛洛河，那么一个很偏僻、很荒凉的地方，哈尼族、彝族还有其他很多民族很贫困的农民，从四面八方集中到那个地方，在科技人员的帮助之下，进行规模化高起点的商品生产。一个很落后的地方、很偏僻的地方，现在出现了一个现代化小城镇。这种模式具有普遍的意义。"三结合一体化"不仅是茶叶基地建设的问题，像我们云南大量进行的烤烟、卷烟的生产，也是走的"三结合一体化"的路子。这个路子使很普通的农民由于生产烟、糖、茶、胶、果、菜、药等而跟国内市场、世界市场联系起来了。在云南要使各民族从原来不同的社会发展阶段的起点上走向社会主义市场经济，确实需要寻找一条比较妥当的途径。"三结合一体化"就是由群众创造、经过省委总结、实践证明是正确的、有效的具有普遍意义的路子。当然我们还要做很多的工作，特别是要注意培养一大批少数民族企业家，最近这几年在这方面已有成效。涌现出昆明钢铁公司的总经理、创汇最多的五矿公司的总经理等等一大批少数民族企业家。他们在社会主义市场当中，在国内外市场当中大显身手，这一点具有深远的意义。他们对各民族群众是一个示范，也是个鼓舞。所以也不要把社会主义市场经济的建设看得多么神秘，从我们自己的实际出发，根据中央规定的总体框架，努力去工作，在云南这样的地方，建立起社会主义市场经济的基本框架，把云南各族人民带向社会主义市场经济的新天地，应该说是有充分把握的。

社会主义市场经济的建设对于整个中华民族的振兴和社会主义的振兴，具有深远的意义。虽然现在中国的社会主义市场经济尚未完全成型，还是初创阶段，但是它的生命力，它的无限的发展前景和潜力已经显示出来了。比如说几千年来，中国人都希望解决群众温饱问题，希望粮食生产有个大的突破，但是一直没有实现。只是在实行了家庭联产承包责任制后，使亿万农民成为商品生产者，成为市场主体之后，粮食生产才真正实现了突破，短短五六年，到了1984年全国粮食产量突破4000亿公斤，创造了历史最高水平，那个时候人均占有粮食就接近世界平均数。用占世界总耕地7%的土地养活了占世界22%的人口，这是个历史奇迹，这个历史奇迹的出现，应该归功于农村市场取向的改革。再说乡镇企业的发展，多少年来一直讲消灭"三大差别"，即消灭城乡差别、工农差别、脑力劳动和体力劳动差别；使农村实现现代化，走向小康。但是一直找不到很好的路子。乡镇企业的发展，这也是市场取向改革的成果，使我们比较清楚地看到了消灭"三大差别"，实现小康的路子。市场取向的改革使我们国家国民经济增长速度长时间居于世界前列。建国之后改革之前，我们经济年平均增长速度是6%，当然这速度还是不低的，是世界大国中最高的发展速度。但是不能跟我们改革开放以来的速度相比，改革以来国民经济发展速度是9%左右，在世界大国中是位居第一的，比世界平均发展速度3%

要高出三倍。人们公认东亚地区是世界经济发展的火车头,而中国又是东亚发展的火车头。社会主义的中国,实行社会主义市场经济的中国,它的发展速度居于世界最前列,这个意义非常大。社会主义不可战胜的源泉就是它能以更高的速度发展生产力。我们现在终于找到了这个源泉,这就是搞社会主义市场经济。现在全世界都在研究中国改革成功的秘密,仁者见仁,智者见智。大家提出了种种说法,但是真正说来,我们的改革之所以成功,是因为我们的党依据建设有中国特色社会主义理论和基本路线,制定和实施了正确的社会主义现代化的总体战略布局,就是坚定不移地进行经济体制改革,坚定不移地实行政治体制改革,坚定不移地进行精神文明建设。从世界范围来看,有的社会有一定的稳定性,但是缺乏活力;有的社会比较有活力,但是很不稳定;有的社会物质文明相当发达,但是精神文明走向衰落,这些都是不可取的。我们要的是社会稳定、社会有活力、社会的精神文明高度发达。而我们党制定的总体战略布局就是朝这个方面努力的,中国就是走出了这样一条新路。由于坚持四项基本原则,就能够保持社会长期稳定;由于坚持改革开放,建设社会主义市场经济,就使我们社会充满活力,生产力发展很快;由于坚持精神文明建设,使一个大国有明确的奋斗目标,使 12 亿人民的文明程度不断提高。所以我们社会又有稳定性,又有活力,又注重精神文明建设,这是一种崭新的社会。当然每个方面还不够,但我们已经清楚要朝这方面去努力。建立社会主义市场经济是现代化建设总体战略中最基础关键的一环。归根结底,只有社会生产力极大发展,综合国力极大增强,中华民族才能够全面振兴,社会主义才能重新振兴。在现在这种历史条件下,中华民族的振兴和社会主义的振兴是联系在一起的、是融为一体的历史过程。而我们实行社会主义市场经济,就是为这两个振兴奠定最坚实的基础。

(原载 1995 年 8 月 12 日《云南日报》)

伟大的历史使命

党的十四届六中全会《决议》指出,我们在把物质文明建设搞得更好的同时,要切实把精神文明建设提到更加突出的地位。这是我们党在研究世界大局、分析现代化建设形势和总结国际共产主义运动历史经验基础上确定的一个重大方针,也是时代赋予中国共产党人的一项伟大的历史使命。

为什么在把物质文明建设搞得更好的同时,要切实把精神文明建设提到更加突出的地位呢?

首先,是社会主义本质决定的。

人类社会是不断发展的,也就是不断地从野蛮走向文明,从比较低级的文明走向比较高级的文明。那些物质文明和精神文明处于比较低级阶段的社会,总是合乎规律地为具有更高物质文明和精神文明的社会所取代。社会主义作为崭新的社会形态,必须具有高度的物质文明和高度的精神文明,才能真正显示出它区别于其他社会形态的巨大优越性。

从历史上看,一种社会形态,要具有长久的生命力,不仅需要坚实的经济基础、有效的政治制度,还要有与之相应的比较高的精神文明。只有这样,才能保证这种社会形态具有比较强的自我维持力和自我再生力。中国封建社会绵延数千年,就是因为它不仅有地主占有的土地制度、皇帝集权的政治制度,还有以仁义礼智信为中心的封建社会的精神文明。这样的精神文明影响广泛而深刻,甚至可以说扎根于封建社会各阶层人们的头脑中。即使战乱频繁,朝代更迭,但夺得政权的人总是照老皇历办,按老道路走。因此,封建社会能够长久维持,并且不断再生。社会主义要在中华大地上获得强大的维持力和再生力,一定要在重视物质文明建设的同时,高度重视精神文明建设。

在过去的年代里，人们研究社会主义建设，或者着重社会主义的政治制度、经济制度，或者着重社会生产力和物质文明的发展，而对精神文明建设的重大战略地位则多少有些忽略。这是片面的，也是危险的。针对此种情况，邓小平反复告诫我们，建设社会主义国家，不但要有高度的物质文明，而且要有高度的精神文明，两个文明都搞好，才是有中国特色的社会主义。在十四届六中全会《决议》中，我们党明确规定，社会主义精神文明是社会主义社会的重要特征，是现代化建设的重要目标和重要保证。在把物质文明建设搞得更好的同时，必须切实把精神文明建设提到更加突出的地位。这是对社会主义认识的新飞跃，是科学社会主义发展史上一个重要的里程碑。

其次，是世界大局决定的。

世界大局可以从不同的角度去看。不同社会制度的国家在地球上同时并存和竞争，也是世界的大局。马克思在《政治经济学批判序言》里说过，无论哪一种社会形态，在它们所能容纳的全部生产力发挥出来以前，是决不会灭亡的；而更高的生产关系，在它存在的物质条件在旧社会的胎胞里成熟以前，是决不会产生的。我们现在的世界大局，正好就是马克思说的这种情况。资本主义所能容纳的全部生产力还没有发挥出来，所以资本主义现在还没有灭亡，世界上还存在着许多资本主义国家。另一方面，新的生产关系，即社会主义生产关系存在的物质条件，已经在旧社会的胎胞里成熟了，所以发生了无产阶级革命，产生了社会主义国家，建立了社会主义社会。这样就有两种不同社会形态的国家同时在地球上并存。竞争和冲突是不可避免的，而且是在社会生活的各个领域中全方位展开的。资本主义大国凭其占优势的经济和科技力量，利用自由、民主、人权和私有化这些精神武器，向社会主义国家发动没有硝烟的战争。这种"西化""分化"的图谋在有些地方得逞了，导致苏联瓦解，东欧演变，而且这种瓦解和演变是从精神上打开缺口的。几百万法西斯军队和几十年"冷战"没有把苏联打垮。但是，戈尔巴乔夫抛弃社会主义精神支柱，搞所谓"新思维"，并按照"自由、民主、人权、私有化"的曲调起舞，十月革命的伟大成果就被彻底断送了。这是社会主义运动最沉痛的教训。现在，中国作为仅有的社会主义大国，受到全世界注目。在今后的年代里，我们能否在创造经济发展奇迹的同时，创造从未有过的伟大的精神文明，从而彻底打破西方资本主义大国对我"西化""分化"的图谋，一定程度上将决定着世界大局的演变方向和人类的发展进程。

第三，是发展社会主义市场经济的需要。

实践已经证明，发展社会主义市场经济有利于解放和发展社会主义社会的生产力，增强社会主义国家的综合国力，提高人民的生活水平，也有利于增强人们的自主意识、竞争意识、效率意识、民主法制意识和开拓创新精神。虽然我国实行社会主义市场经济的时间还不长，社会主义市场经济体制还不完善，但它旺盛的生命力已经显示出来了。连续十多年，经济增长速度高于世界上其他国家就是最好的证明。当然，市场本身也有弱点，有弊端。正如有的经济学家所说，市场是没有头脑，没有灵魂的。没有头脑，就有盲目性，会陷入无政府状态。没有灵魂，就不讲公平，不讲道德。在经济活动中，见利忘义，物欲横行，人类的崇高精神受到贬损的现象到处可见。社会主义市场经济体制的建立，之所以是前无古人的伟大创举，就因为它不仅运用价值规律这只"看不见的手"，而且运用宏观调控这只"看得见的手"；就因为它不仅同社会主义的基本经济制度、政治制度结合在一起，而且同社会主义精神文明结合在一起。如果我们能够在深化改革、建立社会主义市场经济体制的条件下，通过坚持不懈地搞好精神文明建设，在全社会形成有利于社会主义现代化建设的共同理想、价值观念和道德规范，防止和遏制腐朽思想和丑恶现象的滋长蔓延，那就是一个伟大的胜利。

第四，是振兴中华的需要。

在人类走向21世纪的时候，中华民族全面振兴已成为不可抗拒的潮流。中华民族"全面振兴"的题中应有之义，就是物质文明和精神文明都要高度发展。很难设想，一个物质上贫穷，精神上空虚的民族会走在人类的前列，会在新世纪站在有利的位置。中华民族曾经有过辉煌的历史，那是以自己强大的物质力量和精神力量为基础的。美国人肯尼迪所著《大国的兴衰》认为，16世纪的时候，中国制造业产值占全世界1/3以上。英国科学史家李约瑟则说，在古代，影响人类生活的重大科学发明，70%以上来自中国人。当时,中国先进的学术文化、典章制度已为世人羡慕不已。17世纪之后,西方人利用资本主义和现代科技走到前面去了,并使中华民族陷于屈辱的境地。然而,悲惨的一页毕竟翻过去了。千载难逢的机遇正在面前。邓小平发出了伟大的号召:抓住机遇,加快发展,建设有中国特色的社会主义,实现中华民族的全面振兴。我们已经懂得,发展不仅是经济的增长,而是社会的全面发展;发展不能是以物为中心,而是以人为中心,要在改造客观世界的同时,改造人的主观世界,造就千千万万有理想、有道德、有文化、有纪律的社会主义公民;发展不能是急功近利的,而是要目标远大的,可持续的,这就需要注重人与自然、人与社会、人与人之间平衡和谐的中华民族思想的发扬光大。一句话,只有创造前所未有的高度的物质文明和精神文明,中华民族才能实现全面振兴。

第五,是共产党的宗旨决定。

《共产党宣言》指出,共产党区别于其他政党之处是:一方面,共产党懂得无产阶级运动的条件、过程和结果,在当前的运动中代表着运动的未来;另一方面,共产党没有自己特殊的宗派利益,而是始终代表着无产阶级和人民大众的共同利益。这就是说,共产党是用科学理论武装起来按社会发展规律活动的,是全心全意为人民服务的。这是共产党生命力的最大源泉,是共产党赢得人民拥戴的根本保证。红军长征胜利、抗日战争和解放战争胜利,依靠的都是共产党人崇高的革命精神和这种精神对人民群众的巨大感召力。从十一届三中全会以来,党的改革开放政策和建立社会主义市场经济体制的创造活动取得了伟大的成功,中国共产党人发展社会生产力、增强综合国力、改善人民生活的非凡能力是毋庸置疑的。但在扩大国际交流、实行市场经济条件下,如何保持共产党的本色,带领人民消除贪污腐败和社会丑恶现象,建设一个高度文明的社会,还是一个严峻的考验。社会主义精神文明建设,是针对全社会的,也是针对党自身的。执政党的党风关系党的生死存亡。越是实行各项经济改革和开放政策,共产党员尤其是党员领导干部越要坚定共产主义信念,身体力行共产主义道德,大公无私,清正廉洁,服从大局,艰苦奋斗,全心全意为人民服务,做精神文明战士。以江泽民为核心的党中央立足现实,面向未来,高瞻远瞩,在推进社会主义市场经济体制建设,把物质文明建设搞得更好的同时，坚持用邓小平建设有中国特色社会主义理论武装全党，坚决反对贪污腐败现象，广泛持久地开展社会主义精神文明建设，开创了党的建设的新天地，开创了社会主义现代化建设的新时代，为中华民族全面振兴和推动社会主义从低潮走向高潮奠定了坚实的基础。只要全党同志和全国各族人民紧密团结在党中央周围，高举建设有中国特色社会主义的伟大旗帜，在把物质文明建设搞得更好的同时，切实把精神文明建设提到更加突出的地位，中国共产党人一定能够实现自己伟大的历史使命。

（原载《党史月刊》1997年第1期）

创造的新纪元

汉语词典说，创造就是做前人没有做过的事。

实际上，创造是人类禀赋的一种本质特性。正是创造，而且只有创造，人才成为人，人才区别于其他万事万物，才成为万物之灵。

最早做钻木取火的原始人，是伟大的创造者；最早制作石刀、石斧、石锄的原始人，是伟大的创造者。正是他们了不起的创造，才使原始人类脱离动物状态，从野蛮逐渐走向文明。

经过地球村居民几千年的创造，在原本黑暗的广大背景中，人类文明之光的星星点点，不断扩大、增强，乃至如日月之辉煌。到了 20 世纪和 21 世纪交替之际，人类迎来了创造的新纪元。

这个创造的新纪元，有一个显著的特征：由于人类文明的积累已经非常深厚，以至在所有的领域中，创造的火花都会自然地爆发出来。现时代，人们的眼光已经如此精密，可以透过基因图谱，读懂生命的天书。人们的眼光又是那样广大，通过相对论和量子力学，可以考察宇宙的生成和变化。新的发明，新的创造，千奇万象，目不暇接，这真是创造的大爆发期！

在人类创造的大舞台上，中华民族巨大的身影，重新出现在最显著的位置。

中华民族的创造力非常卓越，历史上大部分时期都站在人类文明发展的前列，只是近代被别人超越了，陷入落后的境地。

中华民族陷入落后的境地，是大不幸，是大灾难。但这个大灾难也有一点好处，它迫使中国人痛定思痛，冷静地审视自身的社会弊病和民族弱点，虚心地学习其他民族和国家的长处。马克思主义、现代科学技术、民主精神、市场经济等等，就是这样传进中国的。像中华民族这样的大民族，能够以百年为期，自觉地、不断地求教于其他大小民族，认真地以他山之石攻己之玉，这是真正震撼世界的创造之举。

如今，当人们热议"中国制造"给世界带来的影响时，中华大地上正在掀起"中国创造"的热潮，自主创新已经成为国家的重大方针和各族人民的坚定意志。到2006年，全国科技人员约有3500多万，直接从事研究开发的科技专家接近150万，科技队伍的总规模居世界第一位。研究开发投入约3000亿元，占GDP的比例达到14%，而且还在快速增长中。生命科学、数学、化学、物理学、纳米学等基础研究进入世界前列，高新技术研发不断获得突破，中国各族人民从中感受到国家强大的发展潜力和民族的光明前景。

中华民族无与伦比的创造力，不仅展现在对天地自然的研究上，而且展现在对社会人文的研究上。君不见在探索人类文明发展的大道上，中国人走得多么远了。和谐社会主义是中国人创造的，能够使亿万人民脱贫致富的"社会主义市场经济"发展模式是中国人创造的，能够实现民族平等同国家统一相协调、公民自由同社会集中相协调，从而保障国家长治久安的社会运行机制是中国人创造的。

实践出新知，实践创真知。人们可以漠视世界上许多东西，但是不能漠视十几亿中国人的伟大实践。具有重大意义的转折期已经到来。过去的几百年中，关于天地自然和社会人文的话语权，几乎是西方人独占的。从今以后，无论是西方人还是东方人，同是平等的历史创造者，当然也同是关于天地自然和社会人文话语权的平等创造者。人们可以期待，在曾经诞育过孔子、老子、孟子、荀子、墨子等伟大哲人的地方，一定会涌现许多大科学家、大理论家、大文学家，大发明家，他们创造的新思维、新理论、新发明将深刻地影响人类文明前进的方向。

创造的新纪元到来了，《创造》杂志将以新的面貌，同广大创造者共同经历创造的艰辛，共同享受创造的欢乐。

（《创造》杂志改版序）

共产党人要有浩然正气

"全党同志始终保持共产党人的蓬勃朝气、昂扬锐气、浩然正气,永远与人民群众心连心,我们党的执政地位坚如磐石。"把共产党人的蓬勃朝气、昂扬锐气、浩然正气同巩固党的执政地位联系起来,是江泽民"5·31"讲话提出来的一个崭新的思想,具有十分重大的理论意义和实践意义。

一、发扬浩然正气是共产党人的历史使命

所谓浩然正气应该是社会主体为了实现一个崇高的价值目标所表现出来的至大至刚的精神气质。这种精神气质具有历史的进步性,它始终站在人间的正义方面,推动社会进步潮流;这种精神气质还具有坚决的斗争性。哲学家黑格尔说的好:"人格的伟大和坚强要借助于矛盾斗争的伟大和坚强才能衡量出来"。而我们的古人则用"富贵不能淫,贫贱不能移,威武不能屈"来表现这种崇高的精神气质。这确实是一种超乎寻常的精神力量和实践力量,"富贵"是一种很难抵挡的诱惑,"不能淫"就是战胜了诱惑,所以是正气;"贫贱"是一种很难承受的痛苦,"不能移"就是战胜了痛苦,所以是正气;"威武"是一种很难抵抗的压迫,"不能屈"就是战胜了压迫,所以是正气。

"天地有正气,杂然赋流形。下则为河岳,上则为日星;于人曰浩然,沛乎塞苍冥。"中华民族是具有浩然正气的伟大民族。几千年来,这种浩然正气,作为一种血脉,使中华民族得以生生不息地发展;作为筋骨,使中华民族得以自立于世界民族之林。这种浩然正气培育了无数的志士仁人,也塑造无数的英雄豪杰。然而,只有中国共产党及其千百万优秀儿女才使这种浩然正气的发扬达到一种自由、自觉的阶段。正是一代又一代共产党人发扬浩然正气，勇于实践，才使我们的革命和建设事业获得伟大的成功。

今天，我们面临着极好的机遇和严峻的挑战，坚持"三个代表"的中国共产党人要团结全国人民去建设美好的小康社会，去实现祖国的完全统一，去推动世界的和平和人类的进步。任务是如此的艰巨，目标是那样的宏大，这就更需要我们共产党人发扬浩然正气。

二、共产党人发扬浩然正气关键还要与时俱进

共产党人发扬浩然正气，关键还是要与时俱进，理论创新，用"三个代表"重要思想来统领我们的工作。

马克思主义是指导革命和建设实践的科学理论，她本身就具有至大至刚的精神力量，她就凝结着人间的浩然正气。但是马克思主义的力量，马克思主义的正气是和她的与时俱进的理论品格不能分的。如果马克思主义停滞了，如果她变成了教条，她就没有了生机，当然也就谈不到正气。21世纪头一二十年，是中华民族实现全面振兴的关键时期，为了实现我们伟大的历史使命，中国共产党、中国人民非常需要有一个能够正确认识世界和改造世界的理论武器。我们已经有了这样一个理论武器，这就是与马列主义、毛泽东思想、邓小平理论一脉相承的"三个代表"的重要思想。这个重要思想是以江泽民为核心的党中央第三代领导集体进行理论创新和实践创新的伟大成果，她反映了我们时代的要求，体现了人民的根本愿望，她也把中华民族的浩然正气升华到一个很高的阶段。我们学习"七一"讲话，学习"5·31"讲话，就是要用"三个代表"的重要思想统领我们的工作，用发展着的马克思主义来指导我们新的实践。这样，我们的社会就会充满浩然正气。

三、共产党人发扬浩然正气核心是要保持党的先进性

共产党的先进性是她的生命所在，共产党一旦丧失了先进性，她就会走向衰弱，就会走向消亡。执政的共产党要保持先进性是很不容易的。回顾我们党的八十多年的奋斗历程，总结我国人民半个多世纪的社会主义建设的实践经验，答案只有一个：只有始终坚持代表先进社会生产力的发展要求、代表先进文化的前进方向、代表最广大人民的根本利益，才能保持党的先进性。这种先进性是历史的具体的，它是要经过实践的检验，要得到人民大众的认可，它必须通过我们党的纲领、路线、政策，通过我们每一个党的组织、每一个共产党员兢兢业业的工作，才能把这种浩然正气在社会上树立起来。

四、共产党人发扬浩然正气本质上就是要坚持执政为民

中国共产党不是一个普通的政党，她是一个在伟大的社会主义国家长期执政的党。她的所作所为关系十几亿人们的前途和命运，也影响世界的和平和人类的发展。执政的中国共产党面对着千变万化的世界，面对着千头万绪的工作，我们永远不能离开本质的基点，这就是执政为民，就是要实现和维护人民的根本利益。为了实现人民的根本利益，我们要竭尽所能地去建设社会主义的物质文明、社会主义的政治文明、社会主义的精神文明。为了维护最广大人民的根本利益，我们必须进行坚持不懈的斗争，去扫除社会的黑暗现象，去克服各种贪赃枉法的行为。这样，共产党人的浩然正气就会成为团结人民、鼓舞人民的力量。

共产党人的浩然正气，不是与生俱来的，也不是凭空出现的，它来自学习、来自修养、来自实践。我们每一个共产党员都要认真地学习人类所创造的一切先进的思想和科学的知识，都要坚持不懈地进行世界观、人生观的改造，要以满腔的热情投身于贯彻"三个代表"要求的伟大的社会实践。也就是说，我们要像党的十五届六中全会《决定》所要求的那样，做到"八个坚持、八个反对"。这样我们就能够克服自身的脆弱和浮躁，实现精神上的超越和升华，就能够养成充塞于天地之间的浩然正气。

（原载《人民论坛》2002年第7期）

东方之光

——"三个代表"与理论创新

序

中国古代大诗人李白写过一首《日出行》,歌颂东方升起的太阳,诗曰:

出东方隈,似从地底来。

历天又入海,六龙所舍安在哉?

其始与终古不息,人非元气,安得与之久徘徊?

草不谢荣于春风,木不怨落于秋天。谁挥鞭策驱四运,万物兴歇皆自然。

…………

吾将囊括大块,浩然与溟涬同科。

东岳泰山,气势磅礴。

站在泰山之巅观日出,人们方能领略李白那"吾将囊括大块,浩然与溟涬同科"、拥有那种与太阳同在、拥抱光明的一腔豪情,才能感悟东方之光的巨大魅力。

太阳每天都从东方升起,每天的太阳都是新的。太阳推动四时运转,万物更新,太阳就是创新的动力、生命的象征。

人们崇拜东方升起的太阳,更珍视心中理性的光辉。

走向新世纪的中国人民,心中托起一轮理论创新的太阳,这就是马列主义、毛泽东思想、邓小平理论和"三个代表"重要思想。

这是不落的太阳。

这是灿烂的东方之光。

第一集　历史之门

这里是科学测定的中国大地原点，是中国内陆的中心。

黄土高岗，苍郁沉雄，似乎是太阳原色所浸染；滔滔黄河，溢火流金，仿佛是太阳奔涌不息的血液。

这里是中国古代历史的重心。

2000年6月一个细雨霏霏的日子，中共中央总书记、国家主席、中央军委主席江泽民来到13朝古都西安。总书记深情凝望三秦大地，思接千载，浮想联翩，仿佛找到了打开历史之门的钥匙。他说："创新是一个民族的灵魂，是一个国家兴旺发达的不竭动力，也是一个政党永葆生机的源泉。"

是啊，创新，是民族进步的灵魂，是国家兴旺的动力，是政党生命的源泉；唯有创新，才能开启民族智慧，才能拥有人类文明，才能打开历史之门。

黄河，因流域生态的恶化，也因千百年过度开发，时有断流之虞。1960年12月10日，黄河发生第一次断流；1972年后，下游断流频繁；1998年，黄河上游也发生断流——对中国人来说，这不能不是一个极大的警示：我们不能让自然之河枯竭，不能让母亲河干涸。

对中华民族来说，更不能让民族思想之河淤塞！

让我们循着母亲河追溯中华民族思想的史迹。

商代都城安阳附近的羑里，是商纣王拘押周文王的地方。

这个周文王，不仅因为尊重知识分子，重用姜子牙而名传天下，而且因为思维创新，推演《周易》而留名千古。

《周易》的这个太极图，是人类所能描绘的最神妙的图画。

它从复杂的自然现象和社会现象中抽象出阴、阳两个基本范畴，黑白两极判然有别而又浑然一体，它们此消彼长，相互交感，相互依存地运动着，变化着，以至无穷。根据这个原则，事物在变化、发展、更新时就如日中天，前程似锦；反之则停滞、守旧、落寞，日薄西山。

这幅神妙的图形，生动地表达了自然界和社会存在的本质，表达了创新思维的本质。这说明，远在公元前12世纪，我们的先人对辩证法的核心就有了感悟，中华民族不愧为一个富于智慧和创新思维的民族，一个握有历史命脉的民族！

中华民族是一个如日之中天、拥有光明前途的民族。

《周易》的创新思维，是用太极图表达出来的，也是用卦爻、彖、象、系辞表达出来的。

"一阴一阳之谓道。"

"穷则变，变则通，通则久。"

"天行健，君子以自强不息。"

"地势坤，君子以厚德载物。"

《周易》的创新思维，启发了春秋战国时代的诸子百家，在中华大地上引发了创新思维的大爆炸。那真是一个思想的天空群星璀璨、汉河辉煌的景象啊！儒家、法家、道家、刑家、名家……各家比肩接踵；孔子、老子、庄子、荀子、墨子、韩非子……各学派蜂起争鸣，如千川汇合，浪潮激荡；似百舸争流，浪遏飞舟，将一切腐朽抛在了后头。

《左传》记载：在"法"与"礼"的斗争中，主张"法治"的政治理论家决意用符合新兴地主阶级利益的刑律来代替奴隶主阶级的"礼"，郑国子产首先实行了改革，公布了成文法，并将刑法条文铸在了铜鼎上——从太极图到铸刑鼎，勇猛精进的创新思维便铸就了自己牢固的形象。

秦始皇正是凭借着创新理论的力量摧枯拉朽，因势利导，并灭诸国，扫平六合，实现了中国的大统一。

春秋战国时代创新思维的热潮，极大地充实了中华思想宝库，为中国社会的大变革和生产力的大发展准备了精神条件，为创造无与伦比的中华文明奠定了思想基础。

将近3000年后，德国科学家莱布尼兹受到这幅太极图的启示，从《周易》六十四卦图中发现了数字二进制原理。这种二进制原理，在20世纪成为现代计算机的基本运算法则。西方科学家站在中国思想巨人的肩膀上，以此为支点，轻轻一撬，地球滚动了，信息时代到来了。

然而，正像这幅神秘图形所演绎的一样，创新思维和创新理论总是与守旧的思维相对立而存在。公元前1世纪，汉武帝"罢黜百家，独尊儒术"，采董仲舒之说，将孔子神化，窒息了创新思维的发展。正如鲁迅后来说的："孔夫子到死了以后……种种的权势者便用种种的白粉给他来化妆，一直抬到吓人的高度。"这似乎是2000年来一场永不谢幕的木偶戏。

作为伟大思想家、教育家的孔子，在政治主张上却是保守的，这种"二重性"原不足怪，他反对"僭越"，主张"复礼"，认为一切都由"天子"出发，才能"正名"。在他死后400年被后世帝王推崇为"圣人"，也不足怪，封建帝王总是最早收起他们使用过的、成全了他们帝王基业的思想利器。

大清王朝的最后一二百年，中国封建社会迅速走向衰朽。其时，一个故步自封、妄自尊大的天朝，已经拒绝了任何创新思维和创新理论的发展。当"盛世"的幻境将五色土的光彩投射到宫闱之上，当丹墀上祭天的袅袅青烟融入苍茫的皇天之中，在世界的另一极，在西方，发生了什么呢？

16世纪中叶，波兰人哥白尼创立了宇宙的"太阳中心说"，这一惊天动地的创新学说震撼了宗教神学的大厦，自然科学从神学中解放的时代由此到来。

继后，他的学说的继承者，意大利人布鲁诺发表了《论无限性、宇宙和诸世界》一文，否定了"上帝"的存在。1600年2月，他被天主教会活活烧死在罗马的鲜花广场。

接踵而来的是法国的笛卡儿，据说，他从一只苍蝇在天花板上爬动，发现了点、线、面的关系，进而创立了"解析几何"，将"运动"和"辩证法"导入数学领域。

再后是天才的牛顿，据说他从一只苹果的坠落，发现了"万有引力定律"。

西方正用科学实验的利器拼命地剥离着神学坚硬的外壳，让科学的阳光照射进来，将中世纪的黑暗一扫而空；而他们用生命，用鲜血浸染的鲜花，在思想的广场上，极大地丰富着人类的"故事"。

中国，此时的中国还有什么呢？有与埃及法老墓和金字塔相媲美的明代皇陵；有沿着一条中轴线展开的世界上最大的紫禁城；有世界上最为壮观的祭天神坛；有状似沉思的"宣德香炉"，精美无比的"成化斗彩"；有康熙、雍正、乾隆沉迷的无数官窑瓷器。大清皇帝甚至不惜重金搜集古老散碎的"汝窑"瓷片，仅仅为那蓝色的釉面有着天空一样纯清澄净的迷人色彩！中国的创新思维和智慧似乎越来越精致，越来越细密，越来越小巧，越来越成为帝王的把玩之物。

自然，中国还有千古一律的"科举制度"，如同复制金銮殿上的云雷纹一样，复制着这个帝国顺从的臣子：无论士农工商，立论，言必称三代；著文，开篇必是子曰诗云；行事，祖宗之法不可变——在一个即将到来的全新的世界面前，中国势若累卵，一有风吹草动，就要破碎，就要瓦解！

当东方的天朝帝国昏梦沉沉时，西方，一场急风暴雨式的工业革命发生了。

大清王朝万万没有想到，自己会有这么一天，成了人家刀俎上的肥肉。

1840年，鸦片战争爆发。

鸦片，是西方窒息中国创新思维的一服毒剂。而这时，与世界隔绝的中国甚至不知道如何来对付这种亡国丧权的局面。奉命禁烟的林则徐甚至以为可以凭"天朝声威""慑服夷人"，他断言一旦中国不给西方"茶叶大黄"，外夷因中国的"绝市闭关，尔各国生计从此休矣！"——这真是天大的笑话！

然而，林则徐毕竟不是道光皇帝，这位热血充沛的爱国者终于惊醒，他痛悔"震于英吉利之名，而实不知其来历"，于是，便开始了解西方的技术、产业成就和创新理论。他派人"翻译西书"，甚至不放过西方的报纸新闻，他积累材料，编成《四洲志》，并由魏源编制《海国图志》，详述西方各国历史、政治及改革等状况。

极具讽刺意味的是，两次鸦片战争，中国失败了。而日本得到了林则徐创新思维的遗产，包括那部《海国图志》，成为激发日本朝野"明治维新"的一份颇具影响力的思想资源。

接下来，便是日本要动手了。

甲午海战前夕，日本舰队司令伊东在给他的同学和朋友、中国北洋水师提督丁汝昌的一封信中这样写道："您知道，30年前日本帝国处于何等艰苦的境地。你也知道日本是如何抛弃旧体制，采取新制度，以求摆脱威胁我们的困难。贵国也应采取这种新的生存方式。如能这样，就会一切顺利，否则就只能灭亡。"

这可谓是一份十分别致的"战书"——敌手将结论和方法都告诉了中国人：这就是创新，日本人甚至认为"制度创新"是唯一的"生存方式"！而中国的统治者呢？不明白，也不愿明白。

1894年8月1日，中日甲午海战终于爆发。北洋水师全军覆没，丁汝昌在刘公岛提督府上以死言志。这是中国志士最后的、也是唯一的壮举吗？苦难深重的中国被迫与日本签订了《马关条约》，中国割让辽东半岛、台湾、澎湖列岛，赔款白银两万万两。

戊戌变法，康、梁等人希望光绪皇帝的龙袍下能焐出一只金凤凰。自然，这样的空梦注定要被黑暗的现实击碎。

孙中山领导的辛亥革命能把皇帝赶下龙廷，但不能改变军阀争战的混乱局面。

外有列强侵割，内有灾祸频仍。中华民族到了最危险的时候，中国还有希望吗？

《求是》大院的这株百年古树，根深叶茂，直上云天。它沉默地见证了一个伟大的运动。1919年5月4日，一大群爱国青年就是在这棵大树下集结，高喊"外争国权，内惩国贼"的口号，走上北京街头。

这棵大树的前头，是一栋古旧的红楼。那饱经沧桑的墙面，犹如一本大书的封面。上个世纪初，李大钊和他的战友们曾在这里讨论一种崭新的世界观——马克思主义，由此推动了旨在传播这一新文化的五四运动。

五四运动像闪电穿云，惊雷动地，震活了中华民族神妙的创新思维，结出了两个伟大的成果：

一是中国人民找到了具有特别创新品格的马克思主义；

二是中国大地上建立了具有彻底创新精神的中国共产党。

五四运动的创新精神打开了中华民族全面复兴的历史之门。

第二集　创新之路

宇宙是广阔无垠的，地球只是围绕太阳旋转的一个小小的暗淡蓝点，但她是人类唯一的家园。

人类在这个家园中生活了 200 万年，但有文字记载的历史尚不到 1 万年。

现实生活中的人，都会做梦，都会有梦想。1 万年来，从穴居荒野到遨游太空，人类一步一步把梦想变成现实。

早在春秋战国时代，我们的先人就憧憬和描述过这样一个梦想：

"大道之行也，天下为公。选贤与能，讲信修睦，故人不独亲其亲，不独子其子，使老有所终，壮有所用，幼有所长，鳏寡孤独废疾者皆有所养……是谓大同。"

梦想大同世界的思想家，东方有，西方也有。

19 世纪初，欧洲产生了三位宣扬大同理想的杰出人物：圣西门、傅立叶、欧文。

1800 年，欧文把自己的工厂当做理想的实验区，他从企业利润中拿出一部分来修建工人住宅，开设杂货铺，低价供应工人生活必需品，改善工人食堂和医院，设立互助储备金，发放抚恤金，创办幼儿园。他还去了美国，在那里，组织了一个名为"新和谐"的共产主义新村……一切都是"新"的，他幻想这一理想的社会模式会从他的实验区里走出去，像鲜花开遍欧美大陆。结果，他还是失败了。穷途末路的欧文只得寄希望于统治阶级，他甚至将自己的"计划"呈献给俄国沙皇尼古拉一世和法兰西国王。但欧文忘记了，此时的欧洲宫廷音乐正演奏着柔和的天堂之声。一个关于贫困工人的故事对皇族显贵们来说，无疑是太沉重也太刺耳了。结果，他再次失败了。

在美丽幻想失败的地方，往往长出科学理论的常青树。几十年后，空想社会主义成为马克思、恩格斯创立科学社会主义理论的来源之一。

1848年，马克思和恩格斯合著的《共产党宣言》问世了。正如列宁所说："这部著作以天才的透彻而鲜明的语言描述了新的世界观。"这个"新的世界观"就是"在欧洲徘徊"的被"一切势力公认为一种势力"的共产主义"幽灵"。

1920年，《共产党宣言》的第一个中译本出版了。翻译者是复旦大学教授陈望道先生。此时在北京的青年毛泽东，得到了这本小册子，便在故宫附近的福佑寺里潜心研读，完全接受了马克思主义。毛泽东后来深情地回忆说："从此以后，我对马克思主义的信仰就没有动摇过。"

150多年来，《共产党宣言》被译成两百多种文字在世界各国出版传播，推动国际共产主义潮流奔腾向前。

我们很容易忽略一个事实，而这一事实又是那样的重要：1872年，马克思和恩格斯在德文版序言中说："这些原理的实际运用，正如《宣言》中所说的，随时随地都要以当时的历史条件为转移。"1888年，恩格斯在《自然辩证法》这部著作中，十分透彻地阐述了"科学世界观"须与时俱进的道理，他说："每一时代的理论思维，从而我们时代的理论思维，都是一种历史的产物，它在不同的时代具有完全不同的形式，同时具有完全不同的内容……规律的理论并不像庸人的头脑在想到'逻辑'一词时所想象的那样，是一种一劳永逸地完成的'永恒真理'。"

马克思和恩格斯总是说，他们所创造的理论，不是一成不变的教条或"永恒真理"。恰恰相反，因为"理论思维"是历史的产物，那么，随着历史的推进，她就应当有"完全不同的形式"和"完全不同的内容"——换句话说，不创新，就不是马克思主义。

马克思主义是与时俱进的科学理论。但要认识这一点，又是那样的不容易。

马克思和恩格斯曾设想社会主义革命在发达资本主义国家同时爆发才能胜利，但正像《宣言》里预见的那样，历史造成的是另外一种情况：帝国主义链条将在最薄弱的环节断裂。社会主义革命可能在一个落后国家首先爆发，并取得胜利。

这是列宁根据俄国实际情况进行理论创新得出的结论。为了验证这个结论，并就近指导革命，列宁秘密回到俄国，住在拉兹利夫附近的湖边，在一个简陋的草棚里，写下了十月革命的奠基之作——《国家与革命》。

1917年11月7日清晨，起义的水兵和工人登上了阿芙乐尔战舰，驶向彼得堡。

水兵与工人挤满了甲板，拥挤得连挪动几步都是那样的困难，但他们的心中却装着一个坚定的信念。

巨大的舰炮对准了资产阶级政府最后的堡垒——冬宫。

炮声响了，大约20万工人赤卫队员和革命士兵参加了这次起义。列宁在起义者的欢呼声中走向全俄苏维埃代表大会主席台，宣告一切权力归苏维埃。

列宁巧妙地利用了历史提供的也许是唯一的一次机会，将帝国主义战争转变为国内战争。十月革命胜利了，列宁的创新思想和理论胜利了。

1924年1月21日，列宁不幸早逝。斯大林接过了领导苏维埃国家的重担。

社会主义社会怎样建设，斯大林也是一个探索者。第比利斯，群山环抱，林木葱茏，景色宜人，这是斯大林的家乡。

这位出身贫寒，皮肤黝黑的革命者，领导苏联人民走出了一条强国之道。仅用了20年时间，就使一个落后的农业国变成雄视欧洲和世界的工业大国，成为战胜法西斯的中坚力量。

丘吉尔怀着复杂的心情这样评价斯大林："当他接过俄国时，俄国只有木犁；而当他撒手人寰时，俄国已拥有了核武器。"

打开历史之门，推动社会前进，需要科学与智慧，需要创新精神。

1921年诞生的中国共产党，首先要解决的大问题是怎样进行中国革命。

答案几乎是现成的：以俄为师，走十月革命那样的城市起义夺取政权的道路。

但这条路在中国走不通，南昌起义失败了，广州起义也失败了，所有的城市起义都失败了。共产党的组织遭到了严重破坏。从珠江黄埔，汉口码头，到九江水湾，再到长江出海口，共产党人的鲜血染红了南部中国。

毛泽东独辟蹊径，提出了崭新的革命理论。他和他的战友们在湖南发动秋收起义，上井冈山建立农村革命根据地，打出了红色政权一片天。

这是湖南湘江边一条山间小路，山花烂漫，绿树掩映，它普普通通，同中国大地上的任何一条通往乡村的小路没有两样。但正是在这样的小路上走出了中国共产党的创新之路。1927年1月4日至2月5日，在整整32天里，毛泽东以他特有的豪迈而稳健的步伐，走在这样的小路上。为了回答党内右倾机会主义者对农民运动的指责，他深入乡村调查研究，写出了著名的《湖南农民运动考察报告》。他对农民运动"十四件大事"的调查，至今是每一个党的工作者学习的范本。从此，我们有什么问题，就去深入实际，"调查研究"，它成了中国共产党特有的创新思维、创新理论的路径和方法。

创新的道路是曲折的，是要付出代价的。

党内那些教条主义者在城里站不住脚，纷纷进入农村革命根据地，他们闻不惯毛泽东身上那股土气，处处否定毛泽东的创新思想，曾经四次罢了他的官。教条主义真是害死人！第五次反围剿失败，数十万红军将士和共产党员牺牲，百分之九十的根据地丧失，红军被迫走上漫漫长征之路。

遵义市老城子尹路80号，高墙重门之内，是一幢青砖灰瓦的两层楼房。这是贵州军阀柏辉章的私邸。

1935年1月15日至17日，中共中央政治局扩大会议在这里举行，会议确立了毛泽东在全党的军事领导地位。从此，中国革命走上了正确的道路。

1942年，在这里，在中国大西北，在沟壑纵横的梁峁上，在黄河东流的倒影里，延安宝塔山，成为中国革命崭新的指针。毛泽东领导了中国共产党的整风运动，他迫切地感到担当着民族救亡使命的中国共产党要握有创新思维、创新理论的利器，就必须从党风、学风入手，来清理整顿党的作风。毛泽东要把一个以农民为主要成分的党，办成一所大学校。他讲《实践论》《矛盾论》，讲"实事求是"，为中国共产党的创新思维建立了一个崭新的、坚实的哲学平台。

"实事求是"这个美妙的词语是汉代史学家班固发明的，本意是指做学问、办事情的严谨态度。毛泽东推陈出新，把它变成一个意义重大的哲学命题，为人们打开了认识世界、改造世界的创新之路。

国不创新，国将亡丧，尤其是像旧中国这样处在落后挨打困境的国家。

党不创新，党无希望，尤其是像中国共产党这样肩负重大历史使命的政党。

毛泽东的创新精神永远地改变了中国的面貌。

如同新中国在东方的诞生是一个奇迹，毛泽东本身也是一个奇迹。

邓小平继毛泽东之后创造了新的奇迹。

但这"奇迹"险些就不能发生。

从毛泽东发动"文化大革命"，到"四人帮"彻底覆灭，邓小平在中国政治舞台上大起大落，惊心动魄。

这里是南昌郊外的一座小镇，落难的邓小平在这里度过了不寻常的岁月，在这些青竹掩映的小道上，这位中国人民伟大的儿子，在思考着什么呢？

正如恩格斯断言：锻炼创新思维能力"除了学习以往的哲学，直到现在还没有别的办法"。

历史的演义竟然这样精彩。谁能预言，江西——这个中国工农红军长征的出发地，又走出了邓小平——领导二次长征的伟人，而这更是一次创新思维、创新理论的新长征！

没有枪声，却充满了激烈的辩论。

每一个"理论"的险关和可能的失误，都足以葬送中国。

如果都按"既定"的一切走，何来社会主义"风景这边独好"！

中国的希望在于一种崭新的思维和理论。

邓小平说话了。

他说，要解放思想，实事求是。中华大地上就兴起了真理标准的大讨论，中国共产党就重新走上"实事求是"这一探索真理的道路。

他说，要改革开放，建设有中国特色的社会主义。中华大地即刻东风化雨，春潮涌动。

他说，发展才是硬道理。中国经济几年就上一个大台阶，这奇迹令世界惊异。

他说，知识分子是工人阶级的一部分，科学技术是第一生产力。中国人就抓住历史机遇，赶上了全球知识经济的迅猛浪潮。

他说，统一祖国要实行"一国两制"。香港、澳门就先后回到祖国的怀抱。邓小平表达伟大的创新思想往往只用几个字。

邓小平的话语是那样的简明易懂，每个中国人都可以凭自身的经验，在他们安身立命的土地上，演绎出无数个精彩和奇异。这些话语迅速地流行到中华大地上的每一个角落。创新思维像太阳普照大地，给中国带来了无限生机。

邓小平已经离我们而去，但在他的身后，是正在走向富裕的13亿各族人民，是正在崛起的伟大的社会主义国家。

邓小平走完了他的创新之路，作为回答了"什么是社会主义，怎样建设社会主义"这个世界难题的伟人。

邓小平将永载史册。

第三集 变革之机

故事往往发生在春天，如同每一株春天的苗木都将演绎自己多彩的生命。1949年春天的一个早晨，毛泽东和他的战友们从西柏坡前往北平。新中国的曙光已经透过吐露叶芽的枣树，将希望之光撒播在这片贫瘠的山岗上。

毛泽东说，我们这次是进京"赶考"，退回去就算失败，我们决不学李自成。

毛泽东的话是意味深长的。中国共产党要从一个革命党成为执政党了，他会不会像李自成起义那样"其兴也勃焉"，"其亡也忽焉"？

毛泽东胸有成竹。就在3月5日，他刚刚在中共七届二中全会上作了一个报告，为一个执政党描画了未来的思想路线。他说，党的工作重心由乡村移到了城市，必须用极大的努力去学会管理城市、建设城市和开展经济、文化斗争。他又说："在革命胜利以后一个相当长的时期内，还需要尽可能地利用城乡私人资本主义的积极性，以利于国民经济的向前发展。在这个时期内，一切不是于国民经济有害而是于国民经济有利的城乡资本主义成分，都应当容许其存在和发展。""国营经济是社会主义性质的，合作社经济是半社会主义性质的，加上私人资本主义，加上个体经济，加上国家和私人合作的国家资本主义经济，这些就是人民共和国的几种主要的经济成分。"——他是这样来描述新中国未来经济形态的。他甚至预言未来新中国经济建设的速度，"将不是很慢而可能是相当地快的，中国的兴盛是可以计日程功的。"①

这就是毛泽东准备的答卷。

这份答卷是清醒的，明白的。

可惜过了整整29年，直到党的十一届三中全会上，一份关于"全党必须将工作的重点转移到经济建设的轨道上来"——"一个中心、两个基本点"的答卷才最终交给了人民，交给了历史。

交出这份答卷的是邓小平。

而此前，中国的国民经济经历"文革"劫难，几近崩溃。

1992年，又是一个春天。一列专列离开冰雪初融的北国，缓缓驶向春意盎然的南疆。

车上有一位老人，纵论天下大事，提出"三个有利于"的标准。他还说："计划多一点还是市场多一点，不是社会主义与资本主义的本质区别。计划经济不等于社会主义，资本主义也有计划；市场经济不等于资本主义，社会主义也有市场。"② 这几句话，胜过几大本政治经济学著作，一下子解决了世纪之争的大问题，打开了创新的社会主义市场经济道路。

2000年，还是一个春天。

在广东高州，毛泽东关于"赶考"的话题，邓小平最后的答卷，无时不在总书记脑海中翻腾。

列宁创建的苏联共产党，不可谓不强大，但在执政75年之后顷刻瓦解，国家四分五裂。

孙中山创建的中国国民党，可称百年大党。1949年被赶下大海，2000年又在台湾岛上丧失了执政地位。

一个执政党的强弱兴衰，上台下台，这本是政党社会的寻常事，但中

---

① 《毛泽东选集》第4卷，人民出版社1991年第2版，第1433页。
② 《邓小平文选》第3卷，人民出版社1993年版，第373页。

国共产党却不同。历史已经作了这样的定位：共产党强则社会主义兴，中华民族兴；共产党弱则中华民族衰，社会主义亡。

在新世纪的门槛上，总书记远思千古兴衰之变，近察九州世道民情，终于找到了中国共产党跳出"历史周期率"的科学答案。

"总结我们党七十多年的历史，可以得出一个重要的结论，这就是：我们党所以赢得人民的拥护，是因为我们党在革命、建设、改革的各个历史时期，总是代表着中国先进生产力的发展要求，代表着中国先进文化的前进方向，代表着中国最广大人民的根本利益。"①

"什么是共产党？怎样建设共产党？"是一个世界性的课题，也是一个历史性的课题。

"三个代表"是一个创新的建党学说，它从理论和实践的结合上，科学地回答了这个历史性的重大课题，开创了马克思主义中国化的新时代。

俗话说，民以食为天。

中国现在有13亿人口，占世界人口1/5。解决13亿人的吃穿住行用问题，是天大的问题，是任何其他国家和其他执政党都没有碰到过的问题。

代表中国先进生产力的发展要求，代表中国先进文化的前进方向，代表中国最广大人民的根本利益，就是要满足13亿人民日益增长的物质和文化需求，否则，共产党就没有执政的基础。

上个世纪50年代，我们曾经效法苏联，希望通过计划经济，快速实现国家工业化。成绩很大，但弊病也不少，并且拉大了与发达国家的差距。

我们曾经实行"大跃进"，祈望依靠群众运动和主观意志达到生产力的大发展，结果是事与愿违，严重地破坏了生产力。

群众是真正的英雄。

凤阳小岗村的农民，以生命为代价定下了这张"生死文书"，创造了家庭联产承包责任制，成为中国历史转折的一个信号。

凤阳的农民，在历史上曾经帮助朱元璋缔造过一个大明帝国，但从未

---

① 江泽民：《论"三个代表"》，中央文献出版社2001年版，第2页。

推翻压在自己头上贫困的大山。

凤阳还有一绝,就是声闻千载的凤阳花鼓,不曾有人料到,这鼓点,敲出了中国农民走进社会主义市场经济的新节奏。

邓小平说:"要发达起来,穷了几千年了,是时候了,不能等了。"

他给中国人设计了一个看似伸手可及,不高也不低的目标——"小康"。一时间,这两个字成了中国人家喻户晓的"口碑",成了中国大地上最有活力的希望"种子"。

还是那些地,还是那些人,昂首走进社会主义市场经济的中国农民,却纷纷摘掉了贫困的帽子,这"神话"变成现实,几乎在"一夜之间"。

到20世纪,现代经济运行体制,各个国家会有很多不同,但本质上只有两种类型,即市场经济和计划经济。

邓小平天才地发现了社会主义可以搞市场经济。

江泽民果断地提出我们要建设"社会主义市场经济体制"。

市场经济是西方国家发明的。

计划经济是前苏联发明的。

只有社会主义市场经济是中国发明的。

这也许是中国人最值得自豪的。制度创新往往比物质基础更重要,能激发每个社会成员个人潜能的制度创新,可以大大加速物质财富和精神财富的积累——中国人可以自豪地宣称这是"我们的经验"!

社会主义市场经济体制尚处于初创时期,但她的生命力是多么强大啊!她保证中国经济持续、快速、健康地发展。她顶住了亚洲金融风暴的冲击。"9·11"事件后,世界经济普遍下滑,中国经济却一枝独秀。

中国仅仅用了不到20年的时间,就打造了自己强大的经济巨舰,并使许多重要的工农业产品产量跃居世界前列。

一位科学家说,给我一个支点,就可以撬动地球。中国找到了这个支点!

1995年5月26日,江泽民总书记在全国科技大会上说:"创新是一个民族进步的灵魂,是国家兴旺发达的不竭动力。如果自主创新能力上不去,一味靠技术引进,就永远难以摆脱技术落后的局面。一个没有创新能力的民族,难以屹立于世界先进民族之林。"①

1996年,世界经合组织(OECD)发表了《科学、技术和产业展望报告》,第一次向全球发出了"知识经济"未来趋势的信号。

1997年,美国总统克林顿在公开演说中采用了"知识经济"这个概念。

1998年,江泽民总书记在庆祝北京大学建校100周年大会上指出:"当今世界,科学技术突飞猛进,知识经济已见端倪。"

"自主创新"和"知识经济"这两个概念组合,对中国来说,真是别有一番滋味在心头:在18世纪末爆发的工业革命中,我们失去了历史变革的契机,付出了丧权辱国的代价,国人没齿难忘!而今,"知识经济"时代到来,这是真正的"百年机遇"!中国将举手欢迎,中国举起的双手是不是该攥成一个拳头?

我们依旧落后。

在世界上每年发表的重要科学论文中,中国只占百分之一,重要科学论文的被引用率,中国只占万分之一。

美国硅谷占地不过7500平方公里,2000年的产值是5000亿美元,足足是中国当年国内生产总值的一半!而中国企业500强的收入总额仅相当于世界500强前三名之和的80%!

党的第三代中央领导集体紧紧地把握着、推动着、体现着中国先进生产力发展的要求。正如江泽民所指出的:"我们必须敏锐地把握这个客观趋势,始终注意把发挥我国社会主义制度的优越性,同掌握、运用和发展先进的科学技术紧密地结合起来,大力推动科技进步和创新,不断用先进科技改造和提高国民经济,努力实现我国生产力发展的跨越。这是我们党代表中国先进生产力发展要求必须履行的重要职责。"②

"创新",是一个非常古老的词汇,而经济学范畴内的"创新"成为一种理论,则是20世纪的事情。

1912年奥地利经济学家熊彼特第一个从经济学角度系统地提出了创新

---

① 江泽民:《论科学技术》,中央文献出版社2001年版,第55页。
② 江泽民:《在庆祝中国共产党成立八十周年大会上的讲话》,人民出版社2001年版。

理论，他认为，"创新"就是要建立一种新的"生产函数"，即实现生产要素的一种从未有过的新组合。在新产品、新技术、新市场这些要素之外，他特别提到了"原材料控制"和"产业组织"的重组。

怎样通过资源和产业重组，在中华大地上建立新的"生产函数"，中国共产党人胸中已有一盘大棋。

为了带动祖国西部地区的发展，必须实施让东部地区先富裕起来的大战略；为了给东部地区创造更大的发展空间，必须实施西部大开发的战略。

西电东送、西气东输、南水北调……

女娲补天裂，刑天舞干戚……中国古代创造了多少超越自然力的神话故事，而今，这些正在变为现实。

这是巨大的资源重组，包括知识信息资源的重组和配置。

这是在平衡与不平衡中寻求巨大支点的精巧战略。

敦煌壁画中反弹琵琶的飞天神女是美丽的，但是共产党人的反弹琵琶更加惊天动地！

大漠孤烟直，长河落日圆——如今的西部，还是那番旧日景象吗？

两千多年前，"孔子西行不到秦"，古代"圣人"的眼光和胸襟未免太狭小了。

今天的共产党人，从总书记到普通党员，都全身心关注西部大开发，推动西部大开发。

这是中国发展思路的大创新。

这是中华民族开发史上的大创举。

这是中国共产党巩固执政之基的大战略。

第四集　文明之魂

江泽民说："我们党要始终代表中国先进文化的前进方向，就是党的理论、路线、纲领、方针、政策和各项工作，必须努力体现发展面向现代化、面向世界、面向未来的，民族的科学的大众的社会主义文化的要求，促进全民族思想道德素质和科学文化素质的不断提高,为我国经济发展和社会进步提供精神动力和智力支持。"①

中国共产党以民族文化建设为己任,这是由党的性质所决定的,也是由中华民族数千年优秀文化传统所决定的。

春秋时代有一本书叫《左传》。《左传》说,古有三不朽:太上有立德,其次有立功,再次有立言。

这是至理名言。人世间有三件事可以赢得永久的荣誉:第一是有道德;第二是有功业;第三是有学问。这里说的道德,是指新的道德标准;功业是新的建树;学问是新的见解。

追求三不朽,是中国民族文化的显著特征。

道德和学问都是文化,而功业是文化的体现。既立德又立言的是有文化的人,被称为"圣人"。孔夫子就享有这样的尊号。

毛泽东将白求恩、张思德这样的人誉为"高尚的人""纯粹的人""有道德的人""脱离了低级趣味的人"和"有益于人民的人"——他树立了一种崭新的文化价值观。

而这"文化"的精神内涵,正是民族解放和民族振兴的强大力量。

1940年,抗日战争进入了最艰苦的相持阶段。

延安的这孔窑洞里,晨曦透过窗棂,照在桌前,毛泽东显得那般清瘦,他笔下刚刚完成了一部伟大的创新之作《新民主主义论》。谁曾料想,他已经为九年后诞生的新中国勾画了一幅精美的蓝图。

中国肯定要赢得反法西斯战争的胜利。

但未来之中国是怎样的呢?中国的新文化又是怎样的呢?

"民族的科学的大众的文化"——毛泽东这样定义。

他说:"中国的长期封建社会中,创造了灿烂的古代文化。清理古代文化的发展过程,剔除其封建性的糟粕,吸收其民主性的精华,是发展民族新文化提高民族自信心的必要条件。"② 对于外国的、西方的文化,"凡属我们今天用得着的东西,都应该吸收",但必须反对"全盘西化"的

---

① 江泽民:《在庆祝中国共产党成立八十周年大会上的讲话》,人民出版社2001年版。
② 《毛泽东选集》第2卷,人民出版社1991年第2版,第207—208页。

做法。

延安唱起了《兄妹开荒》。

延安有了"狂飙诗人"激起的诗歌运动。

边区的秧歌，扭出了中国特有的韵律。

从此，黄河加入民族解放的大合唱，黄水怒吼，长城劲舞，支持着一个民族浴血的苦战。

"边区"的太阳是初升的太阳，新民主主义文化还是稚嫩的文化。毛泽东说，她还不能完全以社会主义文化资格去参加世界社会主义文化。

60年过去了，中国已经具备了参与世界先进文化共同发展的"资格"了吗？

中华文明威力之巨大是人们难以想象的。

世界历史上曾经出现过众多的古代文明，玛雅文明、两河文明、古埃及文明、印加文明等等，都失落在萋萋野草、累累荒墟之中。唯有中华文明，薪火相传，继往开来，坦然与江河同在，与日月同辉。

世界历史上也曾出现过雄踞一方的大帝国，如罗马帝国、波斯帝国、奥斯曼帝国等等，也尽是忽聚忽散，忽生忽灭，袅然如烟，只余下少许历史的残片。唯有中国，数千年保持完整统一，一直屹立在世界的东方。

这便是中华文化的威力。

但是，为什么光辉灿烂的中华文化，在近代却应付不了西方文明的挑战呢？这一挑战，虽然早在明代就已出现，但并没有引起中国人的注意。而挑战的真正形成正是在清代的极盛时期。

今天的中国人不妨回味一下这么一出历史小戏：

1792年，英王乔治三世向中国派遣了一个外交使团。马戛尔尼勋爵是带着乔治三世亲笔写给乾隆皇帝、表示友好祝愿的信来到北京的，信里说："我们由于各自的皇位而似兄弟，如果一种兄弟般的情谊永远建立在我们之间，我们会极为愉快。"自视为全世界最强大的国家的君主的平等来信，未得到应有的回应，等待英国使团的是极端的傲慢与无知。乾隆批转主事大臣："朕于外夷入觐，如果诚心恭顺，必加恩待，用示怀柔。如稍涉骄矜，则是伊无福承受恩典，亦即减其接待之礼，以示体制。"

英国使团带来的礼品有天体运行仪、地球仪、望远镜、最新发明的棉纺机、织布机，还有当时最先进的野战炮、榴弹炮、连发手枪和战舰模型。

乾隆皇帝对展示在他面前的这个新世界的文明不屑一顾，把英王的礼品称为"贡品"，并坚持要英使三跪九拜。当英国使臣执意要展示悬浮弹簧的四轮华丽马车时，大清官员却将注意力集中在车夫的座位上，他们惶惶然道，你以为皇上能容忍一个人的座位比他的座位还高，并把脊背朝着他吗？

皇帝屁股的高低比什么都重要，这就是当时的中国！

这就不仅仅是悲剧了！

乾隆皇帝这种不知世界变化，轻视别的文明，拒绝国与国、民族与民族、人民与人民平等交流的狂妄之举，说来可笑，但它却与中国传统文化中的有害成分有着必然的联系。神秘的、落后的皇权思想，就是这种有害的成分。

中国病入膏肓！仅仅过了50年，西方列强就凭坚船利炮轰开了中国的大门。又过了50多年，那个拒绝维新变法的西太后竟没有军队护驾，而惶惶然亡命西逃。龙辇颠簸，风餐露宿，皇威扫地，哪里还顾得上屁股位置的高低。

文化落后，也要挨打。

文化的落后，必然导致民族精神的瓦解。

中国人还应当永远记住西方强盗是如何窃掠中国古老文化精华的。那时，西方已经收起了对"中央之国"仰慕的面孔，在这些强盗眼里，中国只是一堆"古董"，即便是圆明园这样"中西合璧"的象征也在劫难逃！

一个伟大民族的自尊几近灰飞烟灭。

当时的英国人说得直截了当："中国除了被一个文明的国家征服之外，没有任何办法能使它成为一个伟大的国家。"当然，历史无情地击穿了"征服者"的预言。中国共产党已经使中国成为一个伟大的国家。

100多年前，英国殖民者以他们所谓的"文明"方式，用血与火的手段，强占了"东方之珠"；

100多年后，中国人以自己的文明方式，彬彬有礼地收回了"东方之珠"。

当五星红旗和紫荆花旗升上香港的天空,当英国总督的舰船悄然离开维多利亚港湾,世人从这个庄严的仪式中,不仅看到社会主义中国的崛起,而且看到形成"一国两制"思想的中华文明具有的伟大力量。

人类进入了新的千年。民族与民族、国家与国家的竞争,不仅仅是不同社会制度的竞争,还是不同文化、不同文明的竞争,这是更深层次的竞争。

在网络时代,文化的传播力、渗透力无比增强。在这样的时代,我们切不可轻视西方预言家这样的意见:一种文化知识,如果不能"转译"为信息量而进入网络,那构成它的一切,将遭到彻底的抛弃!

在这种情势下,中国有"资格"进入世界先进文化的主流吗?

中国还能以"五千年文化传统"聊以自慰吗?

美国以及其他西方国家,凭借强大的经济实力,尤其是高技术发展带来的文化、信息产业的巨大渗透力,将其文化价值观和生活方式强加给不同制度、不同处境、不同宗教信仰的国家和人民。谁要不跟着转,"山姆大叔"就不高兴,"自由女神"就要变脸,就要干涉。西方价值观已经被装饰为一种要世界强行膜拜的"图腾"——在这个意义上,"文化"何尝不是"枪炮"?何尝不是"巡航导弹"?何尝不是"电子战争"?何尝不是"核武攻击"?何尝不是强权的外交、政治和军事?

中国共产党第三代领导集体面对如此严峻的挑战,早已成竹在胸。

江泽民说:"努力建设我国的先进文化,使它在全国人民乃至世界人民中间具有强大的感召力,与努力发展我国的先进生产力,使我国加快进入世界生产力发达国家的行列,都是我们实现社会主义现代化的战略任务。""一个民族,没有振奋的民族精神,没有高尚的民族品格,没有坚定的民族志向,不可能自立于世界先进民族之林。"[①] 而"中华民族的精神,最突出的就是团结统一、独立自主、爱好和平、自强不息的精神。中国人民正是依靠这个民族精神,在祖国广阔的土地上创造了一个又一个人间奇迹,缔造了为世人惊叹的灿烂的中华文明。"

---

① 江泽民:《在中国文联第七次全国代表大会、中国作协第六次全国代表大会上的讲话》。

新的世纪，新的时代，中国人民必须实现伟大的文化创新，这就是我们的答案。

文化创新就是以科学的理论武装人。

在20世纪，中国人最大的智慧，就是紧紧抓住了马克思主义，并把它和中国的实际、中国的优秀文化结合起来，创造了中国化的马克思主义，这便是毛泽东思想、邓小平理论和"三个代表"思想。

有了不断发展创新的中国化的马克思主义，中华民族就有了认识世界的强大武器，就有了凝聚人心、指明方向的光辉旗帜，中华大地上就发生了翻天覆地的变化。

文化创新就是以先进的文化教育人。

邓小平说，教育要面向现代化，面向世界，面向未来。

我们正在实施"科教兴国"战略。

知识经济时代，我国的教育事业将实现向主导产业的转换。"终身教育"将成为新世纪我国教育的基本模式。

文化创新就是以崇高的道德塑造人。

古人说，人世间最高的荣誉是"立德"。

依法治国，以德治国的崭新社会正展现在世人面前。

爱国守法，明礼诚信，团结友善，勤俭自强，敬业奉献，正成为亿万人民的行为准则。

文化创新就是以正确的舆论引导人。

信息时代，知识爆炸，每个人都会根据社会和自身的需要，去选择信息，利用知识。

个人的利益和需要千差万别，但国家和人民总有共同的需要和长远的利益。正确的舆论，符合、体现一国人民的共同需要和长远利益。

文化创新就是以优秀的作品鼓舞人。

从诗经、楚辞、汉赋，到唐诗、宋词、元曲及明清小说，无数经典，都具有永恒的价值，它塑造着一代又一代中国人丰富而坚实的精神世界，在东方大地上闪耀着伟大民族的绚丽光彩。

今天，为伟大民族复兴，为有史以来最壮阔最深刻的创新、改革而讴歌的优秀文艺作品必将喷薄而出，如丽日之巡天，大江之东去，给古老神州带来无边春意!

第五集　大道之行

马克思的故乡特利尔市,是德国西部一座风景优美的小城。清澈的摩塞尔河静静地从城边流过。

市中心有座黑门,是古罗马时期的建筑。

黑门附近的这幢小楼,就是马克思童年生活的地方。

100多年前,这个家庭是相当富足的。

马克思的父亲亨利希·马克思是一位著名的律师。

马克思的爱妻燕妮出身贵族,父亲是政府高级官员。青年马克思才华超群,当时的一位政论家说:"设想一下,如果把卢梭、伏尔泰、霍尔巴赫、莱辛、海涅和黑格尔结合为一人——那么结果就是一个马克思博士。"

凭着门第和才华,马克思不难获得世俗的荣华富贵。

但马克思另有崇高的志向。17岁的马克思就说,我们要选择最能为人类而工作的职业。这样,"我们的幸福将属于千百万人,我们的事业将悄然无声地存在下去,但是它会永远发挥作用,而面对我们的骨灰,高尚的人们将洒下热泪。"[①]

这是马克思一生的写照。

只要看看马克思的著作,你会惊讶地发现,没有一个人能放射出如此炫目的真理和智慧的光芒,也没有一个人能在贫困和疾病中承受如此巨大的精神苦役,更没有一个人为着全人类的解放能作出如此完美而彻底的奉献。

这一情形,日后成为无数共产党人效法和崇尚的境界。

1883年3月14日,马克思在他工作的安乐椅上溘然长逝。这是全人类的巨大损失!

日本一位著名哲学家发现,马克思的奉献精神和中国的传统文化精神

---

① 《马克思恩格斯全集》第1卷,人民出版社1995年版,第459—460页。

是如此地契合，以至这种精神过去和今天仍在中华民族"性格的深处活动着"。

这就是"先天下之忧而忧，后天下之乐而乐"的人生观，就是"虽九死而不悔"的追求真理的精神。

中华民族特有的这种精神，在漫长的历史中培育了无数惊天地、泣鬼神的民族英雄。

屈原、司马迁、班超、文天祥、林则徐和伟大的革命先行者孙中山等等。

一大批为国为民慷慨捐躯的英雄前赴后继，生生不息，从未因时势迭变而终止！

但仅就一个社会发展阶段或一个历史时期而言，这样的人物仍属凤毛麟角。

只有中国共产党——以解放全人类为己任的无产阶级先锋队，动员全体党员，进而带领全体人民进行的伟大斗争，才堪称英雄的事业和民族英雄的队伍！

李大钊，中国最早的马克思主义者。

他毅然走上反动军阀的绞架。

"铁肩担道义"又岂止是这位著名学人的誓言。

创建中国共产党的13名"一大"代表中，何叔衡1935年在福建上杭壮烈牺牲；陈潭秋被反动军阀杀害于天山脚下，时年46岁；邓恩铭1931年就义于济南，年仅31岁……

毛泽东一家为革命牺牲的就有六人之多。

从中国共产党诞生到建立人民共和国，有2000万革命者献出了宝贵的生命，他们之中绝大多数是共产党员。毛泽东曾深情地说，这些先烈，"使我们每个活着的人想起他们就心里难过。"

这也是最普通人的最普通的情感，正是这怀想，使生者自谨，须臾不敢愧对地下的眼睛。

这又是最平凡人的最平凡的心境，正是这悲壮，使生者奋勇，慷慨担当共同的誓言。

这座黄土岗上的坟丘下，长眠着一个最普通的战士——张思德。他和中国共产党的领袖一样都有一个立身的宗旨:"为人民服务"。这五个字,是中国人民最熟悉的文字,是最明白无误的五个字,又是数以百万千万计的中国共产党人在80余年的岁月里用鲜血和生命反复诠释着的五个字,也是今天的中国共产党人和党的第三代中央领导集体用全部创新实践证明着、体现着的五个字。

1998年,长江中下游发生百年不遇的特大洪水。

城市危急!农村危急!人民危急!

成千上万的共产党员用生命立下了誓言。

共和国主席江泽民站在抗洪抢险的最前线!

"为人民服务""代表最广大人民群众的根本利益"是共产党的立党之本。但是,这并非生物学意义上的"基因"遗传或从"胚胎"里带来的东西,也绝不可能因"克隆"或"复制"而得以延传。

马克思主义是科学的思想理论体系,"代表最广大人民群众的根本利益"是这科学体系的根本宗旨。

同共产党实现其他目标一样,维护党的先进性和纯洁性,使全党在根本宗旨上保持高度一致,是靠不间断的坚决斗争得来的。这斗争的本质,马克思是这样阐释的:"共产主义革命就是同传统的所有制关系实行最彻底的决裂;毫不奇怪,它在自己的发展进程中要同传统的观念实行最彻底的决裂。"①

"传统的所有制关系"和"观念"是一个很大的范畴,它既指被取代的资本主义剥削制度和资产阶级的腐朽思想,还尤其指在历史上延续时间很长、根深蒂固的封建制度及其宗法观念,由于它滋生腐败和恶势力、侵害公共利益、涣散民心,又为一切新的改革势力和现代法制社会所反对。

腐败,大约是世界文明史上最常见的"瘟疫"。

中国最后一个封建王朝就是在腐败的深潭中溺死的。

鸦片为祸,使大清丧权辱国,但这个封建王朝并不能克服自身的病症。大清实行的是"陋规归公","陋规"即指违法入关的财货,而"公"者,那就是自皇帝而下的大小官吏!也就是说,鸦片虽经抄没,转而却进

---

① 《马克思恩格斯选集》第1卷,人民出版社1995年版,第293页。

了各级腐败官员的私囊。这一点，连鸦片的贩卖者也甚为惊讶——原来鸦片贸易中，大清皇帝和整个朝廷是最大的受惠者。

遍观世界各国史，中国有最多的农民起义。

被马克思称作"中国的社会主义"的太平天国，曾怀抱"大同"理想而感召天下。到头来，也不能克服自身的腐败。它袭用了封建宗法制度，所谓"太平礼制"，竟然规定了对天王子女的称呼："王长女，臣下称呼天长金；第二女，臣下称呼天二金"，"掌率子至军帅子皆称公子"，同为"公子"，丞相子称"丞公子"，检点子称"检公子"等等，烦琐不堪。太平天国同样有很多字的"敬讳"，一旦违规，施以酷刑。太平天国官员出入都要坐轿子，规定天王轿夫64人，东王轿夫48人，最下等至两司马，都有轿夫4人。而东王仪仗队多至千数人，一俟出行，俨然乡村迎神庙会——一个抬轿，一个坐轿，还是"等贵贱、均贫富"么？

太平天国的腐败注定了它失败的结局。

这样，就不难理解中国共产党为什么要和腐败进行最坚决的斗争。

这是中华苏维埃共和国临时中央政府1933年12月15日发布的《关于惩治贪污浪费行为》的"第26号训令"。

《训令》规定，凡苏维埃机关、国营企业及公共团体工作人员贪污公款在500元以上者，处以死刑。

签署者：临时中央执行委员会主席毛泽东。

曾任苏区中央政府总务厅工程所主任的左祥云，在承办沙洲坝中央大礼堂时，贪污公款大洋246元7角，经苏维埃中央政府最高法院审判，处以死刑，执行枪决。此案震动了整个中央苏区。

执政的共产党最危险的敌人是自身的腐败。

改革开放的中国进入了建设社会主义市场经济体制时期，"新时期、新任务、新环境"都离不开一个标志性的词汇，即"经济"。一方面，党要管经济了，一部分党员干部手中的权力要和经济挂钩了；另一方面，这权力是在一个全新的环境中，即有可能被金钱腐蚀拉拢，社会主义法制和社会主义市场经济体制都尚未健全的环境中运行——这一切都尚无前例可循。

不可避免地，党内反腐败的斗争也进入了一个新的阶段。

对一个在13亿人口的大国发展社会主义市场经济的执政党来说，这也是一个创新的问题。

十一届三中全会后，邓小平就告诫："要把党管好。"

1982年4月10日，在中央政治局讨论打击经济犯罪活动时，他再次语重心长地说："这股风来得很猛。如果我们党不严重注意，不坚决刹住这股风，那末，我们的党和国家确实要发生会不会'改变面貌'的问题。这不是危言耸听。"①

江泽民领导全党进行反腐败的坚决斗争，他神色凝重地告诫道："反对腐败是关系党和国家生死存亡的严重政治斗争。我们党是任何敌人都压不倒、摧不垮的。堡垒最容易从内部攻破，绝不能自己毁掉自己。如果腐败得不到有效惩治，党就会丧失人民群众的信任和支持。

在整个改革开放过程中都要反对腐败，警钟长鸣。"②

2000年12月26日，这是一个特殊的日子。再过几天，中国将同全世界一道迎来新世纪。

中央纪律检查委员会选择这个时候来召开第五次全体会议，似乎别有新意。新意之一，是对即将逝去的一个世纪的反腐斗争进行总结；新意之二，是将这项工作作为"专题"定位于新的世纪。而江泽民的讲话则更具新意，他要回顾整个与国家民族兴衰相关的"执政史"。

他讲了那么多古今中外的、历史的、现实的"故事"：

从秦始皇到隋炀帝，从唐朝盛世到黄巢起义，从东欧剧变到苏联解体，再到国民党在台湾失去执政地位。

结论是："人心向背的变化都是其中很重要的一个原因。"

"我们提出'三个代表'的要求，并强调按照'三个代表'要求全面加强党的建设，根本的目的就在于保证我们党能够始终保持与人民群众的血肉联系。""要依靠发展民主、健全法制来预防和治理腐败现象"，"要通过体制创新逐步铲除腐败现象产生的土壤和条件。"③

这时，我们来回顾半个世纪之前的一段往事，是很有意思的。

---

① 《邓小平文选》第2卷，人民出版社1993年版，第403页。
② 江泽民：《论党的建设》，中央文献出版社2011年版，第266页。
③ 同上，第475、477页。

1945年7月初,一位忧国忧民的老先生从重庆来到延安,他就是黄炎培。毛泽东和黄老先生进行了著名的"窑洞对",中心话题是"历史周期率"。

何谓"历史周期率"?

一个政党和团体,在她夺取政权的时候,因为万众一心,不怕任何艰难困苦,于是"其兴也淳焉";一旦政权在握,便高居于民众之上,随着时间的推移,便会发生腐败,于是"其亡也忽焉"。

黄炎培尖锐地发问:中共诸君能不能跳出这个周期率?

毛泽东笑而作答:"我们已经找到新路,我们能跳出这周期率。这条新路,就是民主。只有让人民来监督政府,政府才不敢松懈。只有人人起来负责,才不会人亡政息。"①

半个多世纪过去了,党的第三代领导人以富于新内涵的结论,再次回答了这个问题。

党走过了80年的征程,江泽民在庆祝中国共产党建党80周年大会上郑重地重复着这样一段话:

"我们党始终坚持人民的利益高于一切。党除了最广大人民的利益,没有自己特殊的利益。党的一切工作,必须以最广大人民的根本利益为最高标准。""绝不允许以权谋私,绝不允许形成既得利益集团。"

誓言是坚定的,而6500万党员的誓言却不仅仅是誓言,更是果敢的行动,它将荡涤一切污泥浊水,为中国的新世纪行程开辟一条明丽而广阔的康庄大道。

第六集 东方之光

卡塔尔的多哈,波斯湾的一个阿拉伯城市。湛蓝色的海水此刻显得尤为平静。2001年11月10日,宣告中国入世的那根小小的木槌,被世人注视了整整15年,随着它举起一落下,一声轻响,标志着漫长的谈判到达

---

① 黄炎培:《八十年来》,文史资料出版社1982年版,第149页。

终点。

　　有怨有恨也有情，由期盼、等待到结束，一切又归于平静。中国，终于在恢复联合国合法席位30余年之后，庄重地走入了这个"经济联合国"。这，是否过于漫长？

　　然而，至少在2000多年前，中国的商队就已经从陆路进入了波斯湾，驼铃悠悠，摇落大漠多少星月？差不多在600年前，中国庞大的航海船队就已经游弋在南太平洋和非洲海岸。那如同落霞与彩云般的中国丝绸，那魅力四射的中国瓷器，就已经用东方之光照亮了一条条繁荣的海上贸易航线。

　　中国是"迟到"了，但迟到的中国已经长成巨人！

　　中国加入WTO，是中国现代化进程的重要转折点，是中华民族走向强盛的又一里程碑，也是世界经济圈一次前所未有的震荡。这一点，无论怎样预测，都不会过分。正如中国在近20年发生的每一件大事，有兴兴者，有戚戚者一样，此时，"中国威胁论"的制造者更忙活起来，一会儿中国是"战略伙伴"，一会儿是"战略对手"，一会儿又语焉不详，什么都不是，什么都是。

　　在立国的立场上，没有"变"的是中国。

　　在现代化文明进程中，变化最大的是中国。

　　这变与不变，正像中国太极图演示的那样——是东方特有的境界。

　　中国文字中的"变"，真是有极大的丰富性。

　　《易·系辞》关于"变"的说法恐怕是最古老的解释："穷则变，变则通，通则久。"

　　这是中国——东方哲学的精髓。中国人早在3000年前，就深通变革求新的规律。

　　"变革"这个词汇也最早出现在《礼·大传》中，它说到的"变革"包括"立权度量、考文章、改正朔、易服色、殊徽号、异器械、别衣服"等七个方面，当时都是涉及国体政体、"礼仪"以及发展生产力的重大问题。

　　商鞅变法是最具影响力的，他得到了秦孝公的支持。可是，面对强大的旧势力，连秦孝公也心有余悸，他说："今吾欲变法以治，更礼以教百姓，恐天下之议我也。"

果真，孝公一死，商鞅——这个伟大的变革者即遭到车裂之刑。

这就是中国——既有最执著最坚韧的改革家，又有最残酷最无道的反动和对改革的虐杀。

变与不变、促变与反变，贯穿着整部中国历史。

英国人威尔斯在《世界简史》中将盛唐时期的中国与中世纪的欧洲作过对比："当西方人的精神由于神学的纠缠而失去光泽的时候，中国人的精神却是开朗、宽和和不断探索的。"

日本学者井上清在《日本历史》一书中更明确地肯定，唐代中国文化已属"世界性文化"。

而唐代出现盛世景象，正是改革创新的结果。

唐《贞观政要·政体》记录了这思想求变的轨迹："以天下之广，四海之众，千端万绪，须合变通，皆委百司商量，宰相筹划"——可见上下一心，改革求新，是何等地深入人心。

但唐王朝的创新是很有局限性的。随着疆域的日益扩大，边疆民族问题始终困扰着帝国的盛世之梦。与吐蕃、南诏两个地方政权的关系时好时坏，唐王朝却从来没有解决好这个关系兴衰的问题，加上日后的腐败，穷兵黩武，动辄对边疆诉诸武力，终于激起民变，垮了下来。以至后世有"唐亡于黄巢，而祸基于桂林"之说。

中国历代封建王朝在改元之初，几乎都是鼎力创新的。

距今600多年的明朝，曾派出郑和的船队七下西洋，舰船常常多达二三百艘，航海人员2万余人，先后抵达亚非13国，这无疑是世界航海史上空前的壮举。有专家提供最新证据：是中国人郑和最早完成了环球航行，发现了新大陆，比哥伦布1492年发现美洲早了半个多世纪。

但郑和最后一次航海归来，明朝廷内部争权日盛，政治动荡，大明皇帝下令禁止出海航行，禁造远洋船队，违者处死。从此，中国走向闭关锁国的道路。

到了清朝后期，"变法"、创新，竟然令末代帝王们胆战心惊，成了中国统治者的联翩噩梦。

试想历史的轨迹若非如此，那该是怎样一番情景？

东方的太阳不正是从这里升起的吗？

远在欧洲的马克思，始终关注着中国命运惨烈的灾变，他在《鸦片贸易史》中一语中的："一个人口几乎占人类三分之一的大帝国，不顾时势，安于现状，人为地隔绝于世并因此竭力以天朝尽善尽美的幻想自欺。这样一个帝国注定最后要在一场殊死的决斗中被打垮。"①

勇于创新之时，往往是一个民族强盛之时；故步自封之际，就是这个民族没落之际。鉴于此，启蒙思想家严复在《救亡决论》中，第一次发出了"救亡"的呐喊；革命先行者孙中山于1894年，第一次喊出了"振兴中华"的口号，奏响了中华民族救亡图存的主旋律。

对于中华民族非凡的再生力，英国历史学家汤因比曾经由衷地赞叹，即使陷于屈辱和苦难，即使国破家亡，被侵略者蹂躏践踏，她也没有一刻放弃过振兴的希望。是啊！深重的灾难有时会转化为巨大的生机，这样的历史辩证法在中华民族身上体现得最为完整，这种涅槃再生的正剧在中国历史上一再上演。太平天国、戊戌变法、义和团运动、辛亥革命，一代又一代仁人志士壮怀激烈，奋斗不已。然而，一次又一次的失败，希望与失望，创新与保守——这一循环往复的怪圈，却也生成了近代中国痛苦的年轮。

中国共产党的诞生，结束了这徘徊的历史。

上海原法租界里的这幢西洋式的房子和嘉兴南湖上这条典型的中式小船，在一个重要时刻完成了一次安全的转移——这似乎有着神秘和意味深长的隐喻：外来的马克思主义与中国革命实际的结合，才是这古老民族的新生点。

中国共产党80多年历史，经历了三大阶段，实现了三大理论创新：

毛泽东思想的创立，谱写了新民主主义和社会主义的胜利篇章。时代的主题词是：革命。其思想的精髓是实事求是；

邓小平理论的创立，开辟了建设有中国特色社会主义的康庄大道。时代的主题词是：改革。其理论的精髓是解放思想，实事求是；

"三个代表"重要思想的创立，开创了中华民族实现伟大复兴的新局面。时代的主题词是：创新。其学说的精髓是实事求是，与时俱进。

---

① 《马克思恩格斯选集》第1卷，人民出版社1995年版，第716页。

从一个只有 50 多名党员的小党，壮大为拥有 6500 万党员的世界第一大党；从一个处于地下状态的党，成为泱泱大国的执政党。之所以发生如此翻天覆地的变化，创造如此震惊世界的辉煌，就在于中国共产党的理论和实践始终贯穿着创新的精神。毛泽东思想、邓小平理论、江泽民"三个代表"重要思想，就是党在不同历史时期不断创新的里程碑。正是基于此，中国人民不但站起来了，而且富强起来了；中华民族不仅觉醒了，而且要全面振兴了。

新世纪到来之际，世界各国领导人争相发表对未来百年的预见。

1998 年 11 月 24 日，俄国新西伯利亚科学城，出访比邻大国的江泽民在会见科技界人士时说："要迎接科学技术突飞猛进和知识经济迅速兴起的挑战，最重要的是坚持创新。"[①]

1999 年 6 月 15 日，他在全国教育工作会议上再次强调，我们必须把增强民族创新能力提到关系中华民族兴衰存亡的高度来认识。

20 世纪是一个门坎儿，也是一个立足的高度，迈过去，就是新世纪。如今，同时拥有两个世纪的人们可以说："我们拥有两个百年。"

但是，创新才是新世纪的通行证。

历史经验一再证明，落后国家所缺乏的不仅仅是知识，更缺乏的是将知识转化为现实生产力的能力。这种能力是理论创新、科技创新和制度创新熔铸而成的。

一句话：取决于全面创新。

从 14 世纪到 17 世纪，世界科学技术和制造能力集中显示于远洋航行，当时的明代中国，无疑是综合技术能力最强的国家。可惜，大明宫辞，哀怨婉转；大明朝廷，黯淡无光。它没有创新制度的保障，于是沉舟侧畔，千帆竞驰，西方工业革命勃然兴起。不久，日本列岛的倭寇便乘着他们的小船来袭杀中国人。再后来是列强海盗，公然瓜分神州圣土，就像宰割一只病弱的羔羊。

没有一个优越的社会制度和政治体制，即使有显著的技术创新成就，也不能转化为推动社会进步的巨大、恒久的力量。

[①] 江泽民：《论科学技术》，中央文献出版社 2001 年版，第 115 页。

这是铁的历史法则。

创新，是一个综合的政治经济文化概念。

体制创新是科技创新的基础，没有制度的不断创新就没有科技创新所需要的激励机制和政策环境，也就没有活跃的科技创新思维及活动，就难以走出低水平的陷阱，也就实现不了制度创新的目标。

这是新世纪经济文化高速发展的链环。

以江泽民为核心的党的第三代中央领导集体是一个创新的集体。

中国大地上，以创新为标志的世纪之门正隆隆打开。

中国发展的高速列车飞驰向前。

创新，作为观念、目标和手段日益深入人心。

以至，海尔集团可以将这样的古老理念写在自己的旗帜上："苟日新，日日新，又日新。"

法国总统希拉克说，近20年，中国经济和社会突飞猛进的发展，震动了世界，这一发展正在改变21世纪的世界格局。

美国前总统克林顿说，最古老的中国可以使世界充满青春。

如果细解西方的评论，也有人不希望中国好起来，在他们看来，中国最好永远是一个女人缠足和男人留辫子的古怪国度。

但无论怎样，一个崭新的文明大国已经在东方崛起，一个伟大民族振兴的脚步声已经震动了寰宇。

国内生产总值超过万亿美元，中国正在成为世界经济大国。

国企改革取得突破，多种所有制经济蓬勃发展，中国创造了崭新的社会主义市场经济体制。

扶贫攻坚计划取得胜利，中国解决了世界五分之一人口的温饱问题。

外贸进出口总额突破5000亿美元，外汇储备超过2000亿美元，中国已经成为世界贸易大国。

"神舟"号飞船胜利返航，中国启动了开发宇宙空间的宏伟计划。

紫禁城，为着一个久久不绝的回响，而呈现出一个绝无仅有的造型。在这个世纪之门打开的时刻，世界上最为高亢的美声，从这里发出，响彻世界。

2001年7月，北京申奥成功，全世界对中国投上信任和希望的一票。

上海浦东，这个万里长江的入海口，这个太平洋西边的黄金海岸，在不到10年的时间里，高高耸立，放射出象征中国发展的神话般的光彩。

2001年10月，APEC上海会议在这里举行。

"9·11"的阴影尚未散去，各国首脑还是如期到来。

中国的稳定，中国的繁荣，中国的进步有着巨大的吸引力。

客人们身着唐装，受邀在这座濒水的风雨亭里品饮中国的"功夫茶"——江南的雨，江南的风，江南的水；风有韵，雨有情，水光潋滟，映照着美好。所有这些，哪一样不可以上溯千年呢？又哪一样不充满了新的气息。

这就是中国特有的情致和话语，这就是中国创新的诗情和画意！

2001年7月1日，中国人民隆重纪念中国共产党成立80周年，江泽民满怀豪情地说：

"从十九世纪中叶到二十世纪中叶的一百年间，中国人民的一切奋斗，都是为了实现祖国的独立和民族的解放，彻底结束民族屈辱的历史。这个历史伟业，我们已经完成了。从二十世纪中叶到二十一世纪中叶的一百年间，中国人民的一切奋斗，则是为了实现祖国的富强、人民的富裕和民族的伟大复兴。这个历史伟业，我们党领导全国人民已经奋斗了五十年，取得了巨大的进展，再经过五十年的奋斗，也必将胜利完成。"

中国的时刻表已经悬挂在新世纪的门楣上，滴滴答答的声响，是巨龙的心跳。

这使我们想起了毛泽东的诗句：

"一万年太久，只争朝夕！"

千载难逢的历史机遇就在眼前，只要中国共产党始终坚持"三个代表"，高举理论创新的旗帜，就能调动全国人民排山倒海般的创造伟力，实现中华民族前所未有的大团结、大统一。中华民族伟大复兴的时代就一定会到来，全世界都会看到辉煌灿烂的东方之光！

（本大型电视专题片《东方之光》为作者主撰，黄尧、朱铁志等同志参与讨论修改，由中央电视台在中国共产党第十六次全国代表大会期间播出，全国20多个省市区电视台也相继播出，解说词刊载于《求是》杂志）

卷二　国际观察

　　中国模式的成功，中国的强势崛起，世界重心的东移，绝对不是要推动东方压倒西方，只是要纠正东西方严重不平衡的状态，创造一个东西方国家和平共处的美好世界。

　　文明相亲，世界和谐，是全人类共同的理想。

社会主义是人民心中的太阳

闪耀着人类理想之光的社会主义,从1848年《共产党宣言》发表以来,一直是反动阶级惊惧的"幽灵",是千百万人民心中的太阳。在我们的时代,社会主义问题,就是人类走向何方的问题,就是人类面临的诸如战争与和平、贫困与发展、人口与生态等重大危机如何解决的问题。它和全世界人民的日常生活和未来命运是息息相关的。因此,社会主义是走向21世纪的人民不能不重视、不能不研究的重大问题。

一

社会主义,作为资本主义的对立者、否定者和继承者,是随着资本主义的发展而不断壮大的。到20世纪70年代,世界社会主义已形成波澜壮阔的大气势。以科学社会主义为旗帜的共产党发展到180多个,党员9000多万,加上共青团员,共有1亿多人。共产党执政的国家达到15个,占全球陆地面积1/4,人口1/3,工业产值2/5,国民收入1/3。"民主社会主义"政党有将近80个,约2000多万党员,其中执政的有近30个党。民族社会主义政党有100多个,成员接近2000万,其中有30多个党在民族独立国家中执政。此外,还有众多的社会主义思潮和派别。社会主义已经成为席卷全球的强大潮流,并且使人类的历史、世界的局势发生了最重大、最深刻的变化。

第一,社会主义开辟了人类进步的一条崭新的道路。

人类社会发展到20世纪,实现现代化已成为各个国家、各个民族共同追求的目标，成为一种世界潮流。但是，因为当时的现代化只有资本主义这条路子、这种模式，此外，人类没有别的选择。资本主义的本质决定了少数列强国家不允许广大发展中国家和落后民族有出头之日，只允许这些国家和民族作为商品推销市场和原料供给处，作为他们转嫁经济社会危机的地方。社会主义社会的诞生完全改变了这种状况，社会进步有了一条崭新的道路，人类发展可以有不同的选择，这是无产阶级和人民大众的历史主动性所创造的辉煌成果。

第二，社会主义使一批落后国家成为世界历史的主角。

16世纪以来，世界历史的主角是地中海和大西洋沿岸的资本主义强国，东方的中国和俄罗斯等落后国家在世界舞台上没有立足之地，有时甚至是被侵略、被欺辱的对象。俄国革命和中国革命的惊雷震动了全世界，震醒了十几亿人民，他们第一次掌握了自己的命运，成为社会的主人，成为新社会、新国家、新生活的伟大创造者。在短短几十年内，苏联的经济力、军事力和科技力超过许多发达国家，直逼美国。同样，中国的经济力、军事力和科技力也迅速增强。其他社会主义国家也在现代化的道路上获得重大进展。占人类2/3的人口在很短的时间内取得如此的成就，是社会主义所创造的奇迹。

第三，社会主义战胜了法西斯的猖獗。

本世纪人类遇到的最大危机是法西斯主义的猖獗。在希特勒的冲锋队面前，欧洲的"民主国家"不堪一击，法西斯军队的铁蹄践踏了欧亚非的许多国土、许多民族，世界陷入了空前的灾难。这时人们真是盼望有一个"救世主"。这个"救世主"不是别的，就是社会主义力量。在欧洲，苏联决定性地击溃了德国法西斯；在亚洲，由中国共产党领导的抗日民族统一战线最终战胜了日本法西斯。不难设想，如果没有社会主义，许多国家、许多民族将长期陷入法西斯统治的深渊。

第四，社会主义使殖民主义体系完全瓦解。

第一次世界大战结束的时候，帝国主义国家在巴黎召开分赃会议，瓜分了被压迫民族的全部土地，形成了世界殖民主义体系。针对这种情况，共产党人提出一个伟大的口号："全世界无产阶级和被压迫民族联合起来！"从此，得到社会主义革命胜利的鼓舞，得到社会主义国家的支持，反帝国主义的民族解放运动席卷全球，许多被压迫的民族获得了解放，许多被殖民的国家获得了独立，整个帝国主义的殖民体系彻底崩溃，亚洲、非洲和拉丁美洲站立起上百个新的独立国家，世界政治格局发生了天翻地覆的变化。

第五，社会主义使资本主义世界进入改革时期。

社会主义事业凯歌行进，民族解放战争烽火连天，国内工人运动波澜壮阔，成为冲击资本主义国家的三大潮流。面临重大危机的资本主义国家纷纷实行改革，它们实行凯恩斯主义，对经济实行一定的宏观调控，减少危机的损害；它们提高工人的福利待遇，并且鼓励工人持股，以减少工人阶级和资产阶级的矛盾；它们调整社会经济政策，以创造利用科技革命成果来推动经济发展的社会机制；它们调整政治制度，扩大民众参与社会管理，以加强民众对其统治合法性的认同感。其中有一些措施，直接借用了社会主义国家的做法。这些改革使垂死的腐朽的资本主义在一定历史条件下获得了新的发展能力。

社会主义的历史成就，中国人民是感受最深切的。社会主义扫除了阶级压迫和民族压迫，广大人民通过人民代表大会制行使管理国家的权利，各少数民族通过民族区域自治制享受民族平等的权利；社会主义保持了几十年的国内和平，把几千年来战乱频繁的日子扫进了太平洋；社会主义维护了国家的主权和尊严，新中国成立以来，一改近两百年每战必败、丧权辱国的悲惨状况，在所有反对外来侵略的战争中，中国都是胜利者；自从盘古开天地，三皇五帝到如今，只有社会主义中国坚持不懈地开展大规模的扶贫工作，几千年来，第一次基本解决了中国人的吃饭穿衣问题、上学就业问题；鸦片战争以后，中国人被称为"东亚病夫"，是被侵略、被压迫的对象，只有社会主义使中国有了强大的物质力量和精神力量，中国人才堂堂正正地站到创造世界历史的主角地位。

社会主义社会的出现还不到100年的时间，但它取得的成就是非常伟大的，它对人类社会进步的推动是带根本性的。社会主义已经改变了世界，并且还将更加深刻地改变世界。社会主义在前进道路上遇到的挫折无论怎样大，也掩盖不住它的光辉，也无损于它不可战胜的生命源泉。

二

历史的发展是曲折的,社会主义也只能在波浪起伏中开辟前进的道路。进入20世纪90年代,由于苏联东欧剧变,有10个社会主义国家变了颜色;土地面积缩小了2/3;人口由16亿减少为13亿;世界上的共产党由180多个、9000多万党员减少为130多个、7000多万党员。更重要的是社会主义的信誉受到严重损害,许多人的信念动摇了,社会主义陷入低潮之中。全世界的资产阶级因此而兴高采烈,他们的政治家、思想家更是得意忘形,狂妄地宣称,由于社会主义的"大失败",资本主义和社会主义斗争的"历史终结"了。这种鼓噪,是非常肤浅的。其实,社会主义运动在一国范围内,或世界范围内遭到重大挫折的情况,历史上已有过多次,而每一次挫折之后,在革命队伍认真总结经验教训、艰苦积累力量之后,都是社会主义更广泛、更有力的发展,并取得更大的胜利。早在本世纪初,面对资本主义卫道士关于马克思主义"已被驳倒"的叫嚣,列宁挖苦他们说,你们一百次、一千次地宣布马克思主义被驳倒了,可是还要一百零一次、一千零一次地再来反驳它!事情就是这样。由于社会主义运动是人类进步的大趋势,它深深植根于社会发展的大规律,当然是驳不倒,也打不倒的。失败和挫折会经常发生,但退一步,必然进两步。过去是这样,将来也必定是这样。

如果冬天已经到来,那么春天还会远吗!这是诗人的逻辑。我们在世纪之交要说的是,低潮之后就是高潮,即将到来的21世纪,必将是社会主义大发展、大胜利的世纪。

第一,社会主义拥有强大的复兴基地。

社会主义的现实低潮和以往最大的不同之处是拥有强大的复兴基地。不管世界风云如何变幻,反共反社会主义势力如何猖獗,中国和其他社会主义国家仍然坚定地站在地球之上。在无产阶级革命史上,中国工农红军曾经丧失大部分根据地,战斗队伍从30多万人锐减为3万人。但是,经过万里长征考验的这3万人,才是革命的中坚,他们有了以延安为中心的复兴基地，战斗力便空前增长，胜利的基础就奠定了。如今社会主义国家的数量是少了，但素质高了，因为找到了改革开放这样一个自我完善的秘诀，社会主义所固有的无限生命力便重新展现在世人面前，注定会成为21世纪复兴社会主义的伟大基地。站在这个基地上的中国共产党人和中国人民，深知自己肩负的历史使命，对推动社会主义走向高潮充满了信心。江泽民说得好："今天，社会主义在世界范围内已经成为活生生的现实，成为亿万群众的实践。新生的社会主义制度在其发展过程中会有迂回和曲折，但历史已经证明并将继续证明，社会主义制度具有强大的历史活力和蓬勃生机。仅仅看见某些漩涡和逆流而看不到历史长河的奔腾，只能说明观察者的政治短视。社会主义代替资本主义是真正的历史大趋势，是人类从必然王国进入自由王国的一个决定性阶段。……我们回顾过去，展望未来，立足中国，放眼世界，对社会主义事业充满信心，对人类的共产主义前途充满信心。"[1]

第二，资本主义的发展孕育着社会主义的新高潮。

资本主义生产方式在地球上出现已经有500年了，正在走近它自身产生、发展和消亡的最后阶段。由于资本主义内在的矛盾运动，它必然要向其对立面——社会主义转化。当代新科技革命带来了社会生产力的巨大发展和资本主义的新繁荣，同时也就创造了资本主义向社会主义转化的重要条件，孕育着社会主义的新高潮。

一是股份制。当代资本主义企业的组织形式大体可分为独资、合伙和股份制三种，其中股份制是最重要的组织形式。马克思指出，股份公司的资本已不是个人资本，而是"直接联合起来的个人资本"或"社会资本"。股份公司的出现，标志着"作为私人财产的资本在资本主义生产方式本身范围的扬弃"，这是"通向一种新的生产形式的单纯过渡点"。[2] 马克思的意思很清楚，股份制的产生和发展，使私人资本变为社会资本，这就是资本主义向社会主义的过渡点。当代股份公司又有新的发展，一是从个人或家族持股为主变为法人持股为主；二是股票分散，小股东数以万

---

[1] 江泽民：《在庆祝中华人民共和国成立四十周年大会上的讲话》，人民出版社1989年版，第30页。

[2] 《马克思恩格斯全集》第25卷，人民出版社1995年版，第493页。

计；三是跨国公司在全球范围内集资。所有这些资本的"社会化"都是为了适应生产的"社会化"。与此同时，企业的生产和经营十分复杂，企业管理成了一门专门学科，需要具有这种能力的专家担任。资本所有权和经营权的分离达到很高的程度，使资本所有者成为多余的人物，资本主义开始走向社会主义。

二是政府调控和国有企业。为了管理高度社会化的生产，资本主义国家政府也有经济计划。这种计划有两类，一类是中长期经济社会发展计划，如法国、日本的五年计划；一类是专门领域或特殊项目的计划，如美国的阿波罗登月计划。同时，资本主义国家政府还以货币、财政等经济手段以及行政和法律手段对经济实行宏观调控。为了实行有效的调控，资本主义国家中央政府的财政收入占国民生产总值的比重一般比较多。另外，当代资本主义国家还拥有一定的生产资料，建立和管理国有企业。这主要是投资大、风险高，对国民经济起关键作用的部门。资本主义国家实行一定的计划性、宏观调控和管理国有企业，为资本主义社会向社会主义社会过渡准备了条件。

三是社会保障。由于工人阶级长期斗争的压力和劳动生产率的提高，发达资本主义国家工人工资逐步有所提高。同时，政府还对社会收入进行再分配，实行广泛的社会保障制度，其中包括医疗保险、老年保险、失业保险、贫困家庭补助等等。这些福利开支的财源，主要是税收，一部分是国家征收的直接税，另一部分是社会保险税。这些措施有助于暂时缓和阶级矛盾、保持社会安定，是社会政策上资本主义可能向社会主义过渡的表现。

四是全球化。全球化是资本主义推动的一个历史过程，早在19世纪末就轰轰烈烈地展开了。诸如电报、铁路和轮船这样的技术突破拉近了世人之间的距离，形成了世界市场。如今，高速列车，喷气飞机和因特网，更使资本的国际化有了新的发展。首先，形成了商品交换、劳务出口、资本流动、技术转让的世界市场体系；其次，国际经济交流的增长速度大大超过世界生产总值的增长速度，各国经济依赖性空前加强；还有，直接生产领域的国际化也迅速发展起来，这就是数以万计的大跨国公司在全球各地进行的生产经营活动。全球化是一个充满极大的矛盾和风险的过程。它标志着生产的社会化达到了很高的程度,它和资本主义私有制的矛盾将会在全世界范围内展开,不仅会在资本主义的边缘地带,也会在资本主义的中心地带造成向社会主义转变的特殊机遇。

第三,资本主义的本质造成了人类的重大危机。

20世纪中叶以来,资本主义在生产关系和上层建筑的各个领域进行了全面的调整,使得当代资本主义借助新科技革命获得了新的发展。这种现象迷惑了很多人,资产阶级学者乘机否定马克思主义对资本主义本质的科学分析,否定社会主义代替资本主义的必然性。实际上,当代资本主义形态上的变化,改变不了生产的社会化和占有的私人性这个基本矛盾,掩盖不了资本主义固有的弊病。而且,正是资本主义的本质,造成了人类的重大危机。

战争是垄断资产阶级夺取高额利润的常用手段。垄断资产阶级在本世纪发动过两次世界大战,第一次世界大战,参战国33个,卷入战争的人口在15亿以上,伤亡人数达3000万人。第二次世界大战,卷入战争的有61个国家和地区,光是死亡人数就达8000万之众。在当代,垄断资产阶级掌握着可以毁灭人类许多次的几万枚导弹核武器,他们还挑动了无数次局部战争,最近一次是对南斯拉夫的狂轰滥炸,给各国人民带来了深重的灾难。笼罩在世界上空的核战争乌云和造成巨大破坏的局部战争是人类面临的一个重大危机。

周期发作的经济危机是资本主义固有的弊病。远的不说,从1948年到1979年,资本主义世界已爆发过五次周期性经济危机。特别是进入90年代,每隔一两年便有一次同某种货币危机有关的经济灾难。1992年英国和瑞典危机,1995年墨西哥和阿根廷危机,1997年是从泰国开始的亚洲金融危机,1998年是俄罗斯和巴西危机。货币是社会中所有交换关系与商品流通的"中介",一旦资本出现危机,整个社会就会陷入混乱,把资本主义世界联系在一起的"金带"就会断裂。这种情况是不可避免的。马克思早就指出过,货币形式包含着相对独立于商品的可能性。成千上万像乔治·索罗斯这样贪婪的资本主义投机商抓住了货币的这种特性,抓住了当今世界货币对真实的交换关系,对社会商品的使用价值严重背离的情况。这些危机突出地表明当代资本主义经济的脆弱性,表明掩盖资本主义基本矛盾的论调都是十足的谎言。

贫困和失业日益严重使当代资本主义陷入了困境。据世界银行报告，每天不到一美元生活费的贫困人口，已经从1993年的13亿增加到1999年的15亿。而且贫富差距急剧拉大。占世界1/5的最富国人口拥有占全世界86%的国内生产总值，而占世界1/5的最穷国人口仅有全世界1%的国内生产总值。他们之间的收入差距已从1960年的30∶1扩大到1997年的74∶1。同时，失业已经成为全球性危机，目前全世界大约有30%的劳动力，即8.2亿人失业或半失业。西方7个发达国家失业人数超过3000万，平均失业率高达11%。就是在美国，生活在官方规定的贫困线以下的人口也达到3930万，约占总人口的15%。当代资本主义将因贫困的加深和失业的扩大而不可自拔。

生态环境的恶化是人类面临的最大危机。按说，当今世界拥有改造生态的物质条件和技术可能性，但是人类的生存环境仍然在每况愈下，毛病在哪里呢？在资本主义生产方式中，最高的目的就是资本的增殖，就是最大限度的增加利润，资本家根本就不考虑自然环境的损害和局部的毁灭。正是几百年来资本为了高额利润的疯狂运转，造成了全球生态危机。这些年来，资本主义发达国家的环境有所改善，但这是以发展中国家环境恶化为代价的。需要指出的是，由于极不合理的国际经济秩序，发展中国家每年要损失约5万亿美元，由此背上了沉重的债务负担；为了偿付债务，不得不竭尽其自然资源。由此可见，不改变资本主义生产方式，生态危机就会日益加重。

战争危机、经济危机、贫困和失业以及生态危机表明资本主义的本质没有变，资本主义的基本矛盾更加尖锐了，资本主义固有的弊病更加严重了，这正是新世纪社会主义运动勃发的深厚土壤。

第四，新科技革命为社会主义胜利准备了条件。

我们生活在人类历史上最伟大的科技革命时代。据统计，近20年内人们的发明创造已经超过以往2000多年发明创造的总和。科学技术作为第一生产力，既能促进经济的巨大发展，又能推动社会制度和社会意识的深刻变革。马克思认为，"蒸汽、电力和自动纺纱机甚至是比巴尔贝斯、拉斯拜尔和布朗基诸位公民更危险万分的革命家。"（《马克思恩格斯全集》第2卷，第78页。)对于资本主义来说，新科技成果正是万分危险的革命家。因为它所造成的高度发展、高度社会化的生产力最终要炸毁资本主义生产关系。新科技革命还为社会主义的最终胜利准备了更加充分、更加坚实的物质技术基础。新科技革命的扩展，意味着在产品极大丰富的基础上，可以实现"各尽所能、按需分配"的原则，意味着脑体劳动差别和阶级差别的逐步消除；意味着可以大大缩短劳动时间，增加学习和休闲时间，使人得到全面发展，真正进入以人为本的新时代。

第五，无产阶级和人民大众的历史主动性是21世纪社会主义胜利的根本条件。

社会主义革命区别于以往革命的重要特征是，主观因素或政治因素在革命中起着关键性的作用。社会主义不会从资本主义的矛盾和危机中自然地产生出来，而是需要无产阶级和人民大众表现出政治自觉和历史主动。有人说，随着新科技革命的深入和当代资本主义的变化，传统的无产阶级正在缩小，而且工人们由于生活改善而丧失了革命性，很难成为社会主义革命的主体。这种似是而非的论调是有害的。第一，只要存在着资本主义的生产方式，无论脑力劳动者还是体力劳动者，都是雇佣劳动者，都是剩余价值创造者，他们和资本家阶级的矛盾是不可克服的。第二，从全世界范围看，工人阶级的人数不是减少了，而是大大增加了。《共产党宣言》发表的时候，全世界的工人阶级不过1000万人，而如今工农业雇佣劳动者已经超过10亿。第三，由于现在大多数体力劳动者都是有文化的，还有大量的管理人员、工程技术人员等加入工人阶级的行列，因此，工人阶级不但人数增加了，而且素质提高了。第四，工人阶级的革命性不在于生活水平的高低，而在于他们是社会化新生产力的代表者和大量剩余价值的创造者。第五，由于新科技革命带来的信息化、自动化，当代工人阶级比任何时候更能控制掌握在他们手中的生产资料和交换资料。在革命关头，他们更容易使整个社会的经济和社会机构陷于瘫痪。而在革命成功后，工人阶级可以使这些经济和社会机构更好地运转。我们现在已经看到，前苏联和东欧国家的共产党人正在总结经验，重新组织起来，积极从事政治斗争。资本主义世界有越来越多的马克思主义者、共产党人，也在努力探索实现社会主义的新道路。广大发展中国家的工人阶级队伍比历史上任何时候都要庞大,更有战斗力。在 21 世纪,作为社会主义主体的工人阶级和人民大众的团结奋斗,一定会为人类创造一个前所未有的美好社会。

三

当代世界历史的一个重大奥秘是一个受尽苦难和屈辱的伟大民族,把她复兴的希望寄托于共产党的领导,寄托于社会主义道路。同时遭到重大挫折、陷入低潮的社会主义运动又把胜利的希望寄托于这个伟大的民族。社会主义的前进运动和中华民族的振兴过程有机地融为一体,这是时代的真理,这是历史的选择。

思辨哲学大师黑格尔喜欢谈论"理性的机巧",意思是精神的目标是高尚而远大的,但它只有和某种物质力量相结合才能体现出来,并且只有依靠这种物质力量艰难曲折的斗争才能最终实现。社会主义运动的目标也是高尚而远大的,只有当它跟无产阶级和人民大众相结合的时候,才有力量,才能胜利。从《共产党宣言》发表算起,社会主义运动大致经过了三个大的发展阶段,各国无产阶级和人民大众都作出了自己的贡献。在每个大的阶段中,都有一个国家的无产阶级处于运动的中心,成为运动发展的先锋队和主导力量。在革命理论的创立和运动的准备阶段,德国无产阶级奉献了马克思和恩格斯,他们的思想之光,为在黑暗世界中摸索的社会主义者指明了前进的方向。在科学社会主义成为直接实践的时代,俄国无产阶级走到了世界革命的最前列,列宁、斯大林创立的苏联成为社会主义运动的中心。现在是第三阶段,社会主义处于遭到严重挫折之后的自我完善,从低潮走向高潮的时期,历史的重任落到了中国共产党人的肩上,毛泽东、邓小平缔造和领导的社会主义中国成为复兴社会主义的伟大力量。这是因为:第一,中华民族的振兴是没有任何力量可以阻挡的,而社会主义是中华民族最终选择的振兴之路。第二,苏联瓦解之后,中国是最大的社会主义国家,只有她才能顶住任何压力而坚持社会主义。在国际风云变幻,许多人为社会主义前途担忧的时候,邓小平坚定地说:"中国的社会主义是变不了的。中国肯定要沿着自己选择的社会主义道路走到底,谁也压不垮我们。只要中国不垮，世界上就有五分之一的人口在坚持社会主义。我们对社会主义的前途充满信心。"① 第三，中国有6000多万共产党员，是世界上最大的政党，她是用科学的革命理论武装起来的，因而能够敏锐准确地把握社会发展的客观规律；她以为人民服务为最高宗旨，因而保持着和亿万人民的密切联系；她善于总结历史经验，勇于自我批评，因而始终保持着旺盛的生命力。第四，历史悠久、博大精深的中华文化与社会主义理想结合起来，与现代科学技术结合起来，正在形成崭新的社会主义文明。第五，最根本的是，有中国特色社会主义理论的形成及其实践的伟大成功创造了社会主义自我完善的光辉典范，奠定了社会主义运动走向高潮的坚实基础。

中国的社会主义，是完全从中国大地上产生出来的，继承了中华几千年的文明成果。同时它又是非常开放的，吸收了世界上其他民族的先进经验。这里面也包含着中国共产党和中国人民无与伦比的创造精神。这种创造精神，集中体现为我们正在建设的有中国特色的社会主义经济、有中国特色的社会主义政治和有中国特色的社会主义文化。

有中国特色的社会主义经济，其本质和特点可以用一句话来表达，那就是社会主义市场经济。为了确定这样一句话，经过几代共产党人几十年的艰苦探索，争论是很多的，挫折和失败也不少。在确定这句话的过程中，历史将会记住两位伟大的共产党人的名字。一位是邓小平，他说过："计划经济不等于社会主义，资本主义也有计划。市场经济不等于资本主义，社会主义也有市场。"另一位是江泽民，他在中国共产党第十四次全国代表大会上明确地提出"社会主义市场经济"概念，并进行了深刻的论述。社会主义市场经济，是社会主义终于找到了的优越于资本主义的现代化经济运行模式。正是这样的经济运行模式，把十几亿人民的积极性调动起来了，使庞大的社会资源得到合理的调配，保证了中国国民经济连续几十年快速健康的发展。

1997年爆发于东南亚、波及世界很多地方的金融风暴，实际上是一场全球化环境下的资本主义危机。中国经济成为被风暴围困的一个孤岛。但

---

① 《邓小平文选》第3卷，人民出版社1993年版，第373页。

是它顶住了冲击，经受了考验。不仅如此，中国政府以稳定国际经济秩序这个大局为重，坚持人民币不贬值，并尽力帮助受害国家渡过危机，使全世界深刻感受到中国经济的巨大潜力，感受到社会主义市场经济的无比威力。中国政府面对危机所采取的负责任的态度，不仅有克服危机的近期效应，而且有昭示社会主义优越性的深远意义。到21世纪中叶，当已经成立100周年的中华人民共和国成为世界最强大的经济力量时，社会主义的优越性就不辩自明了。

　　社会主义中国在找到保持国民经济蓬勃发展的现代经济运行模式的同时，还保持了社会的长期稳定，这充分显示了有中国特色社会主义政治的优越性。中国的国土面积几乎和欧洲一样大，人口占世界的1/5，共有56个民族。除了有中国特色的社会主义政治，没有任何其他办法可以治理好如此庞大、如此复杂的国度。常常有人对中国政治指手画脚，那不仅是"班门弄斧"，简直是不知天高地厚呵！中国社会主义民主政治的本质，说到底，就是一句话：为人民服务。这个宗旨，贯穿在我们的一切政治制度及其全部活动之中。例如，由全国人民选出自己的代表，组成各级人民代表大会，人民代表大会按人民的根本利益制定宪法和法律，决定国家大事，选举政府，并监督政府的工作。再如，实行民族区域自治制度，少数民族可以在聚居区建立自治区、自治州、自治县，并由少数民族公民担当自治区主席、自治州州长、自治县县长，自己管理本地区的社会事务。这样既保证了国家的统一，又保障了少数民族的平等权利。国家还按照平等、团结、互助和共同繁荣的精神，处理民族之间的矛盾，帮助少数民族发展政治、经济和文化。还有，我们实行共产党领导的多党合作制。这是一种新型的政党制度，它最大的特点和优点就是有共产党的坚强领导，有共产党和各民主党派在人民利益基础上的真诚合作。这种政党制度消除了一党专政的危险，又从根本上克服了资产阶级多党制互相攻讦、互相倾轧、延误国事的弊端，实现了集中领导与广泛民主、充满活力与富有效率的有机统一。历史和实践已经证明，共产党领导的多党合作制，不仅是社会主义民主政治的一朵灿烂之花，也是人类社会发展进程中将会产生广泛影响的民主政治模式。

　　经济发展、社会安定、精神文明，是社会主义题中应有之义。有中国特色的社会主义文化建设，就是要动员和组织全社会的力量，发展科学技术，发展文化教育、崇尚道德、惩恶扬善，培养有文化、有理想、有道德、有纪律的社会主义新人。这是社会主义现代化建设过程中的根本之举。实际上，怎样处理好物质文明和精神文明的关系，是一个世界性的课题。美国前总统尼克松离开人世之前有一段惊人之语。他说，冷战结束之后，"美国首先要解决的国内问题，不是就业，不是医疗保健，不是财政赤字，而是精神和文化的堕落。这是困扰美国的一切问题的根源"[1]。许多国家的有识之士也有同样的呼吁，但是，在人剥削人、唯利是图的社会里要克服精神和文化的堕落，只能是水中捞月。中国正处于社会主义初级阶段，身上还残留着它脱胎出来旧社会的印记。在我们学习发达国家的先进经验和开展广泛的国际交流时，也会带进许多腐朽的东西。随着市场机制的扩展，社会上出现了精神和文化堕落的现象。社会主义中国对这些情况有着清醒的认识。我们的根本办法就是"唱响主旋律"，就是高举马克思主义、毛泽东思想和邓小平理论的伟大旗帜；就是党和国家的领导干部都要"讲学习、讲政治、讲正气"，做精神文明的模范；就是以科学的理论武装人，以正确的舆论引导人，以高尚的精神塑造人，以优秀的作品鼓舞人。历史必将证明，在占全世界1/5的人口中坚持不懈地进行社会主义精神文明建设，进行社会主义文化建设，是社会主义最终胜利的根本条件。

对于中国共产党人来说，社会主义就在我们眼前，就在我们脚下，就在我们心中。我们现在所做的一切，无论是物质文明建设还是精神文明建设，从科教兴国、国企改革到扶贫攻坚，任何一项工作，任何一项事业都镌刻着金光闪闪的四个大字"社会主义"。我们不仅是为中华民族的振兴而奋斗，而且也是为人类发展闯新路。著名的英国历史学家汤因比曾在1975年临终前指出："将来统一世界的大概不是西欧国家，也不是西欧化的国家，而是中国。并且正因为中国有担任这样未来政治任务的征兆，所以今天中国在世界上才会有令人惊叹的威望。""正是中国，肩负着不止给半个世界而且给整个世界带来政治统一与和平的命运。"中国人不能妄自尊大，也不能妄自菲薄，有一点是可以肯定的：中国的太阳在几个世纪前

---

[1] 参见〔美〕尼克松：《超越和平》，范建民等译，世界知识出版社1995年版。

逐渐沉落之后，20世纪又升起来了。历史已经把社会主义的中心舞台让给了中国人，中华民族如今实实在在站到了开辟人类进步新道路的门槛前。光辉灿烂的中华文明一旦和社会主义的政治制度、现代科学技术相结合，就会创造出人类文明的新境界，正是这样的新境界将会得到世界的认同，人类将最终进入普照着社会主义阳光的大同世界。

（原载2000年4月29日《云南日报》，《求是》杂志和全国多家刊物也曾转载）

多极世界和为贵

——兼评亨廷顿"文明冲突论"

世纪之交,在展望未来世界走向时,西方学术界兴起一股"文明理论"热,先是弗兰西斯·福山鼓吹"西方文明胜利论",认为冷战结束后,西方文明将成为世界的普遍文明。后有塞缪尔·亨廷顿提出"文明冲突论",强调在新的世界中,冲突的根源主要将是文化的而不是意识形态的和经济的。西方和非西方(主要是儒教国家和伊斯兰国家)文明间的冲突将主宰全球政治,文明间的断裂带将成为未来的战线,文明断裂带上发生的地区冲突最有可能升级为大规模战争,如果说还会有一场世界大战的话,那将是一场文明间的战争。由于这个理论描绘了"文明冲突"的可怕前景,而且指名道姓地把中国作为与西方文明对立的主要角色,这就不能不引起我们的警觉,并深长思之。

一、文明间的差异和通融

亨廷顿热心于"文明冲突"的研究,但"文明"是什么呢?在西方语言中,"文明"一词源于拉丁文"civili",意为人的开化状态以及与此相适应的社会历史发展阶段。在这个意义上,文明是相对于蒙昧状态和野蛮状态而言的。人们普遍认为,文明是指脱离了蒙昧状态和野蛮状态的人类在改造自然和改造社会的过程中所创造的物质财富和精神财富之总和,是指一定发展阶段上人们的生产生活状态和精神生活状态。

现在看来,亨廷顿的"文明"是一个相当模糊的概念。他告诉我们,"文明是一种文化实体……由语言、历史、宗教、习俗和制度等客观因素以及人们主观上的自我认同这两个方面的因素共同界定。"① 亨廷顿这里界定的"文明"，只是"文明"一词全部内涵的一部分，大体上是人们平常所说"文化"的意思，而且是指狭义的"文化"。亨氏自己在行文中也经常用"文化"来代替"文明"。为了说清问题，我们姑且按这样狭义的"文明"概念来展开分析。但是我们要随时记住，人们的精神生活和物质文明也是分不开的。人类共有一个完整的地球，但地球的各个部分又是千姿百态的。生活在完全相异的地理气候和其他自然条件下的人们，由于实践活动不同，他们所创造的文明也就不同。因此，我们一眼就看到的是文化或文明的差异性和独特性。经过千百万年的磨洗积累，不同的文明成果会深印在其创造者身上而世世代代流传下来。历史上人类所创造的文明，大分如汤因比所说有几十种，细分则不计其数。不同的文明，适应人们不同的生活环境，帮助人们渡过历史的急流险滩，推动社会由低级向高级发展，文明自身也因此而改变自己的形式和内容，不断臻于完善。

宇宙间一切事情都是在对立统一中发展变化的，文明也是这样。一切文明都有自己的独特性和差异性。差异性就是矛盾。有矛盾就会有冲突。不同的文明之间有差异、有矛盾就会发生冲突。文明之间的冲突不绝于历史，现实中也经常发生。亨廷顿等人提出"文明冲突论"并非完全没有根据。问题在于，不同的文明既有相异性、独特性，也有相通性、统一性。从根本上说，既是人类的文明，既是和野蛮相对的文明，它们在最高最深之处必定是相通的和统一的。事实上，不同文明间的交流和通融比它们之间的差异和冲突更重要，更带根本性。试想，如果文明之间只有冲突，没有通融，那么，具有各自独特文明的百余个国家、几千种民族怎么能共同生活在地球上呢？

文明是动态的，不断发展的。但任何一种文明的发展都不是孤立的，而是在和其他文明对立统一、冲突交融中展开的。各种各样的文明在历史上兴起衰落，离散聚合，消失或成长在时间的长河之中。为什么有的文明兴起了，有的文明衰落了，有的文明消失了？自我封闭，对其他文明采取排斥对立态度的民族，迟早要葬身在时间的大漠之中。只有那些开放的、

---

① 引自《现代外国哲学社会科学文摘》，1994年第8期，第2—4页。

善于从其他文明中吸取营养的民族,才有长久旺盛的生命力。亨廷顿认为处于"无限的权力顶峰"的西方文明,就包含着许多东方文明的成分。例如,中国的造纸、印刷术、火药、指南针等伟大发明传入欧洲后,转化为强大的生产力,成为欧洲从长期黑暗的中世纪进入资本主义社会的催化剂。马克思在《机器、自然力和科学的运用》一文中曾精辟地指出:"火药,把骑士阶层炸得粉碎,指南针打开世界市场并建立了殖民地。而印刷术……总的说来变成科学复兴的手段,变成对精神发展创造必要前提的最强大杠杆。"再如,通过阿拉伯人传到欧洲的数学文字和十进位法是印度人民的伟大创造,阿拉伯人在数学、天文学、化学、医学、文学、地理学方面的辉煌成就对欧洲文明也产生了重大影响。另外一方面,在现代化道路上前进的东方各民族也在虚心学习西方的优秀文化以充实自己,并创造新的东方文明。

　　历史发展到今天,不同文明间的碰撞和交流出现了全新的情况。地球正在变小,交通和通讯空前便利,所有的人都汇入世界市场之中。亨廷顿对此忧虑有加。"不同文明间人们日益频发的交往强化了文明意识,加深了人民对同一文明间的差异的认识,推动了文明间差别和敌意的发展和文明内寻根意识的增强。"[①] 我们感到奇怪的是,事物本来是有同有异的,是对立统一的,为什么亨廷顿只见异不见同,只见对立不见统一呢?难道这是"西方文明"的特点吗?世界市场上不同文明间人们日益频繁的交往,固然会强化文明差异的认识,在某种情况下甚至会形成敌意。但更重要的是实现了不同文明空前广泛深入的共处和交流,是使以前彼此相处的人们发现了人类文明的共通性和交融性,这本身就是人们精神的升华,是人类文明的升华。如果有什么值得忧虑的地方,那不是一般文明意识增强的问题,而是某些逆时代潮流而动,总是想把国家、民族和文明按照自定的标准,分为高低不同的等级,不给别的文明平等地位,狂妄地要使自己的文明在世界上普遍化,实现"历史的终结。"正是这种不合时宜的作为造成了现实世界的"文明冲突。"

　　有一点亨廷顿是看得很准的,即"非西方文明的人民和政府已不再是

[①] 引自《现代外国哲学社会科学文摘》,1994年第8期,第2—4页。

历史的客体"了，而是成为了历史前进的发动机和塑造者。20世纪后半期，亚太地区经济发展速度远远高于西方国家，它们在国际经济贸易中的比重节节上升。这些国家的人民自信心增强了，希望自己的文明也在世界上取得应有的地位。这些国家都有几千年文明成果的积累，在现代化进程中又吸收了西方文明的优秀成分，通过自己史无前例的伟大实践，创造着新的东方文明。拉丁美洲、非洲也有同样趋势。此时，如果西方文明能够与非西方文明进行平等交流，相互尊重，取长补短，则"文明冲突"能够化解，文明交融会大规模展开，人类将进入新的文明时代。

二、文明差异不是国际冲突的核心

"文明冲突论"并非亨廷顿的发明，汤因比的整整一部《历史研究》就是从文明的挑战与应战的角度，描述了世界各大文明地区力量相互消长的关系。尝试用文明因素解释国际关系也大有人在。例如，著名政论家白修德（ThodoreWhite）在1967年发表的一篇文章中就曾这样说："我们正陷于文明冲突。这种冲突也许会摧毁世界。其中关系最大的是两种文明，即大西洋——地中海文明与太平洋——亚洲文明，他们分别以美国和中国为首。"① 曾担任美国历史学会会长的哈佛大学教授入江昭（AkiraIriye）所著《权利与文化》一书就是从文化角度来透视国际关系的。亨廷顿的"发明"和"贡献"是把文明作为未来世界决定一切的核心因素，把文明冲突作为代替冷战的世界范式。然而正是在这个他自鸣得意之处，脚下的土地非常稀松。毫无疑问，文化因素能够深刻地影响国际关系，文明是推动人类社会进步的伟大力量。无论是研究历史，还是预测未来，都应当把文化或文明作为一个重要因素考虑进去。但把这个主要是精神性的因素同政治、经济、军事等实体性因素割裂开来，把它的作用无限扩大化和绝对化是非常偏颇的。两次世界大战的爆发显然不是文明的冲突，而是同类文明的国家之间为了争夺资源市场和霸权而拼得你死我活。就现实的国际关系分析，虽然有时表现为文明的冲突，但深层次的根源仍然是国家利益、

---

① Thodore white, An offering of History to Men Who Must Act Now, Harrad Alumini Buiietin, May13, 1967, P4.

主要是经济利益的冲突。

　　冷战之后影响最大的冲突是海湾战争。起源是伊拉克入侵科威特。总不能说这是阿拉伯国家之间的"文明冲突"吧。实际是伊拉克不想还两伊战争期间所借的大量美元，并且要把科威特的石油资源掌握在自己手中。美国后来挑头打击伊拉克，装出一副主持国际正义的样子。其实谁人不知，美国人盘算的是控制阿拉伯地区，掌握世界上最大的石油资源富集地。在这次大冲突中，西方文明国和伊斯兰文明国结成了"奇怪的联盟"，"文明冲突论"被"沙漠风暴"卷到九霄之外。

　　面向21世纪，世界各大力量中心都把增强经济和科技实力作为取得竞争优势的根本点，经济问题在国际关系中占据着最重要的地位。美国的外交政策就是以国家的经济利益为转移的。由于东亚的发展速度居全球之冠，由于美国与亚洲的贸易额远远超过与欧洲的贸易额，其国家取向正逐步从大西洋转向太平洋。前国务卿沃伦·克里斯托弗正式宣称，"西欧不再是世界的最重要区域"，美国过去在处理全球事务时"太欧洲中心化"了[①]。表示要向亚太国家接近，因为"当我凝视亚洲繁荣之花，便看见美国复兴之果。"[②] 事实上，以实施和反对"赫—伯"法为例，同为"西方文明"的美欧之间，正经历广泛而深刻的贸易冲突。被亨廷顿认为因"文明"接近可以"合作"的日本，不仅历史上和美国打了几年太平洋战争，现在双方的贸易冲突又越来越激烈。1997年，大国关系发生了重要变化，推动经贸科技交流成为各国首脑会谈的主题。中美正式启动了和平利用核能协定并签署了多项大型经贸合同和协议，中日签署了《中日渔业协定》和《中日发展资金合作项目换文》，中俄两国元首决心亲自推动两国在经贸科技等九个领域的合作，日俄决定推进实施经济合作的《桥本—叶利钦计划》。这一切都表明，经济关系越来越深刻地影响到政治和外交，成为国际关系最基本的因素和力量。

　　多年来，人权问题成为国际关系的一个热点。亨廷顿说，"国家遵守人权的程度完全和文明的分野有关。西方和日本高度保护人权；拉美、印

---

① The Washington Post，November17，1993，P4.
② The Harrard Crimson，November18，P4.

度、俄罗斯以及部分非洲国家保护某些人权；中国、许多其他亚洲国家和大多数穆斯林国家很少保护人权。"① 这里，我们且不说亨氏以自定的人权标准来划分各国文明的高低等级是多么狂妄自大，也不说某些人挥起人权大棒向中国等国发动"文明冲突"是多么不得人心（美国策划的反华提案在联合国人权会议上连续七年遭到失败），只想指出这样一点：西方国家在人权问题上挑起"文明冲突"的真实动机是政治上要搞垮不合己意的政府，经济上要削弱强大的竞争对手。

1998年春，欧洲和美国先后宣布不再搞反华人权提案了，是因为他们看到，得到13亿人民支持的中国政府是不可能搞垮的。欧美各国为了在生机蓬勃的中华大市场中占有一席之地，不得不变换人权问题上"文明冲突"的把戏。

任何人在进行精神和文化活动时，必须有吃穿住行用的物质保障，社会生产力的发展状况，归根到底决定着包括哲学、语言、历史、宗教、习俗和制度的全部上层建筑，也决定着国际关系的发展形式。这是大多数社会政治学家都会承认的。亨廷顿教授对经济冲突的严重性并非没有认识，他在1993年春发表的一篇文章中指出，日本、欧洲和美国之间的矛盾"将导致政治、经济利益的严重对立"，"在未来的岁月中，美国与主要大国之间的严重冲突可能在经济方面"。② 他在另外一篇文章中认为，日美关系存在"经济冷战"可能，他甚至同意丹尼尔·贝尔（DanielBell）关于"经济冲突是另一种战争的继续"的说法。③ 这些明智的说法怎样和偏颇的"文明冲突论"协调起来呢？只有亨廷顿自己多费思量了。

三、当代世界的主题不是"文明的冲突"

面对纷繁杂乱的外部世界，人们总是倾向于用某种简明的概念或范式来把握大局，如"两极对立的冷战世界"。作为一位智者，亨廷顿告诉我

---

① 引自《现代外国哲学学会科学文摘》，1994年第10期，第9—13页。

② Huntington, "Why International Primacy Mattas" International Securing1993, VOI 17, No4, p71.

③ DanielBll. "Germany: the EnduringFear, A New natisinlion or a New Europe?" Dissenl, Fall1990, Voi 37. No4, p461—468.

们，两极对立的冷战世界已经过去，正在到来的是"文明冲突的世界。"

然而，此言差矣。

当代世界的主题不是文明的冲突，而是和平与发展。

代替冷战世界的，不是文明冲突的世界，而是以和平发展为主题的多极世界。这是全部人类历史，特别是最近100年的历史演变造成的。

即将过去的20世纪给世人许多启示。

启示之一：和平

自有人类历史以来，战争就没有间断过。到20世纪，战争空前惨烈。尤其是两次世界大战，数十个国家几十亿人被卷入战争的火海，几千万人被夺去了生命，千百年的劳动成果化为灰烬。人的智慧，被用来发展屠杀自身的武器，原子弹、氢弹、生物弹足以窒息生物，毁灭人类。大地震怒了，母亲在呼号：反对战争，保卫和平。正是20世纪空前惨烈的战争使人类良知集中到一点，使东西方文明会聚到一点：埋葬帝国主义，争取永久和平。

启示之二：发展

20世纪表面看来杂乱无序的演变过程，其实掩藏着一个明确的目标，一条不可遏止地向前延伸的主线，那就是社会的发展和人自身的发展。正是在这个世纪中，创造了超过以前任何时代的生产力发展水平和巨大的物质财富，在世界范围内实现了从传统农业社会向现代工业社会的巨大转变。更为重要的是，人类进行了各种发展道路的探索，并取得了历史性的成果。例如：社会主义制度和资本主义制度的比较，实行计划经济的社会主义和实行市场经济的社会主义比较，通过侵略战争找出路的资本主义和通过调整改革自身体制找出路的资本主义比较。这些比较实验互相影响，使世界各国逐步找到适合自己的发展道路，造成了近二三十年世界发展的高潮，并为新世纪的发展奠定了良好的基础。在和平环境中加快发展已成为我们时代的主旋律，是人类文明的共同点和大成就。

启示之三：全球化

在很长的历史时期，不同的文明之间联系不多。只是19世纪工业革命以来，才使分散的区域性发展逐渐转变为具有整体关联性的世界发展。在过去100年中，两大力量推动了全球一体化的大趋势。一是机制的力量，二是科技的力量。市场经济国家引进计划机制，计划经济国家引进市场机制，两者的经济运行模式正在接轨，全球范围的贸易和投资机制逐步形成。与此同时，现代科技革命使交通空前便利，信息全球共享。由于经济的网络化、信息化，任何国家的市场都显得过于狭小，国际投资、国际贸易以及跨国生产迅速发展。跨国公司作为全球化的主角登上了历史舞台。目前，它们已控制世界生产的40%，世界贸易的60%，跨国直接投资的90%。人类赖以生存的经济命脉已经联为一体，世界各国已形成你中有我，我中有你，一损俱损，一荣俱荣的关系。"地球村"的居民这样成为命运共同体，是人类文明发展的最高成果，也是新的伟大文明发展的坚实基础。

刚刚过去的1997年，可以雄辩地告诉我们，以和平发展为主题的多极世界正在开展。

第一，大国关系的调整体现了和平发展的主题。1997年以大国关系调整取得突破而载入史册。江泽民主席和叶利钦总统实现了互访，进一步肯定中俄之间建立"平等、信任、面向二十一世纪的战略协作伙伴关系。"希拉克总统访华，中法宣布建立"面向二十一世纪的全面伙伴关系。"中日两国总理也进行了互访，确定两国建立"迈向未来的长期稳定的睦邻友好关系。"俄日两国领导也在西伯利亚进行了会晤，双方决定争取在2000年前签署和平条约。大国关系的这种调整反映了冷战结束以来国际关系的深刻变化。随着世界向多极化发展，各大国之间正在形成一种相互依存、相互尊重、相互制约的较为均衡的关系。从各国发表的声明来看，新型大国关系的基本特征是：平等互利，求同存异；发展合作，不搞对抗；不结盟，不针对第三国。概括起来说，就是面向21世纪，着眼于和平与发展。

第二，地区性和全球性的政治经济组织发挥越来越大的作用。欧盟一体化进程加快，欧元即将启动，联合起来的欧洲各国，内求发展，外求和平；世界贸易组织开始调解一些国际贸易争端，国际货币基金组织出面援助陷入金融危机的国家；联合国致力于平息非洲的动乱，缓解伊拉克武器核查危机；亚太经合组织举行了第五次领导人非正式会议，地球上东西南北不同文明的国家友好相会，共商和平发展大计。

第三，国际关系热点降温，大局缓和。总体上说，今日之世界并不太平，地区冲突时有发生。但是这些冲突基本上处于可控制状态，对世界全局影响有限。而且许多热点已经降温，通过和平谈判解决冲突已成潮流。长期战乱的波黑地区大体平静，各方达成的和平协议正在实施；俄罗斯境内延续多年的车臣战争已经平息下来；关于朝鲜半岛问题的四方会谈已经开始，建立朝鲜半岛新的和平机制的进程正式启动；印度和巴基斯坦对立多年后首次实现首脑互访，双方同意就克什米尔争端进行和平谈判；伊拉克武器核查危机已经缓和，避免了一次箭在弦上的战争。这些分布在地球各处的热点的降温，表面上互不相干，实际上都是和平与发展的大潮在全球激荡的结果。

第四，加强经济科技合作，共同推进发展的新局面正在形成。美国克林顿政府注重调整和其他大国的关系，推动了本国经济发展，即使受到国内对立面的不断挑战，但仍然获得了较高的公众支持率；中国全面推进国际经济科技合作，保持了全球最高的经济增长，在席卷东亚的金融风暴中稳如泰山；欧盟、日本和俄罗斯都开展了多边的经济科技合作；发展中国家区域经济合作取得了新的进展，南北合作进一步加强；亚太经济合作组织倡导的合作方式正在取得成效；东盟和中、日、韩举行首次首脑会议，共商推动地区发展大计；拉美南方共同市场和欧盟正在筹建跨大西洋自由贸易区；亚洲金融风暴表现了经济全球化的深刻矛盾，推动建立防范风险的国际机制，以利于全球共同发展。

总之，国际关系近期变化和长远趋势都表明，世界的主题是和平与发展，而不是"文明的冲突"。人类应当尽力化解冲突，满怀热情地迎接和平与发展的新世纪。

四、多极世界和为贵

亨廷顿不仅提出了"文明冲突论"，而且还为西方国家筹划了进行"文明冲突"的大战略。他说："对西方利益而言，它在短期内显然应推动文明内部，尤其是欧洲与北美成员的大合作、大统一；将在文化上接近西方的东欧与拉美接纳进西方社会；促进、维护与俄国、日本的合作关系；防止地区性的文明内部冲突升级为文明内的大战；限制儒教和伊斯兰国家军事力量的膨胀；减缓西方削减军事能力，维持在东亚和西南亚的军事优势；利用儒教国家和伊斯兰国家的差异和冲突；支持其他文明中对西方价值观和利益表示同情的集团；加强能使西方利益和价值观得以表达、合法化的国际机构组织并推动非西方国家参与这些机构组织。"[①] 我们把这一大段话都摘引下来，是因为这是亨廷顿文章的要害所在，说穿了，这是某个超级大国以维护西方文明之名，行独霸世界之实的战略计划。

我们已经说过，展现在人们面前的，不是以文明冲突为核心的世界，而是以和平发展为主题的多极世界。现在我们要强调，对于新的时代，处理国际关系的根本办法不是"文明的冲突"，只能是"和为贵"。

世界的多极化，既是一种客观现实，也是一种发展趋势。说它是客观现实，是因为世界上确实存在着几大力量中心，这些国家或国家集团的综合力量相对均衡，它们之间形成了相互制约的关系。说它是一种发展趋势，是因为多极格局还在形成过程之中，新的国际经济秩序和政治秩序还没有建立起来。真正多极化的世界，不应该是由几个大国主宰的世界，而是由世界大国、地区大国和中小国家组成的国家集团在不同范围、不同层次上充分发挥作用的多极世界。在这种多极世界中，国家不分大小强弱均应平等相处，大而强的国家或国家集团不应谋求任何特权，只应为世界的和平发展，为人类的文明进步负更大责任，作更大贡献。这种多极化趋势是不可遏止的。推动这个趋势的是经济和科技力量。经济全球化的链条已经把许多国家和地区的经济联系在一起，并使全球经济的格局不断发生变化。美国仍是当今最富强之国，但比重则不断下降。其国民生产总值一度超过全世界的一半，现在只占27%，有人预测2020年会降至10%－15%。另一方面，世界主要金融和经济机构研究表明，发展中国家经济增长速度超过发达国家一倍左右的状况将继续下去。经过调整和改革，东亚各国将克服金融危机造成的困难，重新走上发展的快车道。据估计，1960年亚洲各国在世界国民生产总值中的比重只为4%，到1990年已一跃而占25%，到2000年可能增长到30%，甚至更多。在国际格局的大变动中，中国的崛起最引人注目。国际货币基金组织（IMF）1993年公布了用实际汇率和购买力平价分别估算的各国1991年的GDP。其中，中国的GDP按汇率推

---

① 引自《现代外国哲学社会科学文摘》（沪），1994年第8期，第2—4页。

算为4300亿美元，居世界第10位；而按购买力平价算，则为16600亿美元，居世界第3位。这些估算方法都有缺陷。但不管怎么算，长时间内增长速度居世界大国之冠的中国，经济总规模一直在迅速增长，到新世纪之初就会走向世界前列。俄罗斯、印度、巴西和印度尼西亚等国在世界产出中所占的份额也会显著增大。国际上所有经济、政治、军事和文化关系，都在向多极化世界演进，这是不以人的意志为转移的大趋势。

多极化世界是充满矛盾的。列其主要者有：

——美国力图主宰世界和其他国家谋求平等地位的矛盾。

——全球化与国家主权的矛盾。

——经济发展和生态危机的矛盾。

——不同文明的矛盾。

这些矛盾都关乎世界大局，任何一种矛盾处理不好，都会造成全球性的混乱，都会给世界人民带来重大的灾难。对待这些矛盾，绝对不能用前面亨廷顿开出的药方，那是新版本的冷战计划。出路何在呢？1988年1月，全世界的诺贝尔奖得奖人集会法国巴黎，他们发表宣言说："如果人类要在21世纪生存下去，必须回头2500年，去吸取孔子的智慧。"① 孔子智慧，中华文明的一个重大命题是"和为贵"。这个思想的提出，首先是为了解决复杂的人际关系和国际关系。孔子说："礼之用，和为贵"，② 礼的作用是按"和为贵"的要求调节人际和国际关系，使之圆满和谐。实际上，中华文明"和为贵"的思想是一个真正普遍性的原则，它在承认世界多样性的基础上，崇尚自然的和谐，崇尚人和自然的和谐，崇尚人和社会的和谐。

孔子在解释《周易》"乾卦"时说："乾道变化，各正性命，保合太和，乃利贞。首出庶物，万国咸宁"。③ 意为天道的大化流行，万物依其本性处于正道，保持着完满的和谐，使大自然顺利发展。天道超然于万物之上，保证自然的大和谐和万国的大安宁。在中国古代哲人的眼中，主宰自

---

① 转摘自马虎彪：《儒学的历史回顾与21世纪展望——孔子诞辰2545周年纪念与国际学术讨论会发言综述》，《中国史研究动态》1995年第1期。

② 《论语·学而》。

③ 《周易·忙·象辞》。

然和社会发展变化的总规律（天道）就是"和为贵"。他们认为，大自然本来是一和谐整体，如果不去破坏这种和谐，而是顺应自然，就可以达到"天地与我并生，万物与我为一"的"天人合一"的境界。自觉的人，应当修养自身，保全完满和谐的本性，才能推进社会事业的顺利发展。按照《礼记·礼运》的描述，如果人人都能加强自身的道德修养，并且身体力行，那就会创造一个和谐的大同社会，这个社会是"天下为公"的社会，有着和谐人际关系的社会，是真正和平宁静的社会。

"和为贵"的思想在东西方文明中，在全人类的精神中都是共通的。巴黎市中心有一个"协和广场"，1795年国民公会通令命名时，就是出于对人间冲突的厌恶，对社会和谐的向往。莱斯特·皮尔顿认为，人类正在进入"一个不同文明必须学会在和平交往中共同生活的时代，相互学习，研究彼此的历史、理想、艺术和文化，丰富彼此的生活。否则，在这个拥挤不堪的窄小世界里，便会出现误解、紧张、冲突和灾难。"[①] 亨廷顿的文章中，也包含着"和为贵"的思想，他说，要在多文明的世界里维护和平，"各文明的人民应寻求和扩大与其他文明共有的价值观、制度和实践"。[②] 在漫长的人类历史中，"和为贵"的思想在国际关系中只能发挥很有限的作用，冲突和战争则大行其道，这是因为缺乏必要的社会历史条件。当2000年来临的时候，世界形势发生了很大的变化。经济全球化是一支伟大的力量，它第一次把全人类卷入和平与发展的潮流之中，跨国界、跨民族、跨文明的生态危机使地球村的所有居民成为命运共同体。两次世界大战的惨痛经历和大量核武器存在的现实，每时每刻都提醒人们要维护和平，多种文明的全球交流不但使人们感受到民族的差异性，而且使人们更深切感受到人类文明的共同性。从而把人们从民族狭隘性和文明狭隘性的小天地中解放出来，自觉地以"和为贵"的精神去处理我们面对的各种世界难题。请看：

中美两个伟大国家正在相互接近；中英两国和平地解决了鸦片战争遗留下来的香港问题；朝鲜半岛的紧张局势、伊拉克武器核查危机都缓解

[①] 转引自亨廷顿《文明的冲突与世界秩序的重建》，新华出版社2002年版，第372页。

[②] 同上，第370页。

了；冲突了几十年的北爱尔兰各方签订了和平协议；按照"和为贵"的精神，中国和所有邻国改善了关系，在自己的周围创造了前所未有的国际和平环境……可以肯定地说，在新世纪来临的时候，多极世界和为贵，正在成为全人类的共识，成为国际关系发展的大趋势。

　　生物的多样性，是宇宙之宝。文明的多样性，是人类之福。在这丰富多彩的世界中，"文明冲突论"只会误导人们走上罪恶的战争之路，而"和为贵"的精神，将指引人们精心保护自然的和谐，努力实现人和自然的和谐，不断促进不同民族、不同国家、不同文明的和谐，共同创造"天下为公""万国咸宁"的大同世界。

（原载《求是》杂志2003年第7期）

科索沃独立与世界难题

2008年2月17日,在号称"欧洲火药桶"的巴尔干半岛上,仅有1万平方公里土地,200万人口的科索沃脱离塞尔维亚宣布独立。这件事对科索沃、对巴尔干、对欧洲乃至世界,福耶、祸耶?

一

小小的科索沃累积了太多太大的历史恩怨。

科索沃最古老的居民是伊利里亚人,他们是现在阿尔巴尼亚人的祖先。公元7世纪左右,大批斯拉夫人越过多瑙河,迁居巴尔干,并以科索沃为中心,建立了塞尔维亚王国,塞尔维亚人和阿尔巴尼亚人的先民共同在巴尔干半岛上创造了自己辉煌的历史。

14世纪初,奥斯曼帝国兴起,并向北扩张。穆拉德一世成为奥斯曼苏丹之后,率军越过达达尼尔海峡向巴尔干突进,直接冲击塞尔维亚王国。

公元1389年,两军对峙于科索沃的拉布河畔。北岸是塞尔维亚国王拉扎尔统帅的塞尔维亚联军,有3.5万人。南岸是穆拉德统帅的奥斯曼军队,号称10万人,双方摆出了决战架势。战斗从早晨8时开始,穆拉德率军冲过拉布河。双方激战之际,斯拉夫将领米洛什来到穆拉德帐前请降。正当穆拉德伸脚赐予米洛什亲吻时,米洛什突然拔出短刀将穆拉德刺死。失去统帅的奥斯曼军队陷入混乱之中,塞尔维亚军队乘机发动进攻。危急之际,穆拉德之子巴耶塞特高举战旗,稳定军心,整军退敌,并将拉扎尔杀死。这就是1389年的画眉坪之战,两个国王同时战死。几个世纪的历史由此抵定。从那时以来，整整 500 年，科索沃一直被奥斯曼苏丹统治，信奉东正教的塞尔维亚人逐渐北移，改信伊斯兰教的匈牙利人则成为当地主体居民。

公元 1912 年，巴尔干地区各民族联合起来向土耳其宣战并取得胜利。被奥斯曼帝国奴役达 500 年之久的科索沃重新成为塞尔维亚王国的一部分，塞尔维亚人逐渐返回其民族的"心脏地区"。

第二次世界大战期间，法西斯军队占领了科索沃并将其并入墨索里尼拼凑的"大阿尔巴尼亚"之中，大批塞族人被迫逃离家园。

公元 1944 年，铁托领导的南斯拉夫人民军解放了科索沃，使其成为塞尔维亚共和国的一个自治省，塞尔维亚人和匈牙利人开始和平共处。

公元 1980 年 5 月，创建南斯拉夫联邦共和国的铁托去世，极端民族主义在巴尔干地区泛滥开来。一方面是米洛舍维奇政府不尊重科索沃匈牙利人的自治权，一方面是匈牙利人要求科索沃独立，民族矛盾日益尖锐，乃至发生流血冲突。

公元 1999 年 3 月 24 日，美国和西欧大国组成的北约集团以米洛舍维奇政府侵犯人权为由，对南斯拉夫联盟实施大规模空中打击。战后，北约派两万军队进驻科索沃，又把托管权交给联合国，实际上把科索沃从塞尔维亚共和国分割出来了。2008 年 2 月 17 日科索沃的"独立宣言"使北约集团发动的"世纪末的战争"有了一个合理的解释。换句话说，科索沃独立了，成为世界上"第 193 个国家"，就使九年前美英等北约大国对巴尔干半岛上一个小国发动战争，轰炸其领土，推翻其政权，抓捕并审判其总统，分割其领土等肆意践踏国际法的行为变得"合情合理"了。

二

科索沃独立，虽然让科索沃的阿尔巴尼亚人得到一时的兴奋，但却给国际社会出了一道难题。

联合国是负责世界和平的权威国际机构，但在科索沃问题上完全不知所措。1999 年 6 月，安理会通过处理科索沃问题的 1244 号决议。根据这个决议，联合国 2000 名特派团人员进入科索沃，以维持当地社会秩序，为政治解决科索沃问题创造和平环境。如今，在美欧大国的支持下，科索沃单方面宣布独立，安理会的 1244 号决议成了一张废纸，联合国只能眼睁睁看着自己的一个会员国塞尔维亚的领土主权遭到割裂，而不能有任何的作为，这不是很难堪吗！

美国似乎是胜利者，但同样面临难题。科索沃人都知道，他们的独立是美国"恩赐"的，美国因此获得了 100 多万科索沃阿尔巴尼亚人的友谊，但却陷入了上千万塞尔维亚人的仇恨之海中。美国宣布承认科索沃独立后，塞尔维亚愤然召回驻美大使，上百万塞尔维亚人示威抗议，并冲进美国大使馆一顿乱砸以泄其愤。科索沃事件后，世界上越来越多的国家对美国以维护人权为名，行分裂他国之实的政策更加提高了警惕，美国的国际声誉更加低落。

世界上大多数国家也左右为难。科索沃事实上已经独立，迟早都得承认。但是，承认科索沃独立又违背了各国主权和领土完整不得侵犯的国际关系准则。而且许多国家自身就潜藏着分裂主义的心腹之痛，你承认塞尔维亚的一个省可以独立成国，别人同样会承认你的一个地区成为独立之国。而分裂过程必然是长期的冲突和战争的过程，是要千百万人头落地的。如此一来，国家何得于安，世界何得于宁！

科索沃的阿尔巴尼亚人因独立而来的兴奋也是一时的，他们同样面临大难题。

科索沃 1 万平方公里土地上的居民主要是阿尔巴尼亚人和塞尔维亚人，前者坚决要独立，后者坚决反对独立，双方态度水火不容，和平生活将不复存在。

科索沃狭小国土上资源贫乏，基础设施落后，没有像样的产业和行业，人们赖以为生的粮食、电力都要靠塞尔维亚供应，如果塞方切断这些供应，或者封锁关键的运输路线，本来就十分贫困的科索沃人的日常生活就会雪上加霜。

科索沃虽然宣布独立了，但实际上它没有国家政权，没有军队和警察。负责内外安全的 17 万军人是北约国家派出的，负责社会管理的人员是欧盟准备派出的，科索沃阿尔巴尼亚人中失业者达 80%，犯罪率非常高。如果外国军队和管理人员撤出了,这个社会必然陷入天下大乱。

三

科索沃独立,突显了一个世界难题,或者说触动了一个世界难题敏感的神经。

全世界现在有190多个国家,但有300多个民族。大多数国家都是多民族国家,少则几个民族,多则几十个、上百个民族共同生活在一个国家。怎样处理多民族国家的民族关系,是对人类的智慧、能力、道德的极大考验。

综观全球,处理多民族国家的国内民族问题,有多种主张、多种方式。

有的国家实行硬性统一,强制同化。即是只承认主体民族,不承认其他民族。并且通过政治的、经济的、文化的手段,把其他民族同化到主体民族中来。历史说明,民族可能自行消亡,但是不能强制同化。强制同化,必遭强烈反抗。压迫愈烈,反抗愈强,最终会导致这个国家发生社会爆炸的大灾难。

有的人把民族自决权绝对化,使民族分裂主义泛滥成灾。他们主张,对坚持民族自决权,坚持独立建国的民族,都应该给予鼓励。北约集团的大国在科索沃问题上,就是实行这样的政策。这是一个制造动乱的政策。美国自身也意识到这个政策的危险,国务卿赖斯承认科索沃独立的同时,不忘记强调"科索沃不能被视为当今世界其他任何情况的先例"。这样的说教是苍白无力的,你已经树立了一个实实在在的榜样,怎么可能不让别人去效仿呢?可以想见,科索沃从塞尔维亚分裂出来之后,会有许多地方、许多民族效仿。无论过去、现在,还是将来,任何国家的民族分裂行为,都会激起残酷的冲突和战争,都会陷国际局势于长期的动荡之中。

还有的地方实行联邦制。历史上的苏联和南斯拉夫都是以联邦制来解决民族问题,它们获得了一定成功。铁托领导南联盟时期,许多民族共和国组成一个联邦,科索沃则是塞尔维亚共和国的一个民族自治省,匈牙利人享有自治权，塞尔维亚人和匈牙利人共同生活在一个共和国内，千年恩怨有所淡化，长期战乱的巴尔干地区有了几十年的和平生活，这是朝正确方向前进的一步。但是，苏联和南斯拉夫都解体了，联邦制被证明难以真正解决多民族国家的民族问题。

中国是东方的多民族大国，总共有56个民族，共同生活在960万平方公里的国土上。中国解决国内民族问题有一套完整的理论和制度，中国各民族走出了一条共同繁荣的道路。在中国，无论大到有十几亿人的汉族还是小到只有几千人的鄂伦春族，政治上都是平等的。少数民族可以在统一国家内实行民族区域自治，它们在社会生活的各方面都得到国家的照顾。这种既有国家统一，又有民族平等的制度开创了人类生活的新境界，它保证几十个民族、十几亿人口长期的和平相处，共同建设自己的祖国。

自古以来，哲人们都在思考"一与多"的关系，他们共同的结论是：一即是多，多即是一。一分而为多，多合而为一。多民族国家的民族问题也是这个道理。科索沃独立的"世界难题"，也是"一与多"的关系。虽然世界上有几千个不同的民族，但他们都是同一个地球的居民。一个国家可能有许多不同的民族，但他们都是生活在同一个国家中的兄弟姐妹。一离不开多，多更离不开一。在统一的环境中展现多样化的文化风采，远胜于分立打斗，残人害己。

（原载《创造》）

世纪末的战争

当人们希望有一个和平与发展的新世纪降临之时，有欧洲的"火药桶"之称的巴尔干却爆发了一场战争。从3月24日开始，以美国为首的北约悍然发动对南斯拉夫的空袭。

这场战争的爆发不是偶然的，可以说是当前世界各种矛盾的集中表现。其中，最主要的是作为唯一的超级大国美国急欲独霸世界。它为此制定了东西呼应的战略：在东方，强化日美军事同盟，以此控制亚洲；在西方，实现北约东扩，以此控制整个欧洲。北约东扩的关键点，则是趁俄罗斯国力衰弱之际，把处于东西欧和亚欧交汇之处的战略要地巴尔干地区完全控制在自己手中。为此，美国主导的北约利用了南境内阿族极端势力的分裂活动。

阿族极端势力的分裂活动由来已久，但闹到目前这样的地步，显然与美欧国家偏袒阿族分裂主义的政策有关。据《自由比利时报》1月29日披露，阿族武装中一支名叫"黑鹰"的突击队1992年成立于比利时的斯哈尔贝克，此地就在北约的总部附近。该突击队的黑色军服和武器是驻比美军提供的。他们在科索沃与阿尔巴尼亚边界的阿方一侧拥有训练营地，以小分队为行动单位，偷袭和骚扰塞尔维亚军警，得手后又退回营地。作为主权国家，南斯拉夫当然不允许反政府武装存在。可是每当南斯拉夫军警和反政府武装发生冲突时，美国即指责南斯拉夫"侵犯人权"。美国口口声声说不支持科索沃独立，其实一心想通过"黑鹰"突击队这样的反叛武装把科索沃从南斯拉夫分裂出来，不然就以"维和部队"占领之。富有爱国主义精神的南斯拉夫人民怎么会吞下这样的苦果呢？于是就发生了北约对南斯拉夫的狂轰滥炸，就有了一个超级大国以一个军事联盟为工具在世纪末发动的侵略战争。

　　这场战争对世界各国人民来说，是不祥之兆。一个超级大国，受其独霸世界的野心驱使，凭借其强大的力量，再纠集几个盟国，想炸谁就炸谁，肆意发动侵略战争，世界还有什么和平可言？

　　鉴于两次世界大战的惨痛教训，《联合国宪章》确定了国际法的经典原则。这些原则是：侵略是对和平的最大犯罪；国家边界是神圣不可侵犯的；任何国家都不能干涉别国内政；国家有防止分裂的完全权利。北约空袭南斯拉夫践踏了这些国际关系的经典原则。就连不少美国人也对空袭是"反对侵略"的欺人之谈嗤之以鼻。《今日美国报》3月26日发表的一篇文章指出，南斯拉夫"只是试图平息分裂分子的叛乱，毫无过错可言，仅在90年代就有其他几十个国家做过同样的事"。"美国军队攻击这样一个没有攻击过美国、也没有攻击过美国的盟国、甚至没有攻击过邻国的国家"，"是明目张胆的、十分可耻的侵略行径"。

　　既然抛弃了国际法的经典原则，美国及其盟国就提出了处理国际关系的新原则，即所谓"保护人权""防止人道主义灾难"。这次战争就是为了实践这个新原则。这个新原则有三个互相联系的环节：第一，一国的人权状况是应当由国际社会关注的问题；第二，衡量一国人权状况的裁判是美国及其盟国；第三，美国及其盟国无须通过联合国，可以采取一切手段，包括发动战争去"纠正"某些国家的人权状况。处在欧洲南部地区而又有民族冲突的弱小的南斯拉夫，注定要成为这个新原则的实验场。在美国等西方国家看来，世界众多国家都存在"人权"问题和民族问题，如果确立了这样的新原则，它们就获得了主宰其他国家命运的特权，就有了肆意干涉别国的内政，甚至发动侵略战争的特权。

　　要和平，要发展，是世界人民共同的心声，是浩浩荡荡奔涌向前的时代浪潮。顺之者昌，逆之者亡，美国以"保卫人权""防止人道主义灾难"为借口，为实现霸权而任意干涉别国内政，侵略弱小国家，造成真正巨大的人道主义灾难，完全是逆时代大潮而行的暴行。

　　科索沃问题是南斯拉夫的内政，应该在尊重南联盟主权和领土完整、保障该地区各民族的合法权益的基础上通过对话解决。目前，美国及其盟国正面临着两条道路：其一，听从一切爱好和平的国家和人民的呼吁，停止空袭，回到政治解决科索沃问题的轨道上来。其二，将战争升级，甚至派地面部队入侵南斯拉夫，占领科索沃。看来，美国和北约有可能走第二条路。然而，只要跨出这一步，北约军队就会陷进游击战争的泥潭，整个巴尔干地区就会出现大动乱，而且北约和俄罗斯就会形成直接的紧张对抗的局面。美国和北约的领导人实在应该三思了。

(原载1999年4月21日《人民日报》)

中国模式与东西方平衡

中国模式对未来世界最重大的意义，就是它有利于创造一个东方和西方和平共处的美好世界。

宇宙之间，和谐为美，畸形为丑。

我们这个世界，分为东方和西方。东西方和谐为美，东西方畸形为丑，这是确定无疑的。

远古洪荒时代，交通艰难，人们被高山大海远隔在东西两方，各自生活，独立发展自己的文明，那是一种自然的和谐，表现为朴实之美。

中古时期，东方进步得早一些，发展得快一些，形成了许多文明古国。直到18世纪中期，中国都是当时世界上最发达的国家，中国和印度的经济总量，几乎占了世界的一半。我们应当注意到这样一个事实，古代东方文明，一般建立在自耕自食的生产生活方式之上，奉行"己所不欲，勿施于人"的哲学，反对恃强凌弱。综观历史，中国、印度这些文明古国虽然很强大，但从来没有侵略过任何一个西方国家。因此，中古时期东西方虽然并不平衡，但大的和谐没有打破，整个世界还是基本平衡的。

世界平衡被打破，要归罪于资本主义的生产生活方式。

15世纪之后，资本主义的生产生活方式就在欧洲萌芽，然后逐步发展起来，乃至在欧洲占了统治地位。在这个历史过程中，资产阶级发挥了重大的作用。

马克思在《资本论》中详尽阐述了资产阶级的这样一个历史作用，就是把分散的细小的生产资料加以集中和扩大，使之成为现代的强有力的生产杠杆。这个过程从15世纪就开始了，经过了简单协作、工场手工业和大工业三个历史阶段。马克思在研究这一过程时指出，资产阶级要是不把这些有限的生产资料从个人的生产资料变为社会的,即只能社会地组织起来的一批人共同使用的生产资料,就不能把它们变成强大的生产力。同生产资料的社会化一样,生产者的个人行动也社会化了,产品也由个人的产品变成了社会的产品。马克思还指出:"不断扩大商品销路的需要,驱使资产阶级奔走于全球各地。它必须到处落户,到处开发,到处建立联系","资产阶级,由于开拓了世界市场,使一切国家的生产和消费都成为世界性的了"。①

资本主义社会化的大生产提高了社会生产力,使西方国家迅速强大起来,猛然超越了东方国家;资本主义攫取超额利润的强烈冲动推使资本主义国家大举侵略东方国家,东西方的平衡被完全打破,世界变得非常丑陋。

关于西方列强如何侵略、欺凌东方国家,我们只要举出1884年瓜分非洲的柏林会议就非常清楚了。

1450年,葡萄牙人开始沿着非洲海岸线进行探险,他们的成功为欧洲其他国家所效仿。到19世纪中期,欧洲列强在非洲海岸沿线建立起星罗棋布的殖民据点。非洲广袤的土地、奇异的自然风光、丰富的资源和重要的战略价值使欧洲列强非常眼红。它们的激烈争夺导致一系列的武装冲突。

比利时在富饶的刚果盆地捷足先登,但国力较小,很担心非洲殖民地被其他大国侵吞。于是国王利奥波德二世成功说服法国和德国,为在非洲进行"友好贸易"进行协商。处于衰落时期的殖民帝国——葡萄牙也认为在谈判桌上划定势力范围对自己更为有利,倡议在德国召开会议,制定共同的非洲政策。

1884年11月15日,在德国首相俾斯麦的发起和主导下,召开了瓜分非洲的柏林会议,参加会议的有德国、奥匈帝国、比利时、丹麦、法国、英国、意大利、荷兰、葡萄牙、俄国、西班牙、瑞典—挪威邦联、奥斯曼土耳其帝国和美国,共14国。

由于多个国家参与争夺刚果盆地,会议首先解决刚果问题。为了酬谢

---

① 《马克思恩格斯选集》第1卷,人民出版社1995年版,第276页。

利奥波德二世倡议召开此次会议，盆地的一部分被皮尺和钢笔划出来，作为利奥波德二世国王的私有财产。这片土地有200万平方公里，是比利时国土面积的76倍。比利时国王后来从当地掠取大量钱财，他的残暴统治使当地半数黑人悲惨死去。

100多年前，在没有非洲人参加的情况下，欧洲列强竟然把200万平方公里丰饶的非洲土地划给比利时国王作私产，这是骇人听闻的。更骇人听闻的是几个强盗国家在柏林会议上把整个非洲大陆都瓜分了。

在会议上，经过讨价还价，它们获得自己的"领地"，先用圆规和尺子在地图上划好各自领地的边界线，然后派军队沿线插上本国国旗，去进行"有效占领"。

有人做过统计，44%的非洲国家的边界是按经线或纬线划定，30%的国界是以几何方法用直线或曲线划定，仅有26%是由河流、山脉构成的自然边界线。法国和意大利对领地界线划分得非常"严谨"，它们以北回归线划界，划出来的图形比较规整，这就是后来利比亚和阿尔及利亚的分界线。

英国作家康拉德在《黑暗的心》一书中，讽刺柏林会议是"国际残暴镇压联合会"。这确实是国际关系史上最残暴、最黑暗、最臭名昭著的会议。它造成的严重后果还在毒化今天的国际关系，还在给非洲人民带来深重的灾难。

在西方国家主导一切的时代，中国和印度的命运也同非洲国家差不多，中国大片领土被列强割去了，印度干脆成了英国的殖民地。

不仅如此，正是在西方完全压倒东方，西方完全主导世界事务的一两百年中，西方国家挑动了两次世界大战和数不清的侵略战争。这些战争中死亡的人数，超过了此前几千年人类战争的死亡人数。更可悲的是，世界上一些生存了几千年的弱小民族，在西方国家奉行弱肉强食的"丛林原则"下，就在这一两百年内灭绝了！

种族灭绝与奴隶贸易有很大的关系。英国和美国的许多大富豪是靠贩卖奴隶发家的。在资本原始积累时期，许多资本主义大国都是通过血与火的道路成为世界经济大国的。以大英帝国为例，他们建立殖民地、开拓世界市场，是以凶残狡诈的海盗打头阵的。约翰·霍金斯的名字在英国家喻户晓，就是这样一个闻名世界的海盗，竟然被任命为英国的海军中将。有了海军大权，霍金斯就在美国和非洲之间开展奴隶贸易，把可怜的非洲黑人卖到美国当苦工，因此而大发横财。伊丽莎白女王曾经认为奴隶贸易不道德，责备过霍金斯。但当得知奴隶贸易利润丰厚时，女王也暗中入股，成为奴隶贸易的大股东。从某种程度上可以说，金碧辉煌的白金汉宫，是由奴隶们的鲜血和白骨建造而成的。

在东西方不平衡的时代，盛行西方中心主义，国际关系一直是丑陋的野蛮的。

自从诞生现代主权国家以来，西方理念就占据了主导地位。依据这种理念确定的国际关系规则——"威斯特伐利亚规则"和"后威斯特伐利亚规则"盛行于世，东方国家是被迫接受的。

所谓"威斯特伐利亚原则"，是300多年前欧洲国家在"30年战争"结束后谈判确定的，其中包括国家主权、主权国家平等、不干涉别国内政等原则，带有国际民主的精神，具有进步意义。

所谓"后威斯特伐利亚原则"，是西方国家在二战以后强力推行的，是对"威斯特伐利亚原则"的否定，认为民主、自由、人权是"普世价值"，高于、优于国家主权，为了推行所谓的"普世价值"，可以任意干涉他国内政，甚至可以派兵入侵，推翻由西方国家认定的"专制政府"，实行赤裸裸的干涉主义。西方国家轰炸南斯拉夫，侵略阿富汗、伊拉克和利比亚就是实行"后威斯特伐利亚原则"的最近实例。

实质上，西方的理念是竞争，在国际关系上遵行的是弱肉强食的"丛林原则"。所谓的"威斯特伐利亚原则"，他们从来也没有实行过。正是在确立了这个原则后，西方国家侵略了世界上的大部分国家，把许多国家的主权踩在脚下，并且发动了两次世界大战和无数的局部战争，给世界人民造成了无穷的灾难。

至于所谓"后威斯特伐利亚原则"的干涉主义，更是当今世界各种乱象的总根源。

如果没有东方的崛起，世界只能在西方理念和规则的主导下日益走向混乱，不断地往下沉沦。

幸好，在沉寂了数百年之后，东方国家从苦难中吸取力量，在20世纪交替时期开始强势崛起。准确地说这是东方的复兴。这种复兴，不仅是有形的物质力量的强大，而且是无形的精神力量的强大。

在现代国际关系中，物质力量很重要，但理念和力量更重要。经济和理念、物质力量和精神力量的交互作用，决定着和平、外交和战争，影响着人类的幸福和前途。

西方的竞争观念产生了"威斯特伐利亚"体系。

东方的和谐观念形成了和平共处五项原则。

随着世界中心东移，和谐的理念与和平共处五项原则将成为处理国际关系的基石。

西班牙《起义报》在观察世界重心东移时，甚至提出了世界的"中国化"问题。文章问道："世界的'中国化'会使我们在解决资本主义的全球性问题上拥有更好的条件吗？"中国强势崛起，中国模式的成功，确实会让人想到世界的"中国化"问题，会让一些人更起劲地鼓吹"中国威胁论。"

实际上，这些都是"杞人忧天"的问题。中国的强势崛起，中国模式的成功，不仅不会威胁任何人，不会使世界中国化，而且只会使世界重新恢复平衡，有利于塑造一个和谐世界。

中华文明的核心理念是"和为贵"，它追求人与自然的和谐，人与社会的和谐，更看重人与人、民族与民族、国家与国家的和谐。

古代的中国曾经非常强大，但没有侵略过西方国家。现代的中国非常强大，但没有欺负别的国家。未来的中国一定会更强大，将会更有力量去塑造一个真正和谐的世界。

15世纪的时候，中国明朝是世界上最强大的国家，巡航世界的舰队总司令郑和曾在南洋小城加勒竖起一座石碑，石碑上刻着他写给全世界的一条讯息，"希望建立一个以贸易为基础的和平世界。"汉语、波斯语、泰米尔语三种文字组成的碑铭是不寻常的，而碑铭向全世界传达的讯息更是不寻常的。

500年之后，1960年5月27日，毛泽东会见英国蒙哥马利元帅，两人有一段饶有趣味、发人深省的对话。

蒙：我有一个有趣的问题想问一下主席：中国大概需要50年，一切事情就办得差不多了……到那时候，你看中国的前途将会怎样？

毛：你的看法是，那时候我们会侵略，是不是？

蒙：我觉得，当一个国家强大起来以后，它应该很小心，不进行侵略。看看美国就知道了……历史的教训是，当一个国家非常强大的时候，就倾向于侵略。

毛：要向外侵略，就会被打回来……外国是外国人住的地方，别人不能去，没有权利也没有理由硬挤进去……如果去，就要被赶走，这是历史教训。

蒙：50年以后中国的命运怎么样？那时中国会是世界上最强大的国家了。

毛：那不一定。50年以后，中国会壮大起来，但不会侵略别人。一百年、一万年，我们也不会侵略别人。

毛泽东通过蒙哥马利向世界传达的讯息也是非同寻常的，它同500年前郑和通过加勒碑铭传达的信息有异曲同工之妙。

中国模式的成功，中国的强势崛起，绝对不是要推动东方压倒西方，只是要纠正东西方严重不平衡的状态，创造一个东西方国家和平共处的美好世界。

文明相亲，世界和谐，是全人类共同的理想。

亚当·斯密创作《国富论》时，曾经预测到终有一天，东方和西方会在相互尊重中平衡发展。

地理大发现，资本势力的扩张这些事件会给世界造成什么后果呢？亚当·斯密写道："它们的后果已经很明显了，但这些发现之后，只不过经历了两三个世纪，在这样短的时期内，要看到它们的全部后果是不可能的。人们的智慧还不能预见这些事件带给人类怎样的利益和怎样的不幸。但在一定程度上，通过把世界相距最远部分联结起来，使它们能够缓解彼此的匮乏，增加彼此的愉悦，激励彼此的产业，其总体趋势似乎是有益的。但是，对于东印度和西印度两地的原住民来说，这些事件有可能产生的全部商业利益完全让它们带来的灾难抵消了……这些发现出现的时候，力量优势刚好明显地位于欧洲人一边，以至他们能在这些偏远的国家不受惩罚地胡作非为。从此以后，也许这些国家的原住民有可能变强，或者欧洲人有可能变弱，世界所有不同角落的居民有可能最终拥有同等的勇气和力量，从而激发出相互畏惧，以至足以震慑独立国家的非正义行为，使各国都能尊重彼此的权利"。

人类历史进入 21 世纪，亚当·斯密关于东西方会在相互尊重中平衡发展的预测正在变为现实。

世界重心东移的大趋势迫使西方人开始承认东方人跟他们一样"拥有同等的勇气和力量"，并迫使世界各国"能尊重彼此的权利"。

虽然有人一直在渲染中国模式威胁西方国家，威胁世界稳定，但更多人看到了中国模式给世界带来了和平，带来了希望。

当然，在这个过程中，确实有一个问题很让世人纠结，那就是作为唯一的超级大国，美国会怎样对待中国的崛起？作为强势崛起的中国，将怎样处理同美国的关系。

基辛格是一位令人敬佩的智者，他日前在美国《华盛顿邮报》和德国《商报》上发文论述世界新秩序和中美关系，很有见地。

基辛格写道，有人说，"无极世界"已经到来：过度扩张的美国逐步丧失世界霸权地位，但没人能替代它。中国太专注于维护国内秩序，无暇承担重大国际义务。欧洲则将因为人口持续下降而瘫痪。

基辛格不赞成这种观点，他认为，大自然不接受真空，今天到了为正常的世界秩序寻找务实解决方案的时刻。美中关系是正常世界秩序中的一个基本要素。中国已崛起为大国，并成为美国的潜在竞争对手。不论中国还是美国都不习惯与对方那样的国家合作，但是两国都无法主宰对方。如果美国和中国发生冲突，那将给两个社会造成消耗并危及世界和平，这是最后通牒式的现实主义，它要求两国在关键问题上持续合作，不要对短期危机进行激烈争论。

基辛格建议，中美两国应当建立一个紧密合作基础上的太平洋架构，这一架构还应具备足够的广度，能允许太平洋沿岸其他国家实现各自的抱负。[①]

英国《卫报》网站 2009 年 4 月 20 日发表马丁·雅克的文章说，"我

---

① 参见 2011 年 8 月 19 日美国《华盛顿邮报》。

们已经进入了少有的历史时期之一,其特征是全球霸权地位从一个大国转移到另一个大国。上一个这样的时期是在1931年到1945年之间,以英国结束金融优势地位、被美国取而代之为标志……新出现的这个时期以中国崛起、美国衰落为标志"。金融海啸加快了中美强国地位大转换的历史进程。①

中国代表东方,美国代表西方。两者正处在力量消长的过渡时期。怎样看待这个过渡时期,上述英国《卫报》文章作出了很有意思的分析,"这个过渡时期非常不稳定、极度变化无常而且充满了危险。这个世界是幸运的,因为至少眼下,担任美国总统的奥巴马准备以和解和妥协的态度来看待美国的衰退,而同时中国领导人则在表达观点时表现得非常慎重,更不要说去显示实力了"②。

这个世界真的非常幸运。蒸蒸日上的中国,过去不是,现在也不是霸权国家,将来更不愿当霸权国家。中国孜孜以求的,就是和平与发展,就是友好与合作,就是建立美好的和谐世界,就是为全人类的共同进步与高度文明作出更大的贡献。

毛泽东曾有一首论中国昆仑山的词:

"横空出世,莽昆仑,阅尽人间春色。飞起玉龙三百万,搅得周天寒彻。夏日消融,江河横溢,人或为鱼鳖。千秋功罪,谁人曾与评说?而今我谓昆仑:不要这高,不要这多雪。安得倚天抽宝剑,把汝裁为三截?一截遗欧,一截赠美,一截还东国。太平世界,环球同此凉热"。

这首词惟妙惟肖地表达了中国人追求天地和谐、世界大同的精神境界:我们不要"周天寒彻"或"江河横溢"的畸形世界,我们要亚、欧、美"同此凉热"的平等的、和谐的世界。

我们知道,宇宙万物是按"正、反、合"的规则演进的。原初的状态为"正";原初状态的破坏,畸形状态的出现为"反";经过斗争和调整,在更高阶段恢复和谐,这即是"合"。一个小的系统如此,一个大的系统也如此。人类的原始状态为正,东西方走向不平衡,西方列强唯我独尊,

---

① 参见2009年4月22日《参考消息》。
② 同上。

霸道欺人，无情压制东方世界为畸形，为"反"。中国模式兴起，世界重心东移，东西方走向新的平衡，人类创造新的和谐，宇宙间出现"环球同此凉热"的大同世界，这就是合。

由此观之，中国模式之功大矣哉！

（原载《中国模式论》）

被美化的西方政治文明

从茫荒野蛮状态进入初步文明社会，是人类发展的一个重大飞跃。一旦实现了这个飞跃，所有的民族、所有的国家都希望创造适合自己的政治文明。政治文明，不是什么玄妙的东西，而只是某种社会治理方式。只要存在着国家、存在着社会，就会出现适应其需要的社会治理方式，就会形成某种政治文明。在已经逝去的几千年历史中，人类大家庭创造的政治文明是丰富多彩的。

丰富多彩的政治文明，可以大体上分为两个类型：东方政治文明，西方政治文明。东方政治文明发育比较早，但发展曾经很缓慢。进入封建社会之后，很长时间都停滞不前。西方政治文明发育比较晚，但进展比较快。尤其是进入资本主义社会之后，创造了形制完整的政治文明，对人类社会的发展进步作出了重要贡献。

西方政治文明是以民主为核心的，可称为"西方民主制"。

一、柏拉图的怨恨

西方民主制符合欧美一些资本主义国家的国情，有力地推进了这些国家的现代化进程，创造了人类政治文明的重要形式，这是应当充分肯定的。但近百年来，这些国家的统治者因其国力强大，头脑膨胀，滋生了"救世主"狂想，把仅适应于欧美国家的社会治理方式美化为"普世价值"，向全世界强行推销。甚至不惜为此发动侵略战争，给世界许多地方带来灾难和痛苦。这种近乎疯狂的作为迫使人们冷静下来，去透视这种"普世价值"的表里，还其本来的面目。

西方民主制源自古希腊的雅典民主。雅典民主是在一个小城邦中实行的很粗糙、很畸形的社会制度。即使在这么小的一个小城邦中，占人口大多数的妇女和奴隶都没有人权，更没有选举权和被选举权。只是由男性公民组成的公民大会，在城邦空场上通过大声呼喊或是投票决定宣战与媾和、法庭终审等重大事宜。

雅典城邦的男性公民良莠不齐、贫富悬殊，但都有平等的投票权。由这样一帮人投票作出的决定有时候是相当荒唐的。例如，伟大思想家和教育家苏格拉底就被他们认定为有"腐蚀青年思想"之罪，判了死刑。

苏格拉底的学生柏拉图对此非常怨恨，直接指责雅典的民主制是"暴民政治"。

柏拉图是比孔子晚生124年的大思想家，他在西方民主萌芽时期就看到了其内在的缺陷。柏拉图认为，人的智力、品行和能力是有差异的，而古希腊的民主制否认这种差异，让所有男人一人一票决定国家大事。这样的民主，有可能导致像摧残苏格拉底那样的暴民统治。

后世的思想家也对西方民主提出过许多质疑。主张"主权在民"的法国思想家卢梭，在《社会契约论》一书中有这样的分析：假设一个国家有1万公民，按主权在民的思想，每个公民可以享受到主权的万分之一；如果是10万公民的国家，每个公民只能享受到主权的十万分之一。依此类推，国家越大，人口越多，每个公民享受的主权就越少，民主效果就越差。卢梭本人没有找到解决国家越大、公民主权越少、民主效果越差的办法。无奈之下，他得出了悲观的结论，说是只有人口少、贫富差距不大的国家，才能建立理想的民主社会。

哈耶克可以算是西方自由主义理论的大师。他把民主严格界定为一种决策程序、一种政治手段，而不是终极价值。他说，只有人的自由，才是终极价值。

哈耶克在《通往奴役之路》一书中写道："我们无意创造一种民主拜物教。我们这一代人可能过多地谈论和考虑民主，而没有足够地重视所要服务的价值。"

哈耶克说得很有道理。西方社会确实有这样一些人，他们忘记了柏拉图的怨恨，也不重视民主所要服务的价值，只醉心于制造一种"民主拜物教"。

二、爱因斯坦的论断

爱因斯坦是伟大的自然科学家，因为发现相对论而推进了人类对宇宙的认识。但是很少人知道，爱因斯坦还是了不起的社会科学家，因为揭露了金钱对选举的控制而推进了人们对西方民主制的认识。

被"民主原教旨主义者"吹上天的西方民主实质是资产阶级民主。这种民主是由资本母体孕育出来的，它的生命完全是靠了资本的乳汁喂养的。换句话说，当今的西方民主，是资本主导的民主，是大金融财团控制的民主。

西方民主的这种本质，早就被爱因斯坦批判过了。他在《为什么要社会主义？》这篇文章中写道："私人资本趋向于集中到少数人的手里……这样发展的结果，造成私人资本的寡头政治，它的巨大权力甚至连民主组织起来的国家也无法有效地加以控制。"事实的确如此，因为立法机构的成员是由政党选出的，而这些政党要不是大部分经费是由私人资本家提供的，也是在其他方面受他们影响的，他们实际上就把立法机构和选民隔离开来了。结果是，人民的代表事实上不能保护人民中无特权的那一部分人的利益。此外，在目前的我们条件下，私人资本家还必然直接或间接地控制着情报和知识的主要来源（报纸、电视广播、教育）。因此，一个公民要达到客观的结论，并且理智地运用他的政治权利，那是极其困难的，在大多数场合下，实在也完全不可能。爱因斯坦关于西方民主是"私人资本的寡头政治"的论断一语中的，西方民主的任何一个环节，都可以证明爱因斯坦的正确论断。

比如，民主的前提是人的平等，而人的平等必须以人的独立性为基础。资产阶级革命打破封建等级制，追求人的独立和自由，这是很好的。问题是资本主义社会的大多数人真的有独立性吗？马克思曾一针见血地指出，在资本主义社会，人的独立性是"以对物的依赖性为基础的"。马克思说的"物"，就是生产资料和金钱。如果社会上的大多数人没有生产资料，没有足够的可以自由支配的金钱，他们的独立性就是虚幻的，因为他们必然要依赖拥有"物"的少数私人资本家。不管你承认还是不承认，金钱决定一切的冷酷现实已经使民主的前提荡然无存。

再比如，民主的本意是"人民做主"。但西方民主从投票选举、组成政府到制定和执行法律政策，真正做主的，不是人民大众，而是少数金融寡头。

在西方社会，所有参选总统、州长和议员的人，按规定要缴"保证金"。如果在竞选中得不到一定的支持率，保证金要被没收掉。芸芸众生肯定是拿不出数额颇大的保证金的，因此他们连登记参选的资格都没有。拿得出参选保证金，而且不怕参选失败丧失保证金的人，只能是富人。当然，如果是某个政党成员，其参选得到党的支持，政党会给参选补助费。问题是一个国家有很多选区，政党给每个参选党员的补助费加起来都是一个庞大的数字。除了财力雄厚的全国性大政党，一般小党是不敢参与全国逐鹿的竞选的。可见，仅仅是参选保证金这个关口，就把千百万平民百姓阻挡在组党参选的大门之外。

西方民主的选举过程都很长。在美国，为了确定候选人，民主、共和两党都要经历漫长的初选过程。这种漫长的初选过程花费非常大，足以拖垮财力有限的政党，从而保证选举过程完全垄断在大金融寡头的手中。即使在美国，真正能操控选举政治的大财团数量并不多。据统计，美国超级政治行动委员会巨额选举捐款的25%以上来自5位亿万富翁。美国的民主，就是这5大金融寡头的竞争妥协的过程。

美国的民主制，实际上是金钱民主制，是爱因斯坦说的私人资本家的寡头政治，这是美国的统治者们心知肚明的。曾经帮助威廉·麦金利赢得1896年总统大选的马克·汉纳就吐露了这种民主要义。他说："要赢得选举，需要两个东西。第一是金钱，第二我就不知道了。"

从1789年担任首届美国总统的乔治·华盛顿，到2004年上台的乔治·布什，这55任美国总统都是富豪。在美国，当总统是富豪们的"专利"。

有人把首任总统华盛顿说成是一个出身卑微的农民。其实，华盛顿的父亲是大庄园主，拥有40.5平方公里的土地和49个奴隶。华盛顿本人，也曾被《福布斯》杂志列为当时"美国400富豪"之一。

第十六任总统亚伯拉罕·林肯经常说自己年轻时多么穷困潦倒，实际上他父亲是肯塔基地区的一个大地主，拥有600英亩农场和大量城区土地。

历史学家们统计过，从1860年到2004年，美国民主、共和两党先后进行了39次总统竞选，几乎每一次都是竞选经费占优的一方获胜。例如，1860年大选，共和党筹得10万美元，民主党筹得5万美元，结果是经费多的共和党候选人林肯获胜。奥巴马和麦凯恩对决时，民主党筹得6.41亿美元，共和党只筹得3亿美元，自然是奥巴马胜出，成为美国历史上第一位黑人总统。

实际上，美国的选举，已经成为比赛奢华的政治游戏，竞选经费不断创造新的纪录。1890年总统竞选资金仅为1.62亿美元，到1988年翻了一番，达到3.24亿美元。2000年，猛增到5.29亿美元。2004年再创新高，达到8.81亿美元。2008年美国总统竞选，足足化掉24亿美元。

对于捐款选举的大财团来说，选举过程就是投资过程。风险肯定是存在的，但回报会很丰厚。某个政党的候选人一旦竞选成功，当上总统，就会立即回报他的金主恩人。最直接的手段是官职分配，按政治献金的多少，把大小官位分配给各大财团。在美国，1953年到1980年的9届政府中，担任过国务卿、财政部长和国防部长等重要职务的有23人，其中，有18人是大公司的董事长、总经理或是高级董事，其他5人是大牌律师。杜鲁门当总统时任命的120名高官中，49位是银行家和实业家，其他人也都与大财团关系密切。艾森豪威尔首届政府中，共有272名高级官员，主要来自86家大公司。

议员当选也要报恩，民主国家的议会运作机制就是为了方便议员报恩设计的。以美国为例，法案要进入议会议程，首先要经过议院的常设委员会。有利于大财团的法案会优先得审议和通过，不利于大财团而有利于人民大众的法案财会被无限期推延。这种常设委员会的组成人员不是选举产生，而是根据各政党的实力，也就是根据各大财团的实力进行分配。有了这样的运作机制，就可以使大财团的利益，得到国家法律和政策的保障。

各国议会对法案、审议和通过的时间往往设有期限,目的也是为了预防不利于大财团的法案获得通过。大财团之间存在着利益冲突,这种利益冲突就自然反映在议员们的争斗之中。有时候,不利于某个大财团的法案还是会冲破了常设委员会的关口,被提到议院大会上进行审议。在这种情况下,这个大财团豢养的议员们就会用辩论和投票的诡计打掉这个法案。

按照议会规则,法案审议有时限,但辩论演说没有限制。1908年,参议员拉福特为了反对一个法案,连续演讲了18小时,他的一个同党议员也连续演讲了12个小时,使该法案因超过表决时限而被废。

1933年,为了反对"将私刑拷打黑人的案件归联邦法院审判"的法案,代表南方奴隶主集团的参议员爱兰德尔连续演讲了5天。据说,这位参议员在演讲中来回走了75公里,做了1万个手势,吃了300个面包,喝了48升汽水。

日本议员除了马拉松演讲外,还创造了一种"牛步投票法"来反对他们不喜欢的法案。他们利用议会没有限制投票时间,就把前往投票的速度放得奇慢,甚至一个小时才往前走一步,超过了法案审议截止时间,他们还没有投票。

如果报答大金融财团的法案难以通过,实行西方民主的政府就会动用残暴的手段来推行他们的极端虚伪的民主。1960年5月,日本与美国修订《日美安保条约》,遭到日本人民的抗议和反对党强烈抵制。执政的自民党就指使其议员挑起同反对党议员的冲突,日本政府即出动500名警察,强行把反对党议员赶出议会大厅,由清一色的自民党议员审议。仅用15分钟,《日美安保条约》就获得了通过。

三、西方民主的困境

西方民主制尽管存在着柏拉图怨恨过的毛病,具有爱因斯坦揭露过的资本寡头统治的本质,但毕竟是人类政治文明探索过程中的重大成果。而且这种民主制还帮助西方国家最早实现现代化,使之成为傲视全球的发达国家。

然而,在肯定西方民主的历史价值时,必须记住这样一个事实:西方民主的黄金时代是同这些国家在世界上的霸权地位相联系的。在此前的一两百年历史中，欧美国家拥有强大的经济实力和军事实力，还有独占的文化舆论国际话语权。它们几乎可以随心所欲地塑造世界的秩序。这种强势地位使这些霸权国家的统治阶级可以攫取世界财富，垄断地球资源。他们从超额利润中拿出一小部分，去笼络国内民众，去打造福利社会，去美化议会制民主，并将其推向世界，想永久主导人类发展的方向。

西方国家想永久主导人类发展的方向，这完全是一种梦幻。这种梦幻之外的现实世界变化得太大、大深、太快了。放眼全球，要求平等发展的新兴国家在亚洲、非洲和拉丁美洲广阔地面上竞相崛起，西方国家的霸权已是支离破碎。一旦他们不能像以往那样在海外捞取超额利润，就会遇到无穷无尽的麻烦。支撑西方民主的财富根基在许多地方已经崩塌。实体经济已经"空心化"，政府和国民都沉迷在虚拟经济中。休闲美食的福利一样不能少，流汗辛苦的活儿绝对不想干。为了骗取选票，政客们的空头许诺花样翻新，把选民的胃口吊得越来越高。胜选执政是要兑现承诺的。没有钱怎么办？美国、欧洲和日本，都在大印钞票，大借国债，都在用饮鸩止渴的办法维持美妙的西方民主制。

事到如今，西方民主的"普世价值"不但不能自圆其说，而且深深陷入危机之中。"普世价值说"宣称，只有一人一票竞选才算民主，才具有合法性。且不说许多选票是操纵在大财团的手中，就是选民一人一票选出来的总统，也不表明他得到多数选民的支持。以美国为例，1960年美国总统选举中，只有62.8%的选民参加投票。到1964年，参选率降为61.9%，1968年降为60.8%，1972年降为55.2%，1976年为53.6%，1980年为52.6%，1988年为50.2%，1996年为49.1%。总体来看，参与投票的选民只勉强过半，竞选胜出者只得到这一半选民中的一部分人支持。2004年小布什胜选，获得51%的选票。但是，这51%的选票中，还包括因"胜者通吃"的规定而获得的投给其对手的选票。实际上，真正支持小布什当总统的，只占全部选民的30%左右。这30%的选民，在全部国民中的比例是很小的。仅得到这么少的国民支持的政府，这也算民主吗？它的合法性又何在？

"普世价值说"宣称,只有多党竞选、轮流执政、三权制衡才是民主政治,才能进行良好的社会治理。

这是似是而非的理论。竞选胜利的党上台执政,竞选失败的党在台下监督。执政党有执政的压力,因为施政不当就可能被赶下台,丧失执政的好处;在野党有在野党的动力,因为只要强化自己,抓到执政党的过失,就可能有胜选的机会,获得执政的利益。还有,立法、行政和司法各自我独立,互相制衡,可防止出现独裁状况。这样的政治设计有其高明之外,在欧美国家实行也曾是有效的。

但是,如前所说,西方民主制的正常运转是同欧美国家的霸权地位相联系的,是靠他们从世界各地攫取来的超额利润维持的。一旦他们穷困潦倒,美妙的民主机制就只剩下政党恶斗了。

制衡和监督本来是民主的必要条件,但美国的权利制衡是**重重叠叠**的,多数人同意完全办不成事。一个法案要获得通过,必须参议院、众议院和总统都点头才行。但三家之间往往相互拆台,而且参议院和众议院内又两党互相拆台,根本不能集中力量办大事,甚至小事也办不成。只要民主党或共和党在行政、立法、司法三权中掌握一半以上的决定权,或者说只要控制了六分之一的政府权力,就可以让其他六分之五的政府权形成空转,完全办不成事。即使美国的车轮已经走到"财政悬崖"边上,两党议员和总统还在打口水战,已经染上了严重的"决策瘫痪症"。这种恶性化的政党竞争和三权制衡怎么可能实现良好的社会治理呢?

"普世价值说"宣称,只有实行西方民主,才能防止社会的腐败。

这种说法是骗人的鬼话。真正的民主,是制止腐败的伟大力量,这是肯定的。但西方民主制却有着内生的腐败元素。意大利曾出现三任总理和361个内阁成员全部是腐败分子的情况。在最"民主"的美国,前几年因党派之争,把美国国会山上游说集团涉及到政府腐败内幕的冰山一角暴露出来。如果追究下去,可能伤及美国的政体和国体,刚刚开始的相互揭露便戛然而止。

从本质上说,西方民主的政党竞选就是一种合法的腐败。政客和财团之间有一条割不断的金钱脐带,官员和财团完全是权钱交换关系。财团拿金钱给政客去收买选票，以竞选总统、州长或议员。胜选者又用官位、优惠政策和项目承包等等回报财团金主。这种权钱交易的勾当或在光天化日之下进行，或在阴暗的密室中进行，但都是赤裸裸的。这种大规模的，长时间的权钱交易，不是人类社会最大的腐败吗？

历史发展到 21 世纪的初期，西方国家的一些有识之士又记起了柏拉图的怨恨，记起了爱因斯坦关于"私人资本寡头统治"的论断，对西方民主的恶质化痛心疾首，提出了一些克服西方国家社会危机的改革设想，这是一个具有世界意义的积极现象。

（原载《求是》2013 年第 8 期）

卷三　民族之论

先是阶级消亡，后是国家消亡，最后才是民族消亡。在社会主义初级阶段，忽视民族问题的长期性和复杂性是完全错误的，而且是非常危险的。

中国各民族都是祖国统一的缔造者和维护者

民族问题是关乎世界和平与发展之大事，也是关乎中国前途和命运之大事。

中国共产党坚持全心全意为人民服务的宗旨，对人类进步和社会文明作出的一个非凡贡献，就是在革命、建设和改革的实践中，形成了一整套正确的民族理论和民族政策，缔造了平等、团结、互助的民族关系，在一个伟大、统一的多民族大国中，把民族问题这件大事处理好了。

新世纪到来之际，国家民委精心策划，组织专家撰写了《中国共产党关于民族问题的基本观点和政策》一书，作为"干部读本"奉献给社会。该书集政策性、理论性、实践性、前瞻性、权威性、指导性于一身，把历史与现实、理论与实践、政治与学术有机地统一起来，是在新的历史条件下推进我国民族团结进步事业的很好的工作手册。

这是一件很有意义的工作，这是一本令人心潮澎湃的书。

屹立在世界东方的伟大的中华民族，生命力之盛，凝聚力之强，举世罕见。1000年连着1000年，她都唱着团结的歌、统一的歌、创造的歌。无论自然界的灾祸，还是人世间的困苦，都阻挡不住她团结进步的脚步。

她的辽阔国土，几乎和整个欧洲一样大。从地球之巅，到东海和南海宝岛，大江大河纵横其间，高地平原错综展布。田土肥沃，山川壮伟，物产丰富，真正是"人杰地灵，物华天宝"。

关于中华民族的起源，曾有多元论和一元论之争，有"本土论"和"西来说"之争。考古的确凿发现，使这些争论不辩自明。

在金沙江之滨，在云南省楚雄彝族自治州元谋县境内，发现了170万年前的猿人化石。长城内外，大江南北，多处出土了从猿人到智人不同进化阶段的古人类化石，可以建立完整的人类进化序列。毫无疑问，长江、黄河滋润的中华大地，是人类起源的中心之一，是中华各民族发育生长的共同家园。

当文明的曙光从东方地平线上升起的时候，中华民族的祖先就踏上了建立统一国家之路。《春秋左传·正义》说："禹合诸侯于涂山，执玉帛者万国。"这可能是最早的民族大会。那时候，仅在河洛地带，就存在着成千上万个部落或民族。它们中间不断进行着分化聚合，却是合大于分。到商朝时，已减少为3000余国；到西周时，又减少为1700余国；春秋后期，只有10余国；到战国，仅七雄争霸。

秦国之君嬴政，完成了开天辟地的大事：扫平六国，实行郡县制；下令车同轨、书同文，创造了一个多民族统一的大帝国。这比西方罗马帝国的建立几乎早了200年。从此，多民族国家的统一成了中国历史的大趋势。

中华民族漫长的历史中，统一是大趋势，但也有分裂的逆流。各族人民都看清了，无论在任何年代，分裂即是战争和灾难，分裂即是民族衰亡和国家破败。因此，反对分裂，拥护统一，成为中华民族内在的精神。一切搞分裂的人，都必定被永久地钉上历史的耻辱柱。每次分裂逆流之后，必然是中华民族更盛大的统一。

帝王将相的文治武功，固然轰轰烈烈，但国家统一的深厚根基，却是各民族人民的共同劳动。历史学家范文澜说过：依据历史记载，共同开发中国的各民族，一般说来，汉族最先开发了黄河流域的陕甘及中原地区，东夷族最先开发了沿海地区，苗族、蛮族最先开发了长江、珠江和闽江流域，藏族最先开发了青海、西藏，彝族和西南各族最先开发了西南地区，东胡族最先开发了东北地区，匈奴、鲜卑、柔然、突厥、回纥、蒙古各族先后开发了蒙古地区，回族和西北各族最先开发了西北地区，黎族最先开发了海南岛，高山族最先开发了台湾。

我国的民族结构，有两个显著特征。第一，汉族占有巨大的优势，其众多人口不但集中于国家的重心地带，而且辐射散居于国之全境；第二，汉族内部融合了许多少数民族成分，少数民族之中也融进了相当多的汉族成分。汉族和少数民族以及少数民族相互之间是割不断、分不开的。

这种有利于统一稳定的民族结构是在长期的历史中形成的。

中华民族母体内分化融合的长过程,使汉族成为中华民族联合的自然核心和国家统一的主要推动者。尧舜是东夷之人,大禹和文王来自西羌,他们都成了汉族的祖先。春秋时期的秦、楚、吴、越等国,曾被齐、晋等华夏之邦视为边疆民族,到战国末期,就成了当时汉族的主体部分。

一些古代非常活跃的少数民族,后来触合于汉族而发挥了重要的历史作用。比如,建立大唐盛世的唐太宗李世民,就是少数民族的后裔。唐太宗宣称他对汉族和少数民族"爱之如一",少数民族也尊唐太宗为"天可汗",吐蕃首领松赞干布执子婿之礼。

统一当然不是一个民族的事情,而是中华各民族共同的伟业。中华民族的每个成员,都为祖国统一作出了自己的贡献。历史是这样前进的:以汉族为主体的政权最先统一中原地区,以各少数民族为主体的政权分别统一东北、蒙古、西北、青藏和西南地区。这种局部的统一逐渐走向整个中华大地的统一。实现大统一的,可能是以汉族为主体的政权,也可能是以少数民族为主体的政权。很难设想,如果元朝不在13世纪把西藏、云南和台湾纳入行省,如果清朝不把明朝势力达不到的广大地区重新统一起来,固定下来,我国疆域会有现在这样大?

满族出身的康熙皇帝,就自然地自视为周武王、汉高祖的继承者。他写道:"卜世周垂史,开基汉启疆"。因为从秦汉到明清,从周武王、汉高祖到康熙帝,实际上是一脉相承的,历史上无数次的改朝换代,都只是漫长的统一大道上的一段段插曲。

多民族统一国家拥有巨大的优越性。美国人肯尼迪在《大国的兴衰》中写道:"在近代以前时期的所有文明中,没有一个国家的文明比中国更发达,更先进"。仅以重大创造发明来看,16世纪以前,全世界共有300项左右,中国就有175项,占一半以上。在中古时期,中国是世界上最发达的国家,创造了当时最先进的社会生产力,向全人类展示了连成一体的中华民族的巨大能力和高超智慧。可以这样说,由于社会制度的先进和成熟,由于中华民族的合作和统一,世界范围内社会发展的天平,长时间倾向东方。

人类历史的发展是不平衡的、波浪式的。当田园诗般的自然经济被近代工业经济所打破的时候，1840年一场血与火的鸦片战争，把中华民族抛入亡国灭种的巨大危险。帝国主义把苦难和屈辱同时加在汉族和少数民族的头上。向来为历史悠久和文化灿烂而自豪的中国各民族，不得不为共同的生存和解放进行艰苦卓绝的抗争。从此开始，中华民族历尽沧桑，谱写成一曲曲感人肺腑的悲歌，一曲曲英勇抗争的壮歌。在沿海和内地，以汉族人民为主进行了反鸦片战争、太平天国革命、义和团起义和辛亥革命。

在沿海和边疆地区，以少数民族为主进行了保家卫国的壮烈斗争。1871年，日军入侵台湾，在坚守石门要隘的战斗中，高山族领袖石禄父子及部众全部英勇献身；1874年，滇西各族人民揭竿而起，将入侵的英国军队驱逐出国境；1878年，西北各族军民坚决彻底地消灭了阿古柏入侵集团；1895年，西南各族军民在中越边境给法国侵略军以毁灭性打击；1904年，西藏军民到处阻击英国侵略军，英军头目承认西藏人民的勇敢是"超等的"。

深重的危难会生发出巨大的生机。1921年，中国共产党诞生了，中国各族人民有了革命的旗手，有了团结的核心，有了重新走向统一的领路人，民族民主革命的面貌焕然一新。

在中国共产党宏大的战斗队伍中。不但集合了成千上万的汉族革命者，而且集合了大批少数民族革命家。参加创建中国共产党的邓恩铭，著名的红军将领关向应、罗炳辉，回民支队司令员马本斋等，都是少数民族出身的共产主义战士。

湘鄂西、左右江流域、海南五指山、内蒙古大青山、东北长白山，这些少数民族地区，都是各个革命时期重要的根据地。

当我们党和红军处于生死难卜的危难关头，少数民族人民的支援具有莫大的意义：在彝族人民的掩护下，红军奇迹般地飞越大渡河，跳出了重围；在藏族人民的支援下，红军通过了茫茫草地。

解放战争时期，从南到北，从东到西，全国各族人民一齐奋起，彻底砸烂了帝国主义、封建主义和官僚资本主义的枷锁，建立了伟大的中华人民共和国。从此，团结起来的中华民族重新赢得了在世界上应有的尊严和地位。

看今日之环球，矛盾丛生，战乱纷起，其根由多与民族问题有关。反观我中华大地，社会安定，经济发展，文化繁荣，人民乐业。实践已经证明，中国共产党的民族理论和民族政策是顺民心、合民意的，是完全正确的。能够制定正确的民族理论和民族政策，创建各民族平等、团结、互助和共同繁荣的新社会的，只能是伟大的中国共产党。

在世纪交替的新时代，以江泽民为核心的党中央带领各族人民建立社会主义市场经济体制和实施西部大开发战略，使全国各族人民同呼吸、共命运、心连心的精神纽带无比坚固，祖国统一和民族团结的物质基础空前深厚。

在马列主义、毛泽东思想、邓小平理论和"三个代表"重要思想指引下，中华民族迈向美好明天的坚定脚步是任何力量也阻挡不住的。

（原载 2002 年 7 月 27 日《人民日报》）

西藏今昔

中国的西藏，具有一种特殊的魅力，长久地引起世人浓厚的兴趣。这并不奇怪，因为这里是地球表面的最高处，有"世界屋脊"之美称，本身就有神秘性；西藏的传统文化是很吸引人的，因为这是唯一的"世界屋脊文化"；最近几十年，西藏发生了巨大而深刻的变化，地球之巅上的人民前进的脚步声传遍世界。百万农奴翻身做主人这件事，达赖喇嘛及其追随者总是痛心疾首，而和昔日农奴主"心有灵犀一点通"的某些外国政客也总是对农奴制度的灭亡看不顺眼，不时地就所谓"西藏问题"发出鼓噪，使许多不明真相者受到迷惑。俗话说，偏见比无知更可悲。既然这些先生们一心要把喜玛拉山雪峰抹黑，那就随他们去好了。但是，我们敬重一切渴望了解事实真相的朋友们，《西藏今昔》一书就是奉献给他们的。

西藏远古的历史，淹没在神话传说的迷雾之中。但是，不断被考古工作者发掘出来的石器、骨器以及铜器和铁器，传来了古人活动的大量信息，透露了远古西藏的历史轨迹。无论是早期的旧石器，还是稍晚一些的细石器或者是奇特的石丘墓，神秘的岩画，都属于中国北部草原文化类型。[①] 据文献记载，古西藏人和羌人、鲜卑人曾有密切联系。[②] 中国北部草原文化在西藏的普遍存在有力地证明了这种历史联系的实在性。更值得注意的是，藏族、羌族和彝族的族源传说也很相近，他们都把人类的起源追溯到猿猴那里。藏族传说，一位充满浪漫精神的仙女，和一个幸运的猴子结为夫妻，生下六个儿子，繁衍成藏族的六大部落。彝族传说，洪水大灾

---

① 参见《文物》1985年第9期、1987年第2期。
② 参见《新唐书·吐蕃传》："吐蕃本西羌"；《旧唐书·吐蕃传》："吐蕃……或云南凉秃发利鹿弧之后也"。

卷三　民族之论

后，仲牟由和仙女结婚，生下六个儿子，他们便是彝族的"六祖"。

大量的考古材料和汉藏文献显示，西藏的远古文化，既有鲜明的地方特色，又和祖国内地文化存在着内在的同一。伟大的中国文明，以黄河、长江为中心形成一个整体。这两条大江都发源于青藏高原。长江、黄河源头的文明，即世界屋脊文明，是中国文明的重要组成部分；创造了世界屋脊文明的藏族及其他民族，是中华民族大家庭的古老成员。

西藏历史，在跨进7世纪之后，变得相当清晰了。我们在研究过程中，对以下几点印象特别深刻，愿意提出和读者讨论。

第一，公元7世纪之后，西藏历史是在中国政治统一的大轨道中发展的。

中国的政治统一，经历了漫长的历史过程，其中也有暂时的分裂，有不同政权的对峙和战争。例如，春秋战国，五代十国混战，唐蕃对立，宋辽相峙等等，所有这些，都是多民族国家统一乐章的插曲，是走向更广大更牢固统一的历史步履。从公元7世纪起，西藏和祖国内地的政治脉搏就一起跳动了。当时，唐朝日益走向强盛，松赞干布第一次统一了西藏地方，自请为唐太宗的女婿，使汉藏"和同为一家"。吐蕃政权还和彝族阁罗凤建立的南诏结为"兄弟之国"。这是中国政治史上西南地区的民族政权和中央政权走向统一的重要步骤。

9世纪末期，唐朝因农民起义而衰亡。几乎与此同时，吐蕃和南诏也因奴隶起义而崩溃。西藏和内地一样，形成割据局面，各部落互相征伐，战事不绝，人民在这种灾难中苦熬日月400年。直到15世纪，元朝统一全国，第一次把西藏纳入中央政府的直接管辖之下，西藏人民才过上了安定的生活。忽必烈又封后藏地方的八思巴为"大宝法王"，授其"统国之权"，这是西藏改教合一制度的发端。随着元朝被农民起义推翻，由元朝皇帝授予的西藏萨迦法王的统治也随之垮台。后来的第司政权则与明朝相始终。代之而起的以达赖喇嘛为首的噶丹颇章政权，是按清朝中央政府规定的治藏章程行事的。

第二，西藏历史生动地证明了中国的统一大业是各民族共同缔造的。

观察西藏和祖国内地关系的发展演变，仅从汉藏两个民族的交往上看是不够的。整个西藏历史，可以说是中国形成多民族统一国家的缩影。松赞干布与文成公主联姻，是汉藏交好的佳话，吐蕃与南诏结为"兄弟之国"，是藏彝相通的明证。正是在蒙古族建立的元朝统一中国的时候，西藏正式归入中国版图。蒙古族大将多达那波进军西藏，班智达和阔端的会见，八思巴为忽必烈创制蒙古文，索南嘉措使蒙古族信奉黄教，俺荅汗赠给索南嘉措"达赖喇嘛"的尊号，是西藏统一于祖国的重大事件，也是蒙藏关系的历史篇章。满藏关系也有同样的性质。当明朝趋向败亡之时，五世达赖和四世班禅即派人前往东北，和正在兴起的满族政权通好。这一主动行为给正在统一全国的清王朝很大的鼓舞和支持，当即作出保护西藏黄教教派的决定。① 这一决定使黄教摆脱了被迫害的地位。清军一入关，五世达赖即于1652年率3000侍众到北京朝见顺治皇帝。顺治皇帝用满汉蒙藏四种文字的金册金印给予册封，"达赖喇嘛"的尊号和达赖在西藏政治上的地位才正式确定下来。此后，清朝制定与管理西藏的规章制度，对西藏实行直接统治。由此可见，西藏成为中国的一部分，是藏族和汉、蒙古、满等各族长期历史联系的自然结果。

第三，历代达赖喇嘛有维护祖国统一，服从中央领导的历史传统。

当出生于青海湟水上游的宗喀巴创立黄教时，格鲁派的势力远不及花教和白教，并且长期处于被压制的地位。一个偶然的机会，使黄教登上了藏传佛教的中心舞台。1555年，刚刚被明朝封为"顺义王"的蒙古族首领俺荅汗率众进入青海，对已在当地藏族中广为流传的黄教产生了兴趣，即派人邀请该派传人索南嘉措到青海会晤。1578年5月，索南嘉措由西藏到达青海，与俺荅汗在仰华寺相见。俺荅汗赠给索南嘉措"圣识一切瓦齐尔达喇达赖喇嘛"的尊号。后人追认根敦米巴和根敦嘉措为第一、第二世达赖，第一个得到达赖称号的索南嘉措便为三世达赖。四世达赖名云丹嘉措，是一个蒙古族喇嘛。此时，黄教仍受压迫。四世达赖去世后，统治西藏的蒙古族首领藏巴汗甚至不准寻觅五世达赖灵童。1641年，蒙古族固始汗进军西藏，推翻迫害黄教的噶玛政权，支持以达赖和班禅为首的格鲁派。1653年，清朝中央政府正式册封五世达赖，以格鲁派为中心的政教合

---

① 乾隆皇帝著《喇嘛说》写道："盖中外黄教总司以此二人（指达赖、班禅），各种蒙古一心归之，兴黄教即倒的安众蒙古，所第非小，故不可不保护之……"

一政权才在西藏确立起来。历史上每一世达赖就职，都须得到中央政府的册封任命。其中，六世达赖仓央嘉措"耽于酒色，不守清规"，根据康熙皇帝命令，被解送北京，在途中死去。康熙封青海塔尔寺青年喇嘛噶桑嘉措为七世达赖，派人送到拉萨布达拉宫坐床。自九世达赖隆朵嘉措到十二世达赖成烈嘉措，往往短命而亡。有的只活了十一二岁，最大的也只有二十一二岁。每遇达赖暴死，中央政府都要指示驻藏大臣追查死因，但往往不了了之。①十三世达赖土登嘉措，于20岁执掌政权到去世，历时几十年，正值中国近代史上内忧外患之秋。十三世达赖曾两度离藏出亡，一次到蒙古，一次到印度，前后七年，先后与企图瓜分中国的俄、英帝国主义相勾搭，做过损害祖国的事情。但晚年有所悔悟。1929年，土登嘉措对国民党政府派去的刘曼卿说："吾所最希求者，即中国之真正和平统一"。"英国人对吾确有诱惑之意，但吾知主权不可失，性质习惯两不容，故彼来均虚与周旋，未尝予以分厘权利。中国只须内部巩固，康藏问题不能实于樽俎"。②这番话表明晚年的十三世达赖喇嘛承认，西藏是中国领土，他是拥护祖国统一的。继承土登嘉措衣钵的是丹增嘉措，出生于青海湟中县的祁家川，现年52岁，这就是十四世达赖。1959年，丹增嘉措及其追随者发动武装叛乱，失败后逃往印度。长期以来，在国际反华势力的策动下，丹增嘉措及其追随者坚持反动农奴主的立场，鼓吹"西藏独立"，从事分裂祖国的活动，并派人到国内制造骚乱，进行暗杀。1987年9、10月间的拉萨骚乱就是他鼓动的。作为现世达赖的丹增嘉措，其言行既违反了其列祖列宗维护祖国统一的传统，又与修德为善的佛经相悖。十三世达赖处在列强瓜分中国的时代，最后尚能回到祖国统一的立场上来，十四世达赖眼见中国日益繁荣昌盛，包括藏族在内的各族人民安居乐业，还要在错误的道路上走多远呢。

第四，藏族人民具有反帝爱国光荣传统。

无论过去还是现在，一切企图把西藏从祖国分裂出去的阴谋，都像肥皂泡一样破灭了，一个重要的原因是它违背广大藏族人民的利益，遭到广

---

① 参见牙含章：《达赖喇嘛传》。
② 刘曼卿：《康藏轺征》，上海商务印书馆1933年版。

大藏族人民的反对。藏族人民有着维护祖国统一的高度责任感和光荣的历史传统。唐太宗死，高宗即位，松赞干布以子婿的身份向朝廷表示："天子初即位，下有不忠者，愿勤兵赴国共讨之，并献金琲十五种以荐陵"。后来，吐蕃王朗达玛死，有人要立赞普，大将论孔热说："无大唐册封，何名赞普"。1791年，廓尔喀军大举入侵西藏，抢掠了扎什伦布寺，包围了日喀则宗，所到之处，杀人放火。西藏人民坚持保家卫国，并向中央政府报告，清朝中央政府接到报告，即调遣两万大军入藏，和在西藏各阶层人民一起，将侵略军全部逐出境外。进藏部队中有来自云南、四川、湖北、湖南、浙江、蒙古和东北地区的将士，是满汉藏蒙彝等各族人民共同捍卫祖国领土完整的一次气壮山河的战斗。1886年和1904年，西藏人民对英帝国主义的侵略进行了英勇顽强的抵抗。但当时正是清朝末期，政治非常腐败，政府非但不能组织有力的抵抗，而且在侵略者面前节节退让，致使哲孟雄被侵占，拉萨也遭到侵略者的蹂躏，西藏人民亲身感受到国家贫弱之苦。然而，越是国家危难时刻，西藏人民越是心向祖国。抗日战争时期，代行达赖职务的执振活佛，领导三大寺喇嘛念经，祈祷抗战胜利。一个英国人长期在拉萨进行分裂活动，对西藏人心的向背有直接感受，他在《西藏的过去与现在》一书中承认："西藏的天然亲属，自应为中国联邦中各种族，其宗教、伦理及社会礼仪风俗，皆有共同基础，历史上亦系自始联结"。西藏人民坚定的反帝爱国立场，迫使老牌的帝国主义分子认识到，西藏与祖国的"天然亲属关系"是任何力量也割不断的。西藏人民反帝爱国的决心像喜马拉雅山一样不可动摇。

第五，所谓"西藏问题"是帝国主义侵略中国的产物。

从公元7世纪，西藏与祖国内地"和同为一家"。中经13世纪，元朝在西藏驻军统治，到清朝的金册金印册封达赖喇嘛和班禅喇嘛，西藏一直是中国的一部分，从来没有什么"西藏问题"。但是，1840年之后，中国沦为半殖民地半封建社会，国弱民贫，帝国主义好像饥饿的虎狼一样扑向中国，都想撕咬上一块。它们处心积虑要把西藏从中国分裂出去。一则当时的中央政府像一个衰弱的病人，无力保卫边疆；二则西藏上层统治集团中有一部分人见利忘义，可资利用。很显然，所谓"西藏独立"，是1840年到1950年间，由帝国主义者制造出来的，完全是帝国主义侵略中国的产物。

卷三 民族之论

现在，中国和世界早已不是旧时模样。可是，历史的回声尚未消失。最近40年内，西藏发生了急剧的变化。1951年，西藏和平解放，五星红旗插上喜马拉雅山，帝国主义侵略势力从世界屋脊上被赶了下去。1959年，西藏反动农奴主发动的武装叛乱被彻底粉碎，长期束缚西藏发展的农奴制度被废除，百万农奴真正得到翻身解放。1965年，西藏自治区建立。1978年以后，党和国家实行了一系列旨在加快西藏经济文化发展的特殊政策和灵活措施。西藏作为日益强盛的伟大中国的一个民族自治区，走上了团结、文明、繁荣的道路。广大藏族人民享受着民主权利和自治权利，宗教信仰自由，物质文化生活水平不断改善。十四世达赖丹增嘉措及共追随者对此感到恐惧和绝望，又挥舞"西藏独立"的破旗，作拼命的挣扎。自然，世界上没有任何一国的政府给予响应和支持，因为谁都知道，要想把西藏从中国分裂出去，纯粹是白日做梦。但是，我们这个星球上总是少不了无事生非的人，例如，美国议会中爱讲空话，善搞阴谋的几个议员，他们吃饱了饭没有事情干，不仅鼓动达赖反对自己的祖国，而且赤裸裸地跳出来往中国身上泼脏水。他们不敢公开打藏独旗号，而是在所谓"人权"上大做文章。其实，西藏的人权过去怎么样，现在怎么样，这些议员先生都没有亲眼看见，只是根据几个反动农奴主的胡言乱语来大发议论，实在不知自重。这些先生们想必听说过"热振事件"吧，热振活佛曾在确定十四世达赖中起过决定性作用，一度掌管过西藏政教事务，但被亲帝分子陷害，于1947年5月7日勒毙狱中，并陈尸三日。与热振关系密切的达赖的父亲祁却才仁也同时被毒死。至于西藏的人民群众，农奴主可以任意剜眼、割鼻、剥皮、抽筋，这就是西藏解放以前的"人权"！幸运的是这种野蛮黑暗的制度已经永远被埋葬了，今天的西藏人民享有当家做主的权利和尊严。在这样的时候，美国一些议员大喊大叫，要在西藏"维护人权"，他们究竟要什么样的人权，谁的人权？看起来，这些议员先生和西藏的反动农奴主，在人权问题上有着同样的爱好。他们就是想把喜马拉雅山雪峰抹黑的人，对于他们，正在创造社会主义新生活的西藏人民，有一句中国古诗相送："尔曹身与名俱灭，不废江河万古流"。

（本文为《西藏今昔》序言）

彝学和彝学学派

《中国彝族大百科全书》与《中国彝族通史》都已编撰完成，即将出版问世，这是彝族历史中千古未有之大事，也是彝学研究的一个里程碑，所有参与其事的工作者同有荣焉，近千万彝族人民都会感到高兴。

本文是《中国彝族大百科全书》的序言，我想在此序中专门谈一下彝学繁荣和彝学学派壮大的问题。

按照《辞海》的解释，所谓"学派"，有两个涵义。一个是指一门学问因师承不同而形成的派别，另一个是指以某一国家、某一民族、某一文明为研究对象而形成的学术群体。

顾名思义，凡是有关彝族的学问都是彝学，所有彝学的研究者自然形成彝学学派。

《中国彝族通史》和《中国彝族大百科全书》以及其他众多彝学研究成果的面世之所以令人兴奋，是因为它是一个重要的标志，表明彝学正在走向新的繁荣，彝学学派正在发展壮大。

人们一定已经注意到这样一个重要的现象，从司马迁《史记》开始的中国"二十四史"，都曾大篇幅地记叙着不同历史时代彝族社会的情况。许多古书，如晋常璩所著《华阳国志》和唐樊绰《蛮书》都可以视之为古代汉族学者的彝学专著。尤其值得注意的是，现代中国大多数著名的民族学家，都对彝学研究倾注了很多心血，写下了许多学术名著。例如，林耀华先生早在1941年，就徒步进入四川凉山，对当地彝族的社会结构与文化现象作了缜密的考察，写成了《凉山彝家》一书。方国瑜先生毕生都在研究彝学，晚年写出《彝族史长编》。马长寿先生写出了《彝族古代史》。冯汉骥先生写出了《云南晋宁石寨山出土文物的族属问题试探》，认为滇国主体民族的体质特征和服饰与彝族相同或相近。吴恒先生主持编撰了《彝族简史》。刘尧汉先生等出版了《彝族天文学史》。胡庆钧先生写出了《明清彝族社会史论丛》。李绍明先生编写了《凉山彝族奴隶社会》……

为什么从古以来的中国正史著作都要论述彝族的社会历史，为什么当代民族学家都非常重视研究彝族的社会历史和文化，因为在中华民族大家庭中，彝族是一个创造了特色显著、内蕴深厚的物质文明和精神文明的民族。这些物质文明和精神文明，不仅在古代辉耀四方，就是现代仍有强大的生命力，而且其中蕴含的文化奥秘是非常引人入胜的。

同彝族和彝区有关的重大文化奥秘很多，现略举几例如下：

奥秘之一：彝族聚居区是生命发源地、人类发源地、文明发源地三者叠合的地区。

自古以来，彝族先民就开发了祖国的大西南地区。这个地区高山纵列，大江并行，一山分四季，十里不同天，其中蕴藏着地球上许多神奇之事：这里曾经发生寒武纪生命大爆发，因而成为生命发源之圣地；这里出土了人类演化中各个重要环节的化石，因而成为人类发源之圣地；这里的古人类在170万年前就懂得用火，就开始举着火把创造新生活，因而成为人类文明发源之圣地。生命发源地、人类发源地、文明发源地如此天然叠合在一起，举世罕见，神奇异常，值得自然科学家和社会科学家们去探秘、去研究、去打开神奇之门。

奥秘之二：彝族和青铜时代。

在人类文明发展史上，从原始的石器时代到文明的铁器时代，中间有一个光辉灿烂的青铜时代。彝族聚居的祖国大西南，是中国铜矿的主要产区，是"铜都"所在地。文献资料和考古材料都可以证明，彝族先民曾在青铜器时代站在人类文明的制高点。

彝族先民是把开天辟地同掌握高超的青铜冶炼技术联系在一起的。

彝文经典《勒俄特依·开天辟地》这样写道："远古之时，上面没有天，下面没有地。在宇宙的上方住着恩体古自家。为了开天辟地，恩体古自请众仙子来商量。九天商量到深夜，九夜商量到天明，宰了九条商量牛，喝了九罐商量酒。尔施阿俄出计谋，颇宜阿约出计谋，儒惹古达出计

— 181 —

谋，署惹尔达出计谋，阿俄署布出计谋，献给司惹低尼仙。司惹低尼仙呵，打碎几个铜铁块，交给阿尔师傅。阿尔师傅呵，膝盖做砧凳，口腔做风箱，手指做火钳，拳头当铁锤，制成四把铜铁叉，交给四仙子。一把给儒惹古达，去开辟南方；一把给司惹低尼，去开辟北方；一把给阿俄署布，去开辟东方。把天撬上去，把地掀下来，四方开了四裂缝。恩体古自巡视地面以后说，天地还没有开好，四个铜铁球还在大地上。他让司惹低尼，派遣阿尔老师傅，将那四个铜铁球制成九把铜扫帚，交给九个仙姑娘，拿去扫天地，把天扫上去，天成蓝茵茵；把地扫下来，地成红艳艳。四根撑天柱，撑在地四方。四根拉天梁，扣在天地的四方；四个压地石，压在地四方。恩体古自家，派遣阿尔老师傅，制造九把铜铁斧，交给九个仙青年，随同司惹约祖去造地。遇高山就劈，是深谷就打。一处打成山，做牧羊的地方。一处打成坝，做放牛的地方。一处打成平原，做栽秧的地方。一处打成坡，做种荞的地方。一处打成山凹，做住家的地方。"①

彝文经典中，类似的记载很多。人们从中至少可以悟到两点，一是彝族先民掌握青铜冶炼技术非常久远，二是彝族先民的青铜冶炼技术是原创的。

考古材料也验证了这两点。例如，世界上最早的铜鼓出土于楚雄万家坝。晋宁石寨山、楚雄万家坝、剑川海门口、祥云大波那、玉溪李家山、贵州可乐、四川三星堆一带出土的青铜器都非常精美。其中的"白铜"，尤为珍贵。铜、镍可以无限固熔，把镍熔入红铜，含量超过16%以上时，合金色泽就会洁白如银。熔炼铜镍的温度须高达1300—1400℃，技术难度极高。白铜硬度强，耐腐蚀，色泽光亮，延展性好。《华阳国志·南中志》说：堂螂县"出银、铅、白铜"。古时的堂螂地区在今天的会泽、巧家、东川一带，都是彝族聚居区。这一带的彝族是白铜的原创者，他们的铜冶炼技术长期居于世界领先地位。他们留下的每一件青铜珍品，都熔铸着古人的智慧，辉耀着中华文化的光芒。

奥秘之三：彝族和太阳鸟、太阳历。

---

① 《凉山彝族奴隶社》编写组：《勒俄特依·开天辟地》，载《凉山彝文资料选译》，1978年编印。

彝族是一个崇拜太阳的民族，彝文经典记载着许多彝族先民关于太阳的神话传说。

彝族崇拜太阳的精神最后都集中凝聚到他们创造的"太阳历"中。

彝族太阳历将一年分为 10 个月，每月恒定为 36 天。另有 5 日单计为"过年日"。每隔 3 年，多安排 1 天为闰日，增加到"过年日"中。因此，彝族太阳历每年平均 365 天，闰年 366 天。照此安排，每年平均为 365.25 日，与地球绕太阳公转一周的回归年长度 365.2422 日接近，相当科学和准确。

彝族太阳历按"阴阳五行"排出月份，以公母（阴阳）配土、铜、水、木、火等五种元素来表示月的顺序，即一、二月为土公月和土母月，三、四月为铜公月、铜母月……九、十月为火公月和火母月。

这种历法一年之月无大小，单月为公，双月为母，妇孺皆知，好记好用。

与太阳崇拜的太阳历相配，在金沙遗址、三星堆遗址、安宁河遗址和云南多处遗址中，出土了许多太阳鸟、太阳圆盘、太阳圆轮等金器或青铜器，其中蕴含的文化信息也是很神奇的。

奥秘之四：彝族与太极图。

《易经》被尊为中华文化"群经之首"。千百年来，《易经》的思想观念渗透在中国人的全部政治生活、经济生活和文化生活之中。有趣的是，虽然《易经》能给人很多智慧的启发，但也会让人遇到许多解不开的难题。例如，阴阳太极观念从何产生，为什么会有先天八卦和后天八卦等等。这些问题，圣贤们讨论了几千年，至今还是仁者见仁，智者见智，难有定论。

这些问题的破解，也许可以借助于彝族先民的智慧，从彝族十月太阳历中找到源头活水。

八卦有彝族八卦和汉族八卦，有先天八卦和后天八卦，它们既相似，又有区别。

中原地区流行的八卦是周文王创制的后天八卦，先天八卦是宋代以后才由西南地区传到中原的。

彝族地区流行的八卦是先天八卦。先天八卦传说为伏羲所创，而伏羲是彝汉之共祖，因此，汉族八卦和彝族八卦实为同源而异流。

作为表现《易经》八卦思想核心的阴阳合抱太极图，中原地区也是宋代以后才出现，据说是西南地区道士带出去的。但在彝族地区，这个阴阳太极图流传甚古，它的起源就是彝族十月太阳历。彝族八卦概念中的卦序结构，即各卦的阴阳属性，原是根据方位来排列的。东半部属阳，西半部属阴。这是用来描述太阳的周日运动，即白昼和黑夜相互交接，日出到日落为阳，日落到日出为阴。在十月太阳历中，彝族把一年平等地分为两半，并用火把节和星回节作标志。星回节至火把节为阳，火把节至星回节为阴。无论是一天还是一年，都是这样阴阳相分相连，周转不息。万事万物也是在阴阳合抱、周转不息中存在和发展。人们从中可以发现，在彝族十月太阳历中，有着太极图的源头活水。

奥秘之五：彝族和纺织技术。

吃和穿是人类最基本的生存需要。任何一个民族都会创造解决吃穿问题的办法和途径。元谋大墩子新石器时代遗址中，有三个陶罐有粳稻碳化物，所以人们知道彝族是最早种植水稻的民族之一。但很少有人知道，彝族还是最早发展纺织技术的民族之一。

《纸书古彝文献研究·中部彝国》有这样的记载，在笃勒策汝时代，彝族先民就已兴修水利，发展农业种植。"东南西北八大分野中，四方有水源耕地，四方长桑树兴养蚕，四方绾锦丝收纱，四宰度牵线相臣织绸，锦帛绫罗绸缎，好比木叶落下地"。笃勒策汝是同大禹一个时代的人，足见彝族发展纺织业时代很久远。据汉文史料记载，西汉博望侯张骞出使大夏见到"蜀布"，东汉时贩往南亚的"赵州丝""永昌绸"，都是彝族地区大众化的纺织品，足见彝族对纺织业作出的重大贡献。

有关彝族和彝族地区的文化奥秘实在很多很多，仅看以上列举的几项就足以吸引各方面智慧的脑袋去探求，去研究。而其中每一项的研究成果都可以成为一门大学问。这就是彝学的魅力，这就是彝学会走向繁荣的大根据。

在中华民族走向全面繁荣的时代，彝学同藏学、蒙古学和其他民族学一样，研究的条件越来越好，参与研究的队伍越来越大，学术成果越来越多。比如，彝文古籍的整理出版这些年有爆发式的增长，继贵州出版《西南彝志》《宇宙人文论》、四川出版《勒俄特依》之后，云南楚雄和红河都有百卷本的彝文经典出版；《彝文大字典》《彝文大辞典》《彝文字集》的出版和彝文计算机化的进展，为更多的学者提供了深入研究彝文古籍的条件。滇、川、黔各地考古的重大发现为彝汉文历史资料提供了有力的佐证。彝族是世界上唯一保存着从远古到现代父子连名制谱牒的民族，为配合《中国彝族通史》的编撰，近年完成了彝族谱牒的收集整理工作，其中提供了彝族历史几千年传承的重要依据。

  彝族是一个很有智慧，很有创造才能的民族。这种智慧，这种创造才能，也表现在对民族文化的珍爱上面。近千万彝族人民文化素养越来越高，他们对优秀民族文化的珍爱是彝学繁荣的深厚基础和强大动力。我们看到，在广大彝区，从城市到农村，从学校、机关到企业，民间文化人士非常活跃，群众性的文化活动非常广泛。我们还看到，彝族老一辈学者树起了彝学的旗帜，年轻学者们表现出很高的研究民族文化的热情和能力。各个岗位上的彝族领导干部也积极参与民族文化的研究，其中有些人已成为研究彝族文化的专家。众多的自治州、自治县不但重视经济发展，也重视社会进步和文化繁荣，支持民族文化发展的力度越来越大。各地彝学会团结了众多的专家学者，组织了许多高水平的学术活动。

  我们还很高兴地看到，热心于彝学研究的，除了彝族学者，还有众多的汉族学者和其他民族的学者，甚至还有国外的学者。主编《中国彝族大百科全书》的何耀华先生，就是一位汉族学者。几十年来，他研究彝族文化的热情，不亚于彝族同志。他担任云南社科院院长期间，就非常重视民族文化的研究。他自己身体力行，经常到彝区调研，写出了《武定凤氏本末笺证》等学术专著。今时又不顾年高体弱，完成了《中国彝族大百科全书》的编撰工作，其精神非常令人钦佩。

  总而言之，彝学研究的发展态势是令人振奋的。我们可以预期，在中华文化大发展、大繁荣的伟大时代，彝学一定会走向新的繁荣，彝学学派一定会不断发展壮大。

（本文为《中国彝族大百科全书》序言）

卷四　调查研究

　　共产党人的天职只有一个,那就是通过正确地认识世界和改造世界,更好地为人民服务。然而,如果没有调查研究的基本功,那就不能正确地认识世界和改造世界,为人民服务也就只能是一句空话。

茶·茶文化·茶产业

——关于振兴云南茶叶产业的调查报告

古人云,"柴米油盐酱醋茶""琴棋书画诗曲茶"。自古以来,人们的物质生活和精神生活都缺不了"茶"。今天,我们就更缺不了"茶"。在云南这样的边疆民族地区,茶是推动西部大开发、建设民族文化大省和绿色经济强省的天然契合点。

一、茶业是永恒的产业

茶叶的发现与开发,茶文化的创造,是中华民族对人类文明的重大贡献。"神农尝百草,日遇七十二毒,得茶而解之"。如果说神农氏是农业的发明者,那么他同时也是茶业的发明者。茶和中华民族的生存是息息相关的,茶业在神州大地上的发展已经有5000多年历史了。

唐代陆羽写《茶经》,开宗之句是"茶者,南方之嘉木也",指出了茶树的起源地在南方。这个"南方"据专家研究很可能就是云南。世界茶组植物已发现的有40种,分布在云南的最多。在澜沧江、怒江和元江流域的深山老林中,人们可以看到许多野生型和栽培型的古茶林。勐海县大黑山原始森林中,有一株大茶树,高达32米,树龄有1700余年。云南茶树近缘之多,大茶树年龄之长,可称世界之冠,说明云南的确是茶树起源的中心。

云南也是我国茶业发展最早的地区之一。《华阳国志》记载,周武王伐纣,有云南一些民族的军队参战,云南茶作为贡品献给了周武王。《蛮书》中说:"茶出银生城界诸山"。"银生"即现在的景东,是南诏国"银生"节度府所在地,说明早在唐朝的时候,澜沧江流域广大山区已是茶叶的重要产地。到了明清，云南已有名茶问世。徐霞客在日记中说，他到凤庆时，住在一位梅姓老人家里，庭院外乔松修竹、间以茶树，主人以太华名茶招待，"茶味甚佳"。普洱茶在清代是贡茶，正如赵学敏《本草纲目拾遗》中所说：普洱茶"每岁入贡，民间不易得也"。

茶业是最古老的产业之一，它发展了5000多年后还有生命力吗？茶业是云南广大地区"衣食万户"的产业，中国加入世贸组织之后，它还有生存和竞争能力吗？这是我们当前必须回答的大问题。

实际上，茶业是一个永恒的产业。正是在全世界追求人与自然和谐的今天，在物质文明和精神文明交融的时代，茶的特有价值才真正显示出来，茶业才有了更广阔的发展空间与领域。

茶业的发展，依托于它对人类生存的重大价值。这种价值是人们在数千年的生活实践中逐步体味出来的，是通过现代科技而深刻认识的。一片小小的茶叶，包含着500多种有机化合物，是人们养生健体、延年益寿的无价之宝。正是这一片片小小的茶叶，可以延伸出一串长长的产业之链。

茶能解渴生津，是低脂肪、低热能的天然饮料。宋代大文学家苏轼认为，经常饮茶，胜于服药，曾有诗云："何须魏帝一丸药，且尽卢仝七碗茶。"当时的日本人荣西来中国学习，参与茶事活动，回国后说："茶乃养生之仙药，延龄之妙木。山若生之，其地则灵。人若饮之，其寿则长。"历史上和现实中爱好茶饮之人，多是健康长寿者。茶饮从中国传出，已成为世界性的饮料。许多专家预测，21世纪的饮料将是茶的世界。目前，茶饮品的开发方兴未艾，既有纯茶饮料，又有混合茶饮料。美国可口可乐公司和瑞士雀巢公司都在开发茶饮料。从发展趋势看，茶饮料市场不断扩大，茶饮料产业正在成为一个大产业。

茶食品指含有茶叶的食品，既有主食，也有副食和零食。茶米饭、茶面包、茶点心、茶饼干等已经面市，受到消费者的广泛欢迎。食用茶叶比喝茶更能全面地摄取茶叶的有效成分，更有利于人们养生延年。一旦茶食品进入千家万户，茶产业的根基就非常深厚了。

茶叶的500多种有机化合物中，有许多防病治病的药效成分。比如，茶多酚能阻断亚硝基化合物在人体内的合成，抑制癌细胞的生长和增殖，对防癌抗癌有明显作用。氧自由基能引起细胞功能衰退，导致人体衰老，是"百病之首",而茶多酚则具有极强的消除活性氧自由基的功能。采用现代科技手段,将茶叶中的药用成分提取出来,可生产出防治癌症、心血管病、糖尿病、肝炎等病症的系列药品。

茶叶中的茶色素色彩艳丽,着色效果好,稳定性极佳,本身含有多种营养保健物质,是食品、饮料最理想的着色剂。利用茶叶成分,可以制造化妆品、芳香剂、防氧化剂、除臭剂,可以制造高效的植物生长调节剂以及有益人体健康的纺织品。茶叶还可以用作饲料,茶饲料可以增强抗病能力,喂猪可以提高瘦肉率,喂鸡可以提高产蛋率。

随着人们对茶叶功效认识的不断深化,茶叶发展正在经历一场革命。随着茶产业链条的不断延伸,茶产业必将成为前景光明的、永恒的产业。

二、茶与农业现代化

云南是农业大省,加快农村经济发展,增加农民收入,实现农业现代化,是"十五"期间云南经济发展的基础和前提。

农业现代化从何入手?必须寻找一个突破口。这个突破口只能是用现代科学技术手段改造、提升粮、油、畜、果以及烟、糖、茶、胶等传统产业,使之走向市场、走向世界。从云南实际出发,特别需要振兴的是茶业。目前,云南茶业产值不算大,只有十几亿元,但茶业在云南经济中具有特殊的地位。首先,茶业是"衣食万户"的产业,全省大多数地方都种茶,参与种茶、制茶、售茶的人口达1300万,茶税构成许多地县财政收入的重要来源。例如,凤庆县有34万人种茶,几乎占到了全县总人口的80%以上,茶税占县财政收入的20%。勐海县农民收入和县财政收入的30%都来自茶叶。其次,云南贫困山区面积大,人口多,贫困群众吃盐穿衣,供孩子上学,主要靠茶叶收入。对他们来说,脱贫靠茶叶,致富也要靠茶叶。第三,茶业是成千上万的农户从自然经济、半自然经济直接走向市场经济的产业。我们正在建设社会主义市场经济,我国已经加入世贸组织,经济全球化的浪潮正迎面涌来,千百年来生活在自然经济、半自然经济环境中的农户怎样适应这种形势呢?生产出无污染、高质量的茶叶供应国际市场,是一条现实的出路。

在调研中我们看到,振兴云南茶业不仅是必要的,而且是现实的选择,甚至可以说振兴云南茶业的条件是相当优越的。

生态条件好。俗话说,高山云雾出好茶。云南地处亚热带山区,气候温和而湿润,日照短而多雾,土壤有机质丰富而排水通畅,茶叶嫩度好、茸毛多,芽叶内含物积累高。早春回温快,春茶上市可以比闽、浙茶叶早一个月以上;采收期长达10个月,有利于均衡生产。云南茶叶生产以资源采集型为主,开垦山坡地种植,基本无污染,农药残留量低,茶叶品质高,甘醇回味,经久耐泡。云南这种生产高品质茶叶、建设世界一流茶区的得天独厚的生态环境和种植条件,还有利于发展特殊优质半发酵茶,如台湾的乌龙茶等。

种质资源丰富。目前世界上已发现的37个种、3个变种茶组植物中,云南有33个种和2个变种,其中25个种和1个变种是云南独有的。云南广袤的高原、山谷、丘陵上生长的不同类型的大茶树和古茶园,以及省茶科所建立的现代茶树资源圃,构成了世界上最大的茶树资源活体园。云南独有的大叶茶种是世界上少有的优良茶树品种,其茶多酚、儿茶素、氨基酸、咖啡因等含量均高于国外良种和国内其他茶区的小叶种。

生产历史悠久。云南茶叶生产可追溯到商周时期,唐宋以来得到较大发展,明清时期逐步形成的普洱茶成为茶中珍品。悠久的历史积累了丰富的制作加工经验,形成了名牌产品,形成了广大的市场,也创造了具有地方和民族特点的云南茶文化。

茶园面积大。全省茶园面积已达245万亩,采摘面积207万亩,均居全国首位。

科研力量较强。省茶科所设在勐海,有科研人员200多人,建立了国家级茶树种质资源圃,保存着800份种质资源,培育出"云抗10号"等优良品种。思茅茶树良种场有科研人员18人,经营试验茶园1000亩,建场18年来共繁育良种苗木2000多万株,推广到全省100多个点,成为种苗科研、生产、加工的基地。云南农业大学设有茶叶专业,培养高等茶叶技术人员。一些地区的农校还设有茶叶专业,培训中等专业人才。

经营机制较新。农业现代化要靠体制和机制的创新,从(20世纪)80年代中期的"三结合一体化"到今天的农业产业化,云南省茶业的生产经营方式随着市场经济的发展不断创新。思茅地区以"三结合一体化"

形式建设的 15 万亩优质、高产、高效的新型大茶园和加工厂，已初步实现公司加基地加农户的产业化经营，年创产值超亿元。龙生公司直接管理的茶园面积在 3 万亩以上，带动以种茶为主业的茶农就有 4395 户、16720人，其中光是从昭通地区转移来的特困群众就有 11339 人，茶户年均收入已达 6000 元。大渡岗茶叶实业公司用股份制等多种形式将国家、集体、个人连接起来，合理配置土地、资金、技术等生产要素，以"大渡岗"优质品牌打开了销路，站稳了市场。在国家投入和银行贷款未增加的条件下，茶场发展起 1.8 万亩茶园，使周边大渡岗、勐万两个乡 1.1 万茶农走上了致富之路。这些不断创新、成长的茶叶农工贸一体化龙头企业为茶叶产业化、现代化奠定了坚实的基础。

市场前景好。据专家预测，茶叶将主导 21 世纪的饮料市场。世界茶叶市场前景较为乐观，有机茶增长较快，年均增幅 25% 以上。国内消费潜力更大。比如，2000 年我国人均年消费量只有 375 克，低于世界人均年消费约 500 克的水平，也大大低于日本等国 1200 克的水平。近年来，全国各地到云南采购茶叶十分活跃，包括浙江、福建、四川、湖南等产茶大省。广西横县年产 5 万吨茉莉花茶，其中 80% 的茶胚来自云南。茶叶是我国的传统出口商品，在出口农产品中占有重要地位。云南年自营出口 1 万吨，创汇约 2000 多万美元，发展外向型茶叶经济有较大的潜力。

三、茶业振兴十策

云南茶园面积全国最大，茶叶产量全国第三，发展潜力不小，但是也面临着许多困难和挑战。在重点发展烟草、矿产、生物、旅游产业的同时，对茶产业发展思路、指导思想、技改、投入等重视不够，科技含量低，单产低、品质差；加工工艺落后，名茶少，品牌杂；缺乏营销手段，市场占有率低；管理水平落后，销售环节多，税赋重，茶叶加工企业绝大多数效益不佳。以勐海茶厂为例，那是生产"大益牌"普洱茶的龙头企业，有时年出口订单远远超过当年的产量。但由于企业包袱和税赋重，缺乏资金收购原料，很难达到精制加工的生产规模，从而使一个市场看好的企业成了亏损户。从云南茶叶生产的整体水平看，由于没有统一标准，集约化程度低，很难实现规模效益，从而导致抗风险能力弱，难以参与国际茶叶市场的激烈竞争。

困难和差距是潜力所在,挑战和风险是动力之源,云南茶产业正面临一个重大转机。当务之急,振兴云南茶产业应当从以下几方面着手:

第一,观念更新,振兴茶业。观念更新要着重两个方面,一方面是从自然经济、计划经济的观念转变为市场经济的观念,茶业要着眼于全国和世界市场。另一方面是从只见茶叶不见文化的观念转变为以茶文化带动茶产业的观念。云南茶产业因多年培植和所具有的各种比较优势,只要以较少的投入就能创造较好的经济效益和社会效益,就可形成种茶能脱贫、种茶能致富的积极思想。弘扬茶文化,发展茶产业,符合全人类"清洁生产,文明消费"的大趋势,符合云南产业结构调整的大方向,符合建设民族文化大省和绿色经济强省的战略要求,是观念更新的精神所在。

第二,减轻赋税,宽松环境。这是思想解放、观念更新的必然要求。发展是靠人去推动的,是靠人的积极性、创造性的发挥去实现的,而人的积极性、创造性只有在宽松的环境中才能发挥出来。按照"三个有利于"的标准,在云南创造一个宽松的环境是茶业和其他事业发展的关键。

为茶业发展创造宽松环境,首先要采取的重要措施就是减轻赋税。我国现行的茶叶税赋比世界上其他产茶国都高。调查表明,从购进每公斤6元的毛茶到加工成16元的成品茶销售,纳税额高达增值额的一半左右。有的地方茶叶的税收竟占产值的4成。如此高的税赋如果不作适当调减,将损伤茶农和茶叶加工企业的生产积极性,茶业发展将缺乏后劲。

第三,大力推广良种茶树。世界茶园平均亩产66.7公斤,肯尼亚达143.3公斤。我国平均亩产51公斤,福建最高为73公斤,而云南仅为36公斤。为了改变这种落后状况,必须在茶树栽培上实施一场革命,即扩大无性系茶树良种应用面积,并对茶园实行科学的标准化管理,实现茶叶生产的优质高产,建设好茶业的第一车间,为生产名牌茶叶创造坚实的基础。

第四,积极发展有机茶。近年来,国内外市场上普通茶供大于求,价格下跌,但是有机茶销售量却快速增长,这是一个大趋势。所谓有机茶,是在无任何污染的地方,按"有机农业"生产方式产出鲜叶,在加工、包装、贮运过程中不受化学品污染,并经"有机食品"认证机构审查、颁证的茶叶。由于有机茶安全保健，色、香、味俱佳，在国际市场上的售价比一般名茶要高出30%—50%。有机茶的单位面积产量比普通茶要低，但由于不施化肥、不用农药，单位面积的成本也比普通茶要少，因此经济效益是好的。云南大部分茶园分布在远离城镇的山区，空气湿润，土层深厚，有机质含量高，病虫害少，许多茶区保持着传统的农业耕作方式，具有生产有机茶的优越条件。我们应抓住机遇，把有机茶作为出口创汇的主要产品。

第五，依靠科技，建立标准。科技进步，是茶业现代化的根本保证，要把新品种、新技术加快推广到生产实践中去，提高茶叶生产的科技含量。要充分重视提高茶农、茶工的素质，加强职业教育，开展技术培训，重视培育企业文化。

茶叶科技发展的一个重要任务是研究和制定茶叶的标准化生产规程。当前的茶叶生产技术仍然沿用传统的耕作加工技术，很不适应茶业发展的客观要求，限制了茶叶产量和质量的提高，影响了茶叶生产的经济效益。要尽快建立茶叶质量检测中心，把现代科学技术和传统经验结合起来，确立合理的技术指标和技术措施，形成以云南特有的大叶茶生产为基础的茶叶生产标准，这对于创制名牌茶品，扩大滇茶市场，建设现代化的、高效益的茶产业具有重大意义。

第六，深化改革，创新体制。深化改革，建立适应社会主义市场经济发展要求的茶叶生产经营体制，是体制创新的当务之急。按"三结合一体化"发展起来的牛洛河茶厂，实行国家、集体和个人合资的大渡岗茶厂，经过股份制改造的龙生茶叶公司，都在探索体制创新的路子，发展势头很好。现在，公司加基地加农户为核心的"三结合一体化"生产经营方式已在全省产茶地区推广开来，但还要进一步完善。要按照建立现代企业制度的要求，加大改制力度，对国有、集体茶叶企业进行产权制度改革，只要有利于国家、集体资产保值、增值，不论采用何种形式都应当支持和保护。同时，要积极引导和扶持茶叶大集团加快发展，以提高茶产业的竞争力和抗风险能力。

第七，开发新产品，延伸产业链。为追求健康长寿，人们对天然的保健饮品、保健食品和保健用品趋之若鹜。要适应这种不断扩大的消费需求，充分发挥茶叶的品质特性，运用现代科技，生产系列茶饮品、茶食品、茶药品和茶用品，不断延伸茶的产业链，做强做大茶产业。同时，在茶业结构调整中，要与发挥云南花卉、天然药物的种植优势紧密结合，开发香花茶、草药茶、保健茶的产品和市场。近三年来，元江、思茅两地分别种植了5838亩和400亩茉莉花。因其花期早、花期长、产量高、香味浓、品质好，吸引了一些原来在广西加工花茶的客户前来投资。如投资元江的玉元茉莉花茶叶公司，年预计产鲜花700吨，加工花茶938吨，工农业产值1721万元，大大提高了茶叶的附加值。

第八，创造名牌，开拓市场。名牌就是效益，名牌就是市场。浙江以"龙井茶"这个独有品牌，2.73万吨的名优茶创产值14.8亿元，平均每公斤54.8元。云南名优茶仅有0.78万吨，产值1.47亿元，平均每公斤18.85元。普洱茶、滇红是云南的名优茶，在国内外有较高的知名度，要尽快建立技术质量标准，创造和发展普洱茶、滇红系列的名牌产品，抢占市场，提高效益。

世界茶叶市场有一个新的动向，即茶叶交易中心从消费国转向生产国。我国也有这个趋势，目前全国主要茶区都建立了产地批发市场，仅浙江就有40多个。而云南作为产茶大省，市场建设相当滞后，专业市场刚刚起步，有场无市，无序竞争，严重制约着茶业的发展。因此，在普洱茶、滇红产地建设茶叶批发市场，培育和壮大昆明中心城市茶叶的绿色批发市场，建立茶叶销售网络的电子商务绿色市场，举办全国茶叶交易会、名优茶展销会，制定鼓励开拓茶叶市场的政策，规范市场秩序，是云南茶业发展的重要措施。要发挥云南茶叶的优势，紧密结合连接东南亚、南亚的国际大通道建设，开拓茶叶的绿色国际通道，立足积极开拓内销市场，恢复东欧及伊斯兰国家市场，大力拓展东南亚及欧美市场，全面进行营销创新。

第九，走出去，引进来，建设开放式的茶产业。适应经济全球化的趋势，必须实施"走出去，引进来"的战略，建设开放型、外向型茶园，发展"订单茶""创汇茶"，建设开放式的茶产业。要鼓励多种经济成分、吸引非茶企业投资茶业，开展与国内外茶叶大企业的合作，促进茶叶深加工和形成全球性的营销网络。要争取国家批准在云南设立绿色食品认证的分支机构，努力引进国际有机食品认证机构，争取更多茶叶产品得到绿色食品、有机食品的认证，开拓云南有机茶的世界市场。

第十，高度重视，加大投入。茶产业是云南最有希望的产业之一，只要引起重视，加大投入，资源优势就会变成经济优势。据专家测算，如果茶叶单产达到全国平均水平，每亩可增产15公斤，现有207万亩的采摘面积就可增值3.1亿元；如果提高茶叶质量，每公斤农业产值增加10元，现有产量7.5万吨就可增值7.5亿元；深加工潜力就更大，如果每公斤通过加工增值20元，现有茶叶产量7.5万吨就可增值15亿元；如果在发展名优茶上狠下功夫，培育10%的高档茶、20%的中档茶，平均每亩产值达到大渡岗目前的中等水平2000元，则全省茶叶可增值40亿元。另外，如果使出口茶从现在的1万吨达到3万吨，可出口创汇6000多万美元。加上现有产值，在今后若干年内形成100亿元的大产业是很有希望的。但这需要各级政府和社会各方面都来重视茶产业的发展，千方百计增加投入，要综合运用税收返还、技术改造、退耕还林、扶贫、市场建设、科技推广等政策和措施，向茶产业和茶文化倾斜，实实在在地推动云南茶产业的振兴。

四、弘扬茶文化

茶香的隽永，茶文化的典雅，使中华文明更具韵味和魅力。片片清丽香醇的茶叶，本是物质文明和精神文明的奇妙载体。要振兴茶产业，必须弘扬茶文化。

茶文化发祥于中国，传遍了世界。日本经济起飞并成为世界第二经济强国，日本茶道迅速崛起成为"国礼"；韩国进入发达国家行列之后，大兴茶礼，国家级进茶仪式表演者多达54人；我国台湾、香港位列创造亚洲经济奇迹的"四小龙"行列，中华茶艺在两地兴起，香港的"无我茶会"有5000人参加，显示出中华茶文化的巨大魅力。随着中国向新的世界经济强国迈进，中华茶文化必将展现出前所未有的灿烂辉煌。

中华茶文化博大精深、源远流长，表现在社会、人文、哲学、宗教、地理、历史、文学、艺术、医药、保健、工艺、考古等广泛领域。茶文化是雅俗共赏的文化。自古以来，爱茶者既有帝王将相，也有平民百姓；既有文人雅士，也有凡夫俗子；既有汉族茶文化，也有少数民族茶文化，不同地域、不同阶层、不同民族的茶文化彼此渗透、互相影响，融汇成丰富多彩的中华茶文化。

民众创造了茶文化，名人提高了茶文化。公元8世纪后期写下《茶经》的陆羽，被后人奉为"茶圣"；宋徽宗赵佶亲著《大观茶论》，以帝王之尊倡导茶学；唐代诗人卢仝写下了传唱千年的《茶歌》；陆游写茶诗300篇，苏轼伴着紫砂茶壶吟诗挥毫；乾隆皇帝四次造访西湖茶区，加封"御茶"18株；著名作家老舍酷爱茶艺，留下名剧《茶馆》；毛泽东主席喜欢以茶会友，写下"饮茶粤海未能忘，索句渝州叶正黄"的诗句。

茶文化是有关茶的自然科学和社会科学的总和，但茶文化在历史演进中，始终内含着一种真、善、美的崇高精神。茶叶是色、香、味、形四美俱全之物，正可与人们追求真、善、美的精神相契合。诗人韦应物说：茶"洁性不可污，为饮涤尘烦，此物信灵味，本自出山源。"卢仝的《茶歌》，更道尽茶性之神奇："一碗喉吻润，二碗破孤闷，三碗搜枯肠，惟有文字五千卷。四碗发轻汗，平生不平事，尽向毛孔散。五碗肌骨清，六碗通仙灵。七碗吃不得也，唯觉两腋习习清风生。"

信息时代，风云变幻，节奏紧张，关系复杂，人们非常需要松弛神经，调适心灵，升华精神。茶被誉为"灵魂的饮料"，对人心有一种特别的陶冶作用。通过茶文化的熏陶，"尽茶之真，发茶之善，明茶之美"，可以升华人的精神，有利于创造新的人类文明。

弘扬茶文化，可以从以下几个方面入手：

一是建设新茶学。茶学是一项实践性和创造性的事业，是一门不断发展的学科，既包括对茶叶品质及其种植、加工、贮运、销售的科学研究，也包括对茶叶影响社会发展和人类精神的理论探索，这是奠定现代茶文化基础的必需之举。

二是发展茶馆、茶艺。茶馆、茶艺是茶文化的物质载体和表现形式。充分收集整理云南古朴浓郁的品饮方式及饮茶习俗，加以创新利用，研究开发出具有民族特色的现代茶馆、茶艺，具有广阔的发展空间。茶对人心的陶冶作用，是通过人和茶、茶器、茶境的联系过程而实现的。泡茶、品茶是一种别致的艺术创作活动，需要调身、调息、调心，达到敬、清、和、静的状态，并与壶、杯、茶、水、境发生物我两忘的沟通。在这里，泡茶者和品茶者都处在一种特殊的审美状态中，配以古色古香的茶具和玄远空灵的乐曲，人们的心灵从现实的功利关系中超脱出来，进入理想的茶艺境界。另一方面，高雅、清静的茶馆也成为人们访亲会友、交流信息、会谈商务的理想之所。

三是茶园、茶厂、茶店、茶馆、茶叶公司，都要以茶文化为魂，才能具有生机和活力。

四是发展茶旅游。名山名水出名茶，茶旅游具有特别的吸引力。云南许多旅游胜地都有神秘的古茶林，有浓郁的民族风情。大渡岗等一些地方的万亩茶园是人力和天工共同创造的奇境，置身其中，才能真正体味到人与自然和谐的伟大力量。要把古茶树林作为自然文化遗产，把现代生态茶园作为旅游观光地保护、利用起来，通过重振"茶马古道"的茶文化品牌，发展茶旅游。茶旅游应当做到"一观、二闻、三采、四炒、五品、六购"，这是扩展茶叶市场的重要方式。

五是培养茶文化人才。农业大学的茶叶专业，各种茶叶专科学校要培养高素质的茶叶科技人才和高素质的茶艺人才。

六是进一步加大滇茶文化的宣传，塑造滇茶新形象。支持创作茶歌舞、茶戏剧、茶影视、茶书画，扩大云南茶产业和茶文化的知名度。

七是举办茶叶节和茶文化研讨会，扩大国际交流，开拓世界市场。

八是建设茶叶博物馆，普及茶文化知识。

念好"茶经"，弘扬茶文化，振兴茶产业，建设民族文化大省、绿色经济强省和国际大通道，实现民族文化、生态环境、社会经济协调发展，云南社会将更文明，云南山河将更美好。

（原载《求是》2002年第7期）

放眼彩云南

2005年7月盛夏酷暑时节，我们调研组的同志从昆明到玉溪、红河、楚雄、保山、大理等地，不但感受到彩云之南盛夏的凉爽，更体验到云南各级党组织实践"立党为公、执政为民"、贯彻落实科学发展观，云南各族人民构建社会主义和谐社会的新风貌、新气象。

一、识省情，绘制发展蓝图

2000多年前，汉代的学者就曾解释说，"云南"，是因"彩云南现"而得名。这种富于想象力的解释突出了云南的神奇和美丽。考古科学证明，早在170万年前，"元谋人"就在金沙江流域繁衍生息了。被远古人类当做摇篮的地方，一定是神奇美丽的地方。但这是一个太遥远的故事了。

改革开放以后，云南曾有喜人的发展，但生活在21世纪初期的云南人，却要面对如此尴尬的处境：拥有"动物王国""植物王国""有色金属王国"等美誉，但这些资源桂冠却没有绽放出财富异彩；拥有无比丰富而深厚的民族文化"富矿"，但尚未得到科学的开采和提炼，形不成文化的金山；拥有4000多公里边界线和10多个国际口岸，但没有形成大开放促进大发展的局面。更令人担忧的是，上个世纪末，云南省经济增长速度不断下滑，连续几年走低，2001年经济增长速度甚至下滑至全国倒数第一，形势异常严峻，全省四千多万各族人民强烈要求改变这种状况。

面对如此困难的局面，新一届省委、省政府既有紧迫感又非常冷静。他们认定，只有发展才是克服困难、开创新局面的唯一出路。但是，历史的教训和现实的困难昭告人们：发展不能走老路，必须按科学发展观的要求，走科学发展、和谐发展之路。为此，准确地认识省情成为亟待解决的大问题。

省委书记白恩培指出：只有从边疆、民族、贫困、山区四位一体出发，才能真正认识云南省情。云南地处祖国西南边疆，历史上劳动积累偏少，经济基础十分薄弱；云南有26个世居民族，是中国民族成分最多的省份，社会矛盾比较复杂；云南有73个贫困县，是全国贫困面积最大、贫困人口最多的穷省；云南位于地质史上两大板块挤压地带，山高谷深，平地极少，山区占全省面积的94%。边疆、民族、贫困、山区四位一体的省情决定了云南社会发展的特殊性。在这里，少量先进的生产力和大量落后的生产力同时存在，正在发育的市场经济同自然经济、半自然经济同时存在；少量科技精英同大量文盲、半文盲劳动者同时存在……总之一句话，如果全国处于社会主义初级阶段，那么云南就处于社会主义初级阶段低层次。

立足于社会主义初级阶段低层次的省情，新一届省委、省政府丰富和完善了发展思路：高举邓小平理论和"三个代表"重要思想伟大旗帜，坚持科学发展观，打基础，兴科技，调结构，建支柱，建设民族文化大省和绿色经济强省，铺设走向东南亚、南亚的国际大通道，实现社会经济和人文生态和谐发展。

二、打基础，增强发展后劲

打基础首先是改善交通。悠悠千年，"山间铃响马帮来"，是云南交通的真实写照。这种状况在云南人打基础的大进军中根本改观了。如今，云南人建起许多现代化航空港，同国内外上百个城市直接通航。有许多条铁路连接国内外。公路建设突飞猛进，全省公路通车里程超过20万公里，位居全国第一。高速公路达到1400多公里，位居全国第13位，西部第2位。云南连接东南亚、南亚的几大通道正在逐步建成高速公路。昆（明）曼（谷）国际公路从昆明至磨憨段大部分已建成通车。中缅国际公路昆明至保山已全程建成高速公路。中越国际高速公路已经从昆明通到蒙自。从前，由昆明到红河州府蒙自，汽车行需一整天，现在3个小时就到了。由昆明到滇西保山，以前车行需2天，现在只需5个小时。

推进城镇现代化，是云南人打基础的第二步大棋。城镇化水平太低、农民比重过大、消费市场太小、农产品转化成商品的机会太少，是云南经济社会发展中的突出问题。2003年，省委、省政府召开了六个现场办公会，其中五个会的主题都是如何推进城镇现代化。也就是从这年5月底开始，一个充满现代气息的城市发展概念频繁地出现在全省媒体的重要位置，出现在老百姓的生活中：建设新昆明，建设新大理，建设新玉溪，建设新楚雄，建设新曲靖，建设新红河，等等。目前，人们最关注的是建设新昆明。昆明老城区245万人口拥挤在180平方公里的狭小空间内，旧式的水泥楼房挤在一起，街道窄小而弯曲。500里滇池，本是高原明珠，但被污染成了一个"病湖"。昆明人从世博会后松劲停滞乃至落后的教训中警醒过来，决心打一场城市建设发展的翻身仗。按照"一湖四环、一湖四片"的科学规划建设，可以预期，不要多少年，滇池清水连波、春城花草芳菲的园林城市就会展现在人们面前。

三、建支柱，撑起经济大厦

烟叶是云南生物资源中的一宝。由于特殊的土壤和光热条件，云烟的自然品质很好。认识到这一点的几代云南人，长期致力于烟草产业的开发。他们用现代科技手段进行烟叶的种植和加工，制订正确的政策措施做大做强烟草产业，终于使之成为经济支柱，极大地带动了地方经济的发展。时至今日，烟草业在云南经济中仍然是举足轻重的。2005年中国企业500强排行榜上，云南有9家企业上榜，其中有4家是烟草企业。为了继续壮大烟草业，云南省从省内资产整合、省外品牌扩张入手，把9家烟厂合并成4大集团，36个品牌整合到20个。各大烟厂输出技术和品牌，与省外烟厂合作，市场份额迅速扩大。

但烟草产业的壮大亦喜亦忧。支柱产业单一，不仅难以抗御经济风险，而且撑不起现代经济大厦。为了改变这种情况，云南人一直在努力培植新的支柱产业。如今，这种努力已经逐步见到成效。发展能源是目标之一。云南江河多，落差大，水能蕴藏量居全国第一。煤炭资源也很丰富。

无论是小湾电站、奚洛渡电站等水电建设，还是曲靖和镇雄等火电基地建设，都成为云南省乃至全国解决能源危机的保障之一。目前，云南电力不仅供给广东等地，而且输送到越南、老挝、缅甸等东南亚国家。

为了建设绿色经济强省，云南利用独特的自然和生物资源，重点发展天然药物、绿色食品及保健品、花卉及绿色园艺、生物化工等产业，努力构建生物资源开发创新产业体系，云花、云药异军突起。目前，全国市场上销售的每三枝鲜花中，就有一枝来自美丽的彩云之南；在云南白药等老品牌焕发新生机的同时，"盘龙云海""滇虹"等一批新的云药品牌已经被世界所了解。保山市已经建成中国最大、世界第三大的香料烟基地。呈贡县斗南的鲜花，蒙自县的万亩石榴园，弥勒县的"红烟"（红河卷烟）、"红果"（葡萄）、"红酒"（云南红），漾濞和大姚的核桃等等，已经成为云南经济支柱的后起之秀，成为各族人民新的财源。

昆明世界园艺博览会之后，云南多彩的民族风情、独特的文化、秀美的山川更加令世人神往，旅游业在云南经济发展中的地位越来越重要。云南省依托丰富的自然、人文景观，积极推进对外开放，逐渐优化社会环境，已经成为中国最具潜力和活力的旅游地区之一。

四、调结构，优化发展机制

在一个边疆、民族、贫困、山区"四位一体"地区，要建立社会主义市场经济体制，必须以改革为动力，着力调整结构，优化发展机制。2002年初，云南开始实施以产权制度改革为核心的国有企业改革，三年之内国企改制面达到92%。同时，化工、煤炭、建材、电子、制糖、橡胶等十大重点行业制定整合方案，初步建立了新型国有资产监督管理体制。并且用高新技术改造传统产业，促进企业节能、降耗、增效。

云南是一个农业地区，80%的人口在农村生活。调整结构，优化发展机制，最重要的是调整农业结构，优化农业发展机制。为此，云南实事求是地提出了"围绕增收调机构、突出特色闯市场、依靠科技增效益"的农业发展思路。2004年，云南农村税费改革第一步试点工作顺利完成，取消了除烟叶外的农业税，共减轻农民负担22.6亿元，人均减负37元。同时，

— 203 —

省财政直接拨付直补资金 7000 万元,良种补贴资金 4000 万元。农民的发展热情非常高涨,2004 年粮食总产量达 1509.5 万吨,创历史最好水平。

大力发展农产品加工业,不断推进农业产业化,是引导习惯于自然经济的农民走向社会主义市场经济的重要途径。近来,大理州再现了外来商家排队"抢购"牛奶的喜人场面。州委、州政府依托无污染的好山好水发展乳业,引进东亚乳业等大项目,带动近 5 万户农户饲养奶牛,乳品企业 2004 年支付牛奶款达 16525 万元。玉溪市重视扶持农产品加工业,全市现有农产品加工企业 72 家,农产品加工基地建设初具规模。这些加工企业一半以上的产品出口,蔬菜、畜牧、粮油、糖茶、生物制药、水果等八大类产品出口欧洲和东南亚等国,创汇 2670 万美元,带动农户近 30 万户,有 81 种产品取得了绿色、有机食品和无公害产品认证。为提高农产品竞争力、增加农民收入,还开通了鲜活农产品运输"绿色通道"。从 2005 年 7 月 25 日起,持《云南省鲜活农产品运输绿色通道通行证》的车辆通过云南省境内的所有公路、隧道、桥梁、渡口收费站时,免收通行费,大大降低了农产品的运输成本。

云南省近年来还积极探索新型农业发展模式,重构农村生产组织结构,积极鼓励、引导、支持农民成立各种专业协会。据统计,仅楚雄彝族自治州已发展各类专业协会 340 多个,涉及农村经济发展各个领域。该州元谋县通过建立"协会、公司、经纪人"三位一体的经营模式,有效地解决了政府组织农民生产难和农产品销售难的问题,实现了千家万户小生产和千变万化大市场的有效对接。全县有 80 多个专业协会,形成了协会型农产品加工企业 35 家,2004 年带动农户 3 万户,户均增收 2700 元。

五、兴科教,建设民族文化大省

早在 20 世纪 90 年代中期,云南提出建设民族文化大省,就是着眼于文化创新蕴含的巨大推动力,就是着眼于培养高素质的发展人才。建设民族文化大省,必须发展教育,特别是要抓好基础教育。这几年,云南举全省之力,打了一个基础教育翻身仗。2002 年,开始实施《云南省基础教育振兴活动计划》,主要办好四件大事。一是建设好寄宿制学校。云南山高谷深，居住分散，没有寄宿制学校，各民族的许多青少年就将失去受教育的机会。现在，省级财政支持的寄宿制和半寄宿制学校共有3000多所，受助学生接近60万人。从2005年起，再投资10亿元，在全省35个县新建、改扩建一批以农村初中为主的寄宿制学校。二是实行"三免费"教育。对七个人口在10万以下的民族和116个边境乡镇的中小学生，实行"三免费"，即免杂费、书本费、文具费。2004年以后，"三免费"教育范围扩大到所有贫困县和边境县，受助学生达到217万。三是实施《中小学危房改造工程》。从2002年到2005年，全省投入资金20亿元，计划完成340万平方米中小学危房改造，使云南各民族的中小学生都能在安全的教室里受教育。四是推进"两基攻坚工程"。2004年，全省"普九"人口覆盖率提高了6个百分点，达到81.3%，青壮年文盲率下降至6%以下。到2005年，云南省基本实现了"普九"和"两基"的目标。

建设民族文化大省，必须发展科学技术，特别是要推动科技创新。在云南各族人民中，蕴藏着无穷无尽的科技创新能力。仅2001年到2004年，云南就取得了2408项创新成果，其中，有8项获国家科学技术奖，877项获省级科学技术奖。2003年国家自然科学唯一的一等奖，颁发给了云南大学侯先光教授等科学家。云南农业大学朱有勇教授承担的"水稻品种多样性控制稻瘟病技术"，被誉为农业技术的"一次革命"。截至2004年，这一技术在云南、四川、湖南、江西示范推广1420多万亩，有效控制稻瘟病的面积超过80%，平均每亩减少化学农药施用量6成，在1400多万亩推广田中新增优质稻谷6亿多公斤。该技术用于玉米、小麦、油菜、蚕豆、土豆的科学套种模式，平均控病面积在70%以上。2005年，云南在农业科技创新上又取得突破性成果，丽江市永胜县涛源乡水稻示范基地达到亩产1229.97公斤，创下我国水稻亩产单产新纪录。云南铜业股份有限公司对引进的"艾萨炉"进行技术改造，创造了多项同类设备的世界纪录，节约资金5.4亿元，一年之内提高冶炼能力22.5万吨，创造经济效益7208万元。在昆明并网运行的30米高温超导电缆是中国第一、世界第三的实用高温超导电缆，其部分性能明显优于先期投入运营的美国、丹麦同组同类电缆系统。此外，药材、花卉、烟草等众多科技创新成果也在推动有关产业走向现代化。

云南建设民族文化大省,必须努力创造文化体制改革和文化产业发展的新局面。云南是"民族歌舞的海洋、美术摄影的殿堂、影视创作的天堂"。为了开发如此丰富多彩的民族文化资源,云南确定了"政府引导、社会投入、市场运作"的方针,出台了一系列发展文化产业的优惠政策,决定每年投入1500万元,专项扶持文化企业。现在,云南在全国率先建立起文化产业指标体系,把文化产业纳入"绿色GDP"的统计范畴。经测算,2004年云南文化产业主营业务收入达174亿元,增加值为100.6亿元,占全省GDP的4%。2005年,全省文化产业增加值占GDP的6%。据悉,国家统计局已决定在全国推广云南省创建的文化产业报表制度。

六、重统筹,构建"和谐云南"

构建社会主义和谐社会,是以胡锦涛为总书记的党中央确定的重大战略举措,云南各族人民热烈响应,坚决贯彻。他们按照"三个代表"重要思想的要求,坚持科学发展观,不断推进物质文明、政治文明、精神文明建设,而且立足边疆、民族、贫困、山区"四位一体"的实际,从解决群众最关切的问题入手,努力构建"和谐云南"。

构建"和谐云南"必须统筹好民族之间、区域之间的发展。云南省从实际出发,总结了"分类指导、因地制宜、因族制宜"的经验,采取特殊政策,不断改善民族地区基础条件和各民族群众的生产生活条件。一是实施"兴边富民"工程。从2005年起,启动"兴边富民工程"三年行动计划,力争三年总投入200亿元以上,在25个边境县实施30件惠民实事。这30件实事涉及沿边公路干线建设、乡村公路路面硬化、口岸基础设施、病险水库加固及"五小水利"建设、农村人畜饮水、电网改造、小城镇建设、优势农产品基地及扶持农业产业化龙头企业项目、茅草房和权房改造、农村寄宿制学校建设、中小学危房改造、卫生院建设、广播电视村村通等领域,将在三年内见到实效。二是支持民族地区发展优势产业和特色经济。省州市政府加大了资金、技术支持和劳动力培训,帮助民族村镇发展比较优势明显、支撑作用强的优势产业;支持发展特色鲜明、辐射功能较强的小城镇。三是大力培养少数民族人才和干部队伍，实现了 25 个世居少数民族都在省直部门有 1 名厅级领导干部目标。云南省还在全省实施了民族团结目标管理责任制，制定了扶持人口较少民族的特殊措施，颁布了民族区域自治法的《实施办法》等。祥和的云南民族地区，实现了经济社会的快速发展。2004 年，云南民族自治地方实现 GDP1062 亿元，较上年增长 12.4%，增幅高于全省 1.6 个百分点；农民人均纯收入 1646 元，增幅高于全省 1.9 个百分点。

构建"和谐云南"，必须妥善处理各种社会矛盾。实施计划生育的"奖优免补"政策，是改善社会人际关系、理顺群众情绪、建设"和谐云南"的有效办法。云南省的计划生育工作走过很多弯路，为"惩罚多生"而拖牛牵马在一些地方一度成为控制超生的主要手段，严重影响了干群关系，计划生育工作吃力不讨好。2003 年，云南省创造性地实施农业人口独生子女家庭"奖优免补"政策：奖，就是一次性奖给独生子女父母奖金 1000 元。优，就是独生子女小学毕业升本县市区初中时，在未实现"普九"的地方加 20 分优先录取；初中毕业报考本州市一级中学的，加 10 分优先录取，报考本县市、区其他高中的，加 20 分优先录取；高中毕业报考省内高等院校的，给予加 20 分优先录取。免，就是免除独生子女义务教育阶段的课本费、杂费、文具费，实行"一费制"后，免除"一费"。独生子女 16 周岁前，免除其父母所承担的农村一事一议的筹资、筹劳。补，就是年满 60 周岁以后直至其亡故，独生子的父母每人每年发给 600 元，独生女的父母每人每年发给 700 元。新政策变"惩罚多生"为"奖励少生"，迅速地改变着农民的观念和行为。2004 年近 5 万名满 60 周岁的独生子女父母按时足额领到了政府发给的奖励扶助金。农业人口新办独生子女证 23.9 万户，是过去 24 年办证总数的 1.73 倍。2004 年全省人口自然增长率首次降到了 9‰。

构建"和谐云南"，必须推进生态文明建设。滇池、星云湖、抚仙湖，还有洱海、泸沽湖、程海、杞麓湖、阳宗海和异龙湖，九大湖泊就像九块碧玉，镶嵌在云贵高原上。但是，这些"碧玉"正在承受着日益严重的污染。2000 年，云南省政府召开现场会，对九湖治理与保护作出了全面部署，成立了九大高原湖泊污染综合防治领导小组及办公室，各湖所在地五个地州市也分别成立了领导机构，开始了全面治理工作。省政府与五个地州市政府、行署签订了《云南省九大高原湖泊水污染防治目标责任书》，五个州市内部也层层签订责任书，全面实施目标责任制。

作为边疆、民族、贫困、山区"四位一体"地区，云南的发展还有许多困难。但我们在调研中感受到，云南省有明确的发展思路，充满活力的发展势头，逐步变成现实的发展宏图。全省4400万各族群众，正以昂扬向上的精神面貌，勤奋工作，努力打基础、兴科技、调结构、建支柱，促进社会经济和人与自然的和谐发展。

（原载《求是》2006年第3期）

天府之国新跨越

今年3月下旬至4月初,我们到四川考察学习。时值早春,乍暖还寒,盆地多阴,但我们碰上了成都平原难得的好天气。一连数日,暖风拂面,阳光灿烂。沿途所见所闻,都是四川人民团结奋进的新气象,都是天府之国新跨越的壮丽图景。我们眼前为之一亮,心情也像天气一样的好。

一、天府之国新思路

自古以来,神州大地被称为"天府之国"的只有四川一地。四川何以得此美誉?一是她富庶。四川人的勤劳和智慧是无与伦比的,在漫长的农业经济时代,他们以巧夺天工的耕织技术,使自己的家园成为真正的锦绣河山。二是她壮美。剑门之雄、峨眉之秀、九寨飞瀑、蜀南竹海……均为人间罕见,宛如仙境。三是她神奇。青城山天道玄妙,岷江岸石佛雄伟,还有三星堆的神树,把天上人间连接起来。更神奇的是无数犹如文曲星、武曲星下凡的大英雄、大学者从川中走出,参与铸建中华民族宏伟壮丽的文明丰碑。

天下万事万物,都具有两重性,均为利弊相连。四川优势很突出,劣势亦显然。虽然"蜀道难,难于上青天"的状况可以通过发展现代化交通逐步改变,但人多地少、资源不足等严峻现实将会形成长期的困扰。"天府之国"的美誉虽然好听,但如果不清醒也会成为包袱,甚至会陷入盲目骄傲、故步自封的境地。事实上,改革开放以来,四川的发展相对滞后了。从1978—1999年,四川经济总量在全国的排位从第6名下降到第10名,人均国民生产总值仅排全国第26位,同全国平均水平的差距从117元扩大到2083元。整体发展明显落后于东部地区。就是在西部地区,在某些方面，四川的发展也一度落伍。比如，四川和云南都有丰富的旅游资源，但四川对旅游业曾经重视不够。川滇两省共有一个闻名于世的泸沽湖。泸沽湖的旅游，在相当长的时间，云南方面搞得有声有色，四川方面却动静不大。上个世纪90年代中，《人民日报》就此发表过《西边太阳东边雨》的文章，讲的就是泸沽湖东西两边旅游业的发展差异。

当人类历史跨进公元第三个千年之时，"天府之国"的人们非常严肃地重新审视自己的处境。省委省政府站在"立党为公、执政为民"的高度，重温小平同志"发展才是硬道理"的教导，充分认识发展的重要性，自我加压，审时度势，抓住机遇，谋求发展。在邓小平理论和"三个代表"重要思想的指引下，在党中央决定实施西部大开发战略的历史机遇面前，四川省委组织、引导广大干部群众开展"西部大开发、四川怎么办"的大讨论，解放思想，更新观念，破除满足现状、不思进取的意识，树立敢闯敢试、勇于创新的观念；破除因循守旧、自我封闭的意识，树立大胆开放、勇于改革的观念；破除畏首畏尾、无所作为的意识，树立只争朝夕、勇于跨越的观念。特别是在党的十六大之后，在不断深入的思想解放大讨论中，在科学认识省情的基础上，四川确定了发展新思路，即实施追赶型、跨越式的发展战略。其主要内涵是以解放思想、理论创新为先导，以体制创新、机制创新和科技创新为保障，努力做好基础建设、生态工程、结构调整、科技兴川、改革开放五篇文章，大力发展水利电力、电子信息、冶金机械、文化旅游、医药化工和饮料食品六大产业，把四川建成西部经济强省、文化强省和长江上游生态屏障，坚持经济社会协调发展，在2020年全面建成小康社会，实现天府之国新跨越。

二、"三个转变"开新篇

四川的同志常说，理念是金，欠发达地区只有用新的理念开路，才能找到比较优势，走上跨越式发展的道路。

在经济全球化和科技革命突飞猛进的时代，要实现跨越式发展，最为金贵的理念，当然要数社会主义市场经济理念。四川省委书记张学忠说得好："思路决定出路，观念决定政策，观念的落后是最大的落后，思想的停滞是最可怕的。我们要坚持以邓小平理论和'三个代表'重要思想为指导，认真落实十六大精神，坚持'三个有利于'标准，把我省经济和社会发展摆在经济全球化和全国发展的大格局中去考察，放到社会主义市场经济舞台上去定位。"通过定位，引导干部群众破除重资源、轻资本的意识，树立资本是资源活的形态的观念；破除重财政、信贷投入，轻民间资本投入的意识，树立民间资本是重要的社会投入的观念；破除重拥有、轻转化的意识，树立资源只有通过市场运作才能成为资本的观念；破除重硬环境建设、轻软环境改善的意识，树立软环境是更高层次的发展环境的观念；破除重管理、求规范，轻创新、怕突破的意识，树立解放思想、实事求是、与时俱进、开拓创新的观念。这"五破五立"，归结起来，就是以市场化配置资源为核心，以体制机制创新为动力，树立先进的经济思想和经营理念，抓住改革和发展的关键环节，加快"三个转变"，即加快土地资源向土地资本转变，民间资金向民间资本转变，人才资源向人才资本转变。

"三个转变"从理念变为政策，已经成为四川实现跨越式发展的强大抓手。2003年，四川省委省政府发布了三个重要的政策文件，省级各部门推出了45个相应的配套措施。与此同时，妨碍"三个转变"的432个审批事项宣布作废，让非市场因素远离资源变资本的过程，让社会主义市场机制享有充分的调节作用。

为了加快土地资源向土地资本转变，大力推进城镇化进程，四川坚持以科学规划为龙头，以经营土地为基础，盘活城市资金，精心培育市场主体，走政府主导、市场化运作、社会参与之路，做到高起点规划、高标准建设、高效能管理、高水平经营，实现城市建设中投入产出的良性循环和可持续发展。政府"批地"的做法彻底改变了，土地资源的市场化配置正在完善。2003年，全省经营性用地招标拍卖比例达67.5%，比上一年提高了45个百分点。在供地总量仅增加5.1%的情况下，政府土地收益增长2.5倍，城市建设投资增长79.8%，全省城镇化率一年之内提高近2个百分点，达到30.1%。

《关于进一步加快民营经济发展的决定》，重点解决了民间资金转变为民间资本中工业用地、电力供应、融资担保、企业负担、市场准入等方面的问题，为民营企业的发展营造了宽松的环境，激发了人民群众自己动手创造财富的极大热情。《决定》才实施一年，全省民营企业就新增 3 万户，投资增长 28.4%。民营经济增加值占 GDP 增加值的 36.9%，民营经济创造的税收占全省税收总额的 45%。

"小康大业，人才为本"。四川是人口大省，人力资源非常丰富，加快人力资源向人力资本转变尤为重要。对各类人才来说，事业就是感召力，环境就是吸引力，服务就是凝聚力。为了使各类人才创业有机会，干事有舞台，发展有空间，四川省委省政府着力营造"五大环境"：一是创业环境。积极办好绵阳科技城和成都高新区，加快创业服务中心、大学生科技园、留学归国人员创业园区等各类专业孵化器的建设，搭建创业平台，增强创业保障，激发创新活力。二是政策环境。创新人才工作体制和机制，建立健全以培养、评价、使用、流动、激励、保障为主要内容的政策法规体系，坚决破除那些不合时宜、束缚人才成长的旧观念、老规定。三是政务环境。深化行政审批制度改革，办好政务服务中心，减少行政审批事项，减少环节，提高效率，降低人才创业成本。四是生活环境。对各类人才在工作生活上遇到的如户籍、住房、医疗、社会保险、配偶就业、子女入学等实际问题，尽可能帮助解决，消除其后顾之忧，让他们专心创业。五是社会环境。坚持正确的舆论导向，树立尊重劳动、尊重知识、尊重人才、尊重创造的良好风尚，形成鼓励人才干事业、支持人才干成事业、帮助人才干好事业的社会环境。

三、"班长"、班子最关键

"三个转变"是推动四川实现跨越式发展的好抓手，但是谁来掌握和运用这个抓手呢？当然只能是四川广大人民群众。群众的创造力必须靠一定的组织形式和核心队伍才能凝聚起来、发挥出来。在这里，最关键的是要有坚持"三个代表"重要思想的"班长"、班子和队伍，也就是形成四川省委强调的"班长抓班子，班子带队伍，队伍促发展"的良性机制。

"班长"是班子和队伍的核心。四川省委坚持把政治可靠、群众拥护、能力最强、最有活力的干部配备到"班长"的位置上，特别是精心选好市委书记、市长、县委书记、县长。选拔"班长"时，对其德才进行全面考察。评价他们的实绩，既看经济发展，又看社会进步；既看原有基础，又看发展条件。注意不受"形象工程"蒙蔽，不被虚假数字迷惑，不让只会夸夸其谈的干部有市场。对那些在条件艰苦、工作困难的地方做出成绩的干部，高看一眼；对那些不图虚名、注重为长远发展打基础的干部，敬重有加。省委还非常重视强化"班长"抓班子的崇高责任和主导作用。要求"班长"在党风廉政建设方面，要敢于理直气壮地说：向我看齐！张学忠在省纪委大会上公开声明："我在四川没有任何亲戚，也绝不允许任何亲戚朋友，包括身边的工作人员打着我的招牌办事。如果有人声称是我的什么人找你办违规的事，大家绝对不要相信，而且要及时向省委办公厅或省纪委反映。"省委书记作出榜样，省委常委一班人向他看齐，各市县委书记也向他看齐，全省各地狠刹"送红包""搞勾兑"等不正之风，实行公开、公平、公正的"阳光政策"，党风政风为之一变。

选好"班长"，配好班子，必须有科学的制度保障。近几年，四川构建了以中央《党政领导干部选拔任用工作条例》为中心的选人用人制度体系，建立或完善了包括党委任免干部票决制、党政领导干部引咎辞职、选人用人失察责任追究、领导干部秘书管理等20多项规定，一些市县推行了"下评上、民评官、企业评机关的'阳光工程'"，还组织县区和市级部门"一把手"面向公众述职。完善干部管理机制的根本精神是要坚持决策的民主化、程序的科学化，扩大普通党员和人民群众的知情权、参与权、选择权和监督权，以保证选好、配好坚持贯彻"三个代表"重要思想的"班长"、班子和队伍。

制度的威力在实行。四川省委推进选人、用人制度的改革是认真的，有力的。去年以来，对有突出贡献的优秀共产党员进行了公开的表彰和奖励，并在全省公开推荐"我心中的优秀县（市、区）委书记"活动。广大党员和群众踊跃参与这些活动，一大批人民群众拥戴的优秀干部脱颖而出，陆续走上了市州和省级部门的领导岗位。与此同时，省委抓住反面典型，严肃查处，达到"查处一案，治理一线，教育一片"的目的。例如，开县法院一副院长有违法犯罪活动，即追究对提拔任用该副院长负有责任的领导干部，给予处分，并在全省组织系统开展作风整顿，规定"四个绝不允许"和"六个不准"，作为组工干部的"高压线"。

四、努力强化执行力

空谈误国,实干兴邦。好"班长"、好班子、好队伍的突出标志是具有求真务实的精神和雷厉风行的作风。

求真务实,就是要强化执行力。美国人保罗·托马斯和大卫·柏恩在《执行力》一书中分析说,企业成功,大致上20%靠策略,60%靠企业各层管理者的执行力。一些企业之所以不成功,不是因为没有正确的决策,而是缺乏执行力。四川的同志认为,这个分析对国家机关的工作同样适用。执行力就是管理者完成任务的素质和水平,就是抓落实的作风和能力,就是对任务目标的认真研究和执著推进。现实生活告诉我们,执行力太重要了!我们制定了那么多的远大战略,描绘了那么多的宏伟蓝图,提出了那么多的好思路、好办法,如果不能得到坚定的执行,不能得到认真地贯彻落实,又有什么意义?在革命战争年代,毛主席提出"三大纪律八项注意",只有11条,全管住了,建成了一支纪律最严明、战斗力最强的革命军队。这支革命队伍能压倒一切敌人而不被任何敌人所屈服。这11条为什么管用?就是因为我们党上上下下都严格照办,大家动了真的。现在之所以要强调求真务实,要强调执行力,是因为社会上存在着落实的误区和执行的"黑洞"。有一些干部汇报工作、开会讲话、发表文章都头头是道,思路不可谓不清晰,规划不可谓不宏伟,点子不可谓不新颖,但就是不肯扎扎实实地去办事,只绘图不施工,没有执行力,其结果是工作上不去,群众不满意。

四川省委、省政府是怎样抓执行力提高的呢?第一,强化执行的观念和意识,从上到下,一级抓一级,一级带一级,树立求真务实的科学精神和营造知行合一的执行文化;第二,提高执行的能力和水平,做到坚定性和科学性、艺术性的统一;第三,建立保障执行的严格制度,加强督促、检查和考核;第四,增强执行的底气和勇气,这是执行力的关键所在。有底气,就是领导干部自身过硬,能够率先垂范。"自己没故事,就不怕别人有故事。"同时要有科学的理论指导,有敏锐地发现问题、正确地分析和解决问题的能力。有勇气,就是敢于坚持原则,有旗帜鲜明的态度,有敢抓敢管的魄力。彻底的唯物主义者是无所畏惧的,不抓则已,一抓到底，务求实效，并经得起人民的评判、历史的检验。

执行力是在维护人民群众根本利益和扫除各种障碍中体现和推进的。2003年，四川全省实行停止征收农业特产税（不含烟叶）、停止征收个人工商户管理费、开通鲜活农产品"绿色通道"三大政策，今年又免除了全省民族地区的农牧业税，直接让利于民。还成立了全国首家民工救助机构——华西民工救助中心，清理兑现拖欠的民工工资，已兑付当年民工工资达96%。近两年，全省查处了两百多起妨碍政府执行力的事件。例如，成都市政建设规划中有一条迎宾大道，但有人却在大道上盖起了一座违反规划的建筑，公然对省市政府的正确决策提出挑战。成都市委排除阻力，决不迁就少数人的私利而损害多数人的公利，拿出执行力，毅然决然对违规建筑进行了爆破拆除。广大群众拍手叫好，对此评论说："迎宾大道炸'毒瘤'，炸出了执行力，炸出了党和政府的威信！"近几年来，在省委坚持的公开、公正、公平的原则下，一些无所作为、没有执行力的干部被免职，一大批奋发有为、执行力强的干部得到提拔重用。在邓小平同志的故乡广安市，市委班子因为执行力强，被群众形象地誉为"装有电脑的推土机"。广安市这几年的发展速度也因此在全省名列前茅。如今，在全省各地市县已形成了立党为公、执政为民，争先恐后、你追我赶的喜人局面。

我们在成都、宜宾、乐山、德阳、广安等地考察中深切地感到，虽然四川在发展中由于客观原因还存在不少问题，面临许多困难，但广大干部群众精神状态好，人心思进，人心思干，人心思上，各级党委政府的执行力明显增强，省委、省政府提出的追赶型、跨越式发展战略正在顺利实施。绝大多数干部能自觉地按照"权为民所用，情为民所系，利为民所谋"的要求去做，广大群众感到有奔头，气顺劲足，天府之国到处充满着生机与活力。最近几年，四川省经济增长平均比全国快两个百分点，人口自然增长率比全国低2.6个千分点。特别是2003年，遇到的困难比预料的大，但取得的成绩比预料的好。一是实现了"三个突破"：GDP突破5000亿元，达到5456亿元；地方财政收入突破300亿元，实现336亿元；外贸出口突破30亿美元，达到32亿美元。经济发展增长创10年来新高，经济总量在全国的排位上升了一位。二是实现了"三个提高"：工业经济效益提高，实现净利润162.8亿元，增长43.6%；居民收入提高，城镇居民人均可支配收入达到 7041.5 元，增长 6.5%，农村居民人均纯收入 2220 元，增长 5.8%；城镇化率提高，达到 30.1%，提高近两个百分点。三是实现了"三个加快"：生态建设加快，森林覆盖率达到 26.62%；交通建设加快，已建成高速公路 1500 公里，比 1999 年增加一倍；电力建设加快，装机总容量达 1860 万千瓦，在建 1000 万千瓦。这些事实说明，四川的物质文明建设不但有量的增长，而且有质的进步。与此同时，政治文明建设、精神文明建设也得到有力的推进。在中华民族全面建设小康社会的伟大潮流中，四川人民在以胡锦涛为总书记的党中央领导下，正万众一心，豪情满怀，实现前所未有的大跨越。

（原载《求是》2004 年第 21 期）

贵州有戏很精彩

贵州贵州，金贵之州。地下宝藏多，地上很神奇。海拔不高不低，纬度不南不北，夏天很凉爽，冬天有微温。空气中终年弥漫着花香草香和树叶的清香。贵州各族人民天资聪慧，心灵淳朴，勤劳勇敢。在实践科学发展观的大舞台上，贵州人民的创造很精彩。

一、"四在农家"

在中国革命史上，遵义是一座神圣的城市。遵义会议的光芒划破夜空，照亮了红军前进的道路。

在新的历史时期，遵义人民继承革命传统、发扬创新精神，走出了一条坚持邓小平理论、"三个代表"重要思想和实践科学发展观的宽广道路，简单地说，就是"四在农家"。

"四在农家"来自群众自己的创造。21世纪初期，在遵义市开展"三个代表"重要思想学习实践活动时，余庆县满溪村、光明村、春景村的干部群众把他们的学习实践活动概括为四句话，即"富在农家增收入，学在农家长智慧，乐在农家爽精神，美在农家展新貌"。具体做法是"四有五通三改三建"。"四有"是有一条增收致富的路子，有几项适用的生产技术，有够住、整洁的房子，有好用的家具电器。"五通"是水通、电通、路通、电话通、广播电视通。"三改"是改灶、改厕、改善环境。"三建"是建图书阅览室、建文体活动室、建村务政务公开宣传栏。

省委、市委尊重群众的首创精神，认为"四在农家"的做法上合党的指导思想，下符市情民心，目标是建设小康社会，着眼点远；改善在一村一寨，着力点实。农村群众一听就懂，一学就会，一干就成。于是决定从

2002年开始，由点到面，逐步推向全省广大农村。

"四在农家"活动在实践过程中逐步形成了"村组自治、党政引导、部门服务、资源整合"的工作机制。"村组自治"就是通过农村基层组织、村组干部和村民代表去发动和组织农民群众，使大家出于自己的利益，自觉自愿地开展创建活动。同时健全农村民主管理制度，推动村组自治，有效实施自我管理。"党政引导"就是市县党委统筹规划，合理布局，全面协调。创建活动点的选择按农民申请，村组规划，乡镇审批，市县统筹的程序展开。"部门服务"就是党政机关、社会团体、企事业单位带着责任、带着感情、带着资金，深入创建点具体帮扶，为建设社会主义新农村办实事。"资源整合"就是按"渠道不变、用途不乱、捆绑使用、各记其功、形成合力"的原则，把社会各方面支持农村建设的资金整合起来，形成"聚集效应"，推动农村建设进入结构优化、产业做大、文明富裕的新境界。

"四在农家"的基础是增收致富，根本是农民真得实惠。在开展创建活动的村寨，产业结构的调整优化形成了最大的着力点，涌现出茶叶、药业、竹业、水果、辣椒、烤烟、蔬菜、养殖等数十个专业镇和数十个专业村。支柱产业有了，特色有了，农民人均收入提高很快。穷飕飕、脏兮兮、乱糟糟的生活环境也改善了。农民们高兴地说，我们现在是"走路不湿鞋，吃水不用抬，做饭不烧柴"，"村村寨寨靓起来"。更可喜的是农民的科学文化素质提高了，农村社会和谐稳定的基础牢固了。党的基层组织焕发出了新的战斗力、凝聚力、创造力。留尼旺共产党总书记到贵州考察，了解到"四在农家"活动情况后，感叹道："中国共产党是真正为人民办事的。"

二、"多彩贵州"

千百年来，贵州给外界最鲜明的印象是三句话："天无三日晴，地无三里平，人无三分银。"三句话可归并为一个字——"穷"。在外人眼中，贵州的穷，不只是物质上的，也是精神上的，因为他们不了解贵州是不是有值得称道的文化。面对一个"穷"字，贵州人自己也很难打起精神，多少有一点儿自卑感，以致像张之洞那样生在贵州、长在贵州的晚清重臣也不承认自己是贵州人。

贵州真的穷吗？答案是否定的。贵州物质上不穷，精神文化更不穷。

贵州地下地上的宝藏无穷无尽，贵州各族人民世世代代创造的社会财富宏大丰厚。这其中，刻有贵州印记的民族文化和地域文化更是举世无双。

"多彩贵州"横空出世，一扫贵州的老旧印象，把文明先进的贵州、奋发有为的贵州、美好富饶的贵州展示给自己，也展示给世界。

2005年3月到8月，"多彩贵州"歌唱大赛在贵州全省展开。报名参赛选手达5万多人，参赛作品达5200多个，整个贵州高原成了歌的海洋。2006年1月到10月，"多彩贵州"旅游大使选拔大赛和旅游商品大赛同时举办。在10个月的竞赛期间，有近10万名选手登台竞技。2007年2月到8月，"多彩贵州"舞蹈大赛登台，10万名舞者来自贵州，来自全国，来自世界。2008年6月到9月，"多彩贵州"的歌唱大赛和原生态国际摄影大展同时举行，近1万名歌手和41个国家的摄影师一面赛歌、一面摄影，携手共建属于全人类的艺术殿堂。

"多彩贵州"刚刚举办了几届，但它对贵州经济社会发展的影响之深之大是出乎人们预料的。

"多彩贵州"首先是一种精神，是一种奋发向上的创新精神。一个经济上相对不发达的地区，能否在文化上跨出大步、走进先进行列呢？这种可能性是存在的，但这需要开拓，需要创新。创新的条件本来是客观存在的。比如，贵州各族人民创造的民族文化和地域文化是很优秀、很感人的，但它需要用某种独特而现代的形式展示出来。再比如，党和政府迫切需要努力实现文化的大发展、大繁荣，而提高了物质生活水平的千百万人民也迫切需要提高文化生活水平。这两个"迫切需要"通过"多彩贵州"契合起来，就自然形成了令人印象深刻的文化跃进。

"多彩贵州"是一张名片，是一张天大的名片。从普通民众震撼人心的歌声和舞姿中，从贵州选手在央视"青歌赛"冲金夺银中，从侗族大歌在世界合唱比赛获金奖中，外部世界看到了贵州正在实现历史性跨越的新形象，看到了志存高远、具有非凡创造能力的贵州新精神。这张名片，也是留给贵州人自己欣赏的。在"多彩贵州"大舞台上展露舞姿歌喉的演员虽然成千上万，但在3800万贵州人中，毕竟是少数。"多彩贵州"一把火，真正点燃了贵州人民的心。几届主题文化大戏的成功演出，是一次空前的形象重塑和精神自觉，它不仅改变了外界对贵州的误读，更激发了贵州各族人民的自豪感。他们对创造贵州的美好未来更有底气，更有信心，这是比什么都宝贵的。

"多彩贵州"是一个产业，是一个方兴未艾的大产业。文化资源是战略性资源，文化产业是战略性产业，对一个国家来说是这样，对一个地区来说也是这样。不发达地区要运用后发优势实现跨越式发展，最重要的一条就是要善用独特的文化资源，创造文化产业，形成新的生产力和财富创造形态。

大众文化是文化的最深厚的基础，任何有生命力的文化产业都植根于大众文化之中。"多彩贵州"的成功之源，一是它以大众文化为母体，从中吸取营养和力量；二是它一开始就进行市场化运作，注重提高文化品牌的美誉度和感召力，不断壮大文化市场主体和延长文化产业链；三是把文化资源同旅游资源及其他资源融合起来，形成新的生产方式，在贵州大地上推动创造新的物质财富和精神财富。

三、"体制改革倒装句"

文化体制改革的浪潮正在席卷中华大地，各省市情况不同，可以说各有高招。

贵州文化体制改革走得最快的是广电网络系统。贵州的广电网络因整体经济发展滞后，长期处于欠投入、难开发的状况。全省近100个广电机构在"四级办"的体制下运行了几十年，资产小，收入低，覆盖少，改革的难度很大。省委、省政府经过深入调查研究，决定对广电网络的改革实行"倒装句"模式，以此作为整个文化体制改革的突破口。

企业重组改制，一般做法是先进行资产清核、审计评估，再重组确认股权，建立相应的公司内部组织，然后才实现整合运营。考虑到贵州四级广电网络主体多、人员杂，资产清核审计评估过程会很长，为了保证广电的安全播出，队伍不能散，管理不能乱，但改革过程又不能拖得很久，因此决定"先开店，后规范"。省市（州）五家股东先共同筹集注册资金，发起成立省广电信息网络股份有限公司,设立临时董事会、监事会和经营班子,制定有关章程和制度。各级广电部门实行局、台、网分离,人员随之划转并配置了各分公司临时经营班子。广电网络以新型体制开始运行后,再按法定程序完成"资产清核、审计评估"等工作。这样做下去,仅用几个月时间,全省近100个独立运营的广电网络"小舢板"就猛然组成了贵州文化产业"新航母"。这艘"新航母"要驶入数字化、网络化、信息化、产业化的蓝色大海。2008年11月,新的广电网络公司启动20亿元投资,对全省广电网络进行扩容、升级,并大力推进全省有线电视数字化向纵深发展。"倒装句"式的改革取得了预期效果。

多彩贵州文化艺术有限责任公司是贵州文化海洋中的又一艘"新航母",它是由贵州日报报业集团、贵州人民广播电台、贵州电视台、贵州省歌舞团、江苏金杨集团共同打造的。贵州日报、贵州广播电台、贵州电视台有宣传优势,贵州歌舞团有演出优势,金杨集团有市场运作经验。五个单位的资源优势整合在一起,形成了强大的市场竞争力。它们接手《多彩贵州风》之后,在坚持省内演出的同时,努力开拓国内市场和海外市场。为了适应不同市场和多层次观众的口味,它们把《多彩贵州风》设计成各有特色的不同版本。剧院版力求精美,巡演版考量成本,广场版则意在营造气氛,激起大众热情。《多彩贵州风》从2005年10月1日开始公演以来,三种不同版本的演出总量已经达到了1500场,不仅在全国20多个城市巡演,还出访英国、马来西亚、俄罗斯、印度、泰国等十几个国家,观众超过百万人次,演出收入达到1500多万元,社会效益和经济效益都很好。电视剧《绝地逢生》、广播剧《照亮苗乡的月亮》获得2009年"五个一工程"全国优秀作品奖,《苗族花鼓舞》获中国民间文艺金奖,《古道行》《猎恋》获全国民族民间舞蹈大赛金奖。

多彩贵州,风起于青萍之末,融入中华振兴的浩荡东风,吹绿了原野,吹靓了城乡,吹热了人心,鼓舞着人们去建设文明进步的新贵州。

(原载《求是》2010年第2期)

卷五　文化透视

人类认识世界和改造世界的能力，人类发挥这种能力创造出来的物质的和精神的东西，反映了人的本质，这就是文化，这是广义的文化。

中华文化的创新

在人类文化之林中,中华文化是一棵高耸入云的大树。几千年来,中华文化一直在东方大地上生长着、挺立着。无数的自然灾难和社会灾难曾经伤其枝叶,却不能动其根基,不能摧其主干。

任何有生命力的文化,都需要进行不断地创新,中华文化更需要创新。未来的编年史将会这样记载:20世纪50年代到21世纪50年代的100年间,是中华民族走向全面振兴的关键时期,也是中华文化大创新、大发展、大繁荣的伟大时代。

我们把20世纪50年代到21世纪50年代的100年确定为中华文化大创新、大发展、大繁荣的时代,依据何在呢?显然易见的是,这是中华人民共和国生命途程中的第一个100年。在这100年中,有三大时代特征影响着中华民族乃至全人类的前途和命运,规定了中华文化和人类文化发展的大方向。

第一,这是知识大爆发的时代。在这个时代,我们无论把眼光投向任何方向、任何领域,都会看到知识的无限爆发,都会看到人类认识世界、改造世界的能力无限增长,都会看到文化的力量空前强大。在这个时代,人们有了探求宇宙奥秘的空前能力,可以读懂"天之书";人们有了探索地球奥秘的空前能力,可以读懂"地之书";人们有了探索生命奥秘的空前能力,可以读懂"人之书"。能够读懂天之书、地之书、人之书的现代人,终于创造了实现人与自然、人与社会以及人自身和谐的历史条件,创造了实现人的自由而全面发展的现实可能性。

第二,这是资本主义走向衰亡的时代。天地间的任何事物,都有生成、发展和衰亡的过程,资本主义社会也逃脱不了这个规律。资本主义自诞生以来，创造了超越以往历史的物质文明、精神文明和社会文明，资产阶级以自己的面貌塑造了整个世界。然而，资本主义内在的矛盾是它自身不能克服的。20世纪50年代以后，金融资本主义占据了统治地位，资本主义内在矛盾更加尖锐，表面上眼花缭乱的"繁荣"掩盖不住内在的深重危机和腐朽的本质。到2008年，空前严重的金融危机在资本主义的大本营和心脏部位开始爆发，迅速漫延到整个世界。如今，一种前所未有的景象展现在世人面前：所有的资本主义发达国家，几乎都陷进了经济疲弱、债台高筑、政党恶斗、民怨沸腾的困难境地。乐于在世界各地制造"颜色革命"的西方人士完全没有料到，真正的"颜色革命"已在他们自己的家园里酝酿着。他们应当明白，资本主义社会犹如一个病入膏肓的巨人，预后相当不良。

第三，这是社会主义走向胜利的时代。中华人民共和国的成立，标志着世界上人口最多的国家走上了社会主义道路，这在世界社会主义发展史上具有划时代的意义。20世纪末期苏联瓦解、东欧变色，只是社会主义在局部地区遇到的挫折，社会主义前进的脚步是不会停下来的。13亿中国人民更加坚定地走自己选定的道路，开始了创新、发展、完善社会主义的壮丽长征，并取得了震惊世界的胜利。世界各国人民也以自己的方式推进着社会主义事业，越来越多的人都看清了世界发展的大趋势：资本主义的消亡和社会主义的胜利同样是不可避免的。

中华文化的创新不仅有以上三大时代特征为背景，而且有以下五大历史条件为推动力。

首先，博大精深的中华文化蓄积了几千年，其内在的创新爆发力是无限的；其次，中国人民几十年建设社会主义所创造的实践经验无比丰富多彩，由此形成了文化创新的不竭源泉；还有，改革开放使中国与外界紧密相连，中国人吸收世界文明成果的程度空前广泛和深入，中华文化的创新也是世界文化的创新；再有，历史上的文化创新，都是少数文化人的专利，在基本扫除文盲的社会主义中国，文化创新已经成为十几亿人共同参与的伟大事业；最后，代表先进文化前进方向的中国共产党依靠广大人民、统筹社会资源、调动社会力量所推进的中华文化创新注定成为中华民族伟大振兴的胜利旗帜。

中华文化的创新，总目标是发展和完善社会主义文化。

文化是经济和政治的集中表现，是整个社会的精神和灵魂。当代中国，政治是社会主义政治，经济是社会主义经济，与之相适应的文化，只能是社会主义文化。

社会主义理想的萌芽，无论在东方社会还是西方社会，出现的时间都很早。但直到工人阶级登上历史舞台，马克思、恩格斯创立了这个先进阶级认识和改造世界的科学理论，经过各国共产党和人民群众的英勇奋斗，社会主义才从空想变成了现实。

当代世界最大的奥秘是两大进步潮流在中华大地上的互动和交融：中华民族只有走社会主义道路才能实现全面振兴，而社会主义正是在中华振兴中走向新的胜利。西方观察家在预测中国发展时总是出错，就是因为他们解不开这个最大的奥秘。

创立社会主义文化是不容易的，发展和完善社会主义文化更不容易。我们今天说的中华文化的创新，就是创立、发展和完善社会主义文化，中华民族做好这件事情，是时代的要求，并且具有历史和世界的意义。

中华文化的创新就是要推动中华文化力的大发展。

"从最广泛的意义上说，天地间的力只有两种，一种是自然力，一种是文化力。"

自然力是大自然所禀赋的，如引力、电磁力等等；文化力是人类社会所特有的。

文化力的作用是无形的，无限的，永恒的。人们可以藐视一切，但是不敢藐视文化力。

人类从野蛮的荒原进入文明的胜景，从奴隶社会进入封建社会、资本主义社会和社会主义社会，是文化力推动的。

地球上从古到今的一切奇迹，从古代中国万里长城、埃及金字塔、希腊迷宫，到现代的宇宙飞船、人造卫星和现代大都市，都是文化力创造的。

在无坚不摧的文化力面前，高山要让路，大海会献宝，一切黑暗的王国都会烟消云散。

在激动人心的文化力面前，枷锁可以打烂，梦想会变成现实，人类可以创造崭新的国家和美好的社会。①

具有如此惊人作用的文化力虽然无边、无形，但并不玄妙，是非常现实的。实际上，文化力是人们认识世界和改造世界的能力，是人们创造物质财富、精神财富和创造人自身的能力。

有人会问：具有如此神奇作用的文化力，究竟是一种物质的力量还是一种精神的力量？我们的回答是：文化是物质和精神的统一，文化力是物质力和精神力的统一。文化是人的本质表现，人本身就是物质和精神的完美统一。看得见的肉身和看不见的精气神融合为一才有人的存在。身体健康而又精神高尚的人会显示出非同一般的创新力量。

文化力是通过创新而发展的。中国人民把马克思主义同中国实际结合起来，创造了毛泽东思想，这是一次伟大的文化创新，由此形成的文化力推翻了帝国主义、封建主义和官僚资本主义三座大山，把世界上人口最多的一个大国建设成社会主义国家。中国人民继续创新，形成了邓小平理论、"三个代表"重要思想和科学发展观，中国的文化力更加强大，在短短的几十年中改变了中国贫穷落后的面貌，创造了现代化发展的人间奇迹。

文化力根本上是人的能力，中华文化创新的根本任务是要形成世界上最宏大的文化人才队伍。这支队伍不是数以万计，而是数以十万计、百万计、千万计。在这支宏大的文化人才队伍中，将会涌现出许多文化之星。思想界会有新时代的"诸子百家"，科技界会有新时代的张衡，文学界会有新时代的曹雪芹，戏剧界会有新时代的关汉卿，医学界会有新时代的华佗……这些文化巨人带领的文化大军，定能托举起中华文化灿烂的太阳。

中华文化的创新，就是要促进社会科学的大繁荣。

现在流行于世的社会科学，是在资本主义社会中形成的，它有许多好东西，它集成了以往时代的文明成果，它指引西方10亿人口实现了现代化，也促进了整个世界的进步。但这种社会科学也包含着许多坏东西，特别是打上了金融资本主义思想烙印的那些东西危害很大，两次世界大战的爆发，一次又一次金融和经济危机的冲击，许多发展中国家遭受的各种战

---

① 王天玺：《文化经济学》，云南人民出版社2010年版，第33页。

乱,都与此有关。

中国人民正在创立崭新的社会科学,是中华民族社会主义现代化实践的理论概括,是5000年中华文明的自觉升华。它继承传统,又超越传统;它来自生活,又高于生活;它吸纳外来观念,又改造外来观念。这样的社会科学,就会成为亿万人民建设崭新的社会主义社会的思想武器。

这种崭新的社会科学,它自然带有中国社会的特点和中华文化的气派,但它又具有普遍的世界的意义,比如,中华文化讲的大道,说到底就是阴阳和谐、矛盾统一,这是人们认识世界和改造世界必须遵循的大道理。再比如,新社会科学的政治伦理可简化为以下五个字:"仁、正、民、自、和"。"仁",就是热爱人民,以人民为本,全心全意为人民服务;"正",就是正义,就是公正,实现人人平等;"民",就是民主;"自",就是自由,反对压迫,反对剥削,实现每个人自由而全面的发展;"和"就是和平,就是和谐,就是和合,就是社会大同、世界大同。这样简明的五个字优于许多恢弘的理论体系,好记而实用,易于为广大人民群众所接受。再比如,以往的经济学是"以物(商品)为本、以资本为主导的经济学",社会主义的经济学则应是"以人为本、以文化为主导的经济学"。

直言之,在引领世界前进方向的社会科学中,中国人应当有响亮的话语权。

中华文化的创新,就是要实现自然科学的新发展。

科学技术是文化的重要组成部分,科技创新是文化创新的重要方面。

中华民族是一个富于科技创新的民族。英国哲学家培根曾赞叹说,中国古代的印刷术、火药和指南针改变了世界事物的面貌和状态。很可惜,近现代几次科技革命爆发时,中国正处于艰难的时期,完全被边缘化了,使人至今叹息不已。进入21世纪,当新的、最辉煌的科技革命大潮到来之时,中国科学家将走在科技创新的前列,中华民族将赢得崇高的科技话语权。

从科技革命的周期来看,新科技革命的大潮,将在今后二三十年间展现。届时,人类对宏观世界和微观世界的认识将登上更高的台阶,旧的科学理论将会改写,新的科学理论将会诞生。与此同时,以绿色、智能和可持续发展为特征的科技创新和产业革命正方兴未艾,它们将重塑世界经济和文化发展的格局，将决定全球民族和国家的命运。

试看今日之世界，举全国之力推动科技创新的国家不多，中国已占有显著的位置。

中国的科技创新事业，是全方位展开的。20世纪90年代以来，党和国家按"自主创新，重点跨越，支撑发展，引领未来"的方针推动科技创新，并确定了到2020年建成创新型国家的宏伟目标，科技创新进入了飞跃发展时期。

当今中国，中长期科技发展规划已经制定，全民重视科技创新的氛围已经形成，超过5000万的科技人力资源举世无双，先进而齐备的科技基础设施令人羡慕，灵活而高效的科技创新机制正在形成，广大现代化企业成为创新的主体，战略性新兴产业快速发展，重大科技前沿的突破蓄势待发，中国科学技术的国际地位显著提高，中华民族对世界科技发展的影响将是前所未有的。

中华文化的创新，是要使文化发展机制更完善。

文化是物质和精神的统一，文化力是物质力和精神力的统一，只是这样去认识文化和文化力，才能形成比较灵活有效的文化发展机制。

在很长的历史发展中，人们更多的是从精神层面去认识文化和文化力，这并没有错，因为文化确实具有很强的教化功能。恩格斯说得好："文化上的每一进步，都是迈向自由的一步"。处在不同社会环境中的人们，都要通过文化活动来启蒙心智、认识世界、陶冶情操，获得精神的自由和人生的幸福。活跃在地球上的所有国家、民族和政党都要依靠自己的核心价值观来凝聚人心、振奋精神，去实现自己追求的崇高目标。然而，文化的精神性不能离开它的物质性。马克思主义是世界文化的精华，但马克思主义的产生离不开马克思这个物质和精神统一的人，离不开资本主义发展的物质世界，离不开为人类解放而奋斗的各国共产党和工人党，马克思主义的传播还要有《共产党宣言》《资本论》这类实体性书籍的出版和发行。

文化本身具有精神和物质的两重性，文化的两重性决定了文化发展机制也有两重性：文化事业和文化产业。

中华文化发展的两重性自古有之。古人言："半部《论语》治天下"，把《论语》体现的中华文化精华的作用力举上崇高的位置。当时的政府，从中央到地方强力推动的文化事业就是建孔庙，办学堂，深入而广泛地宣扬儒家思想，宣扬"仁义礼智信"的政治伦理。与此同时，社会上也形成了出版发行"四书五经"的文化产业。

国家主导的文化事业和社会运作的文化产业虽然古已有之，但它们的发展曾经是很不平衡的。在中国封建社会，出版、发行"四书五经"的文化产业，只是经学至上的文化事业的附属，形不成大气候；在西方资本主义社会，市场为大，利润至上，文化产业的膨胀，压缩和侵蚀着文化事业。只有在社会主义社会中，文化事业和文化产业才能实现相得益彰、比翼齐飞。

十六大以来，我们党在文化建设上提出文化事业和文化产业两手抓、两加强的指导方针，把握了文化发展的内在规律，形成了社会主义文化发展的灵活有效的新机制，这是中华文化创新的里程碑式的重大成果。

中华文化的创新，是要形成生机蓬勃的新文化形态，形成社会主义文化形态。

一定的文化力和文化关系，构成一个社会特有的文化形态。在历史的演进中，原始社会之后，曾出现过奴隶主文化为主导的文化形态，封建文化为主导的文化形态，资本主义文化为主导的文化形态和社会主义文化为主导的文化形态。

一般来说，资本主义文化优于封建主义文化，社会主义文化优于资本主义文化，中国人民对此有着深切的感受。

中国近代走向衰落，是以1840年的鸦片战争为标志的。论国家实力，鸦片战争时的中国强于英国。根据《大国的兴衰》和《世界经济千年史》提供的数据，到1870年，中国GDP占全球的比例为17.3%，高于英国的9.1%；到1890年，中国军队超过100万，英国军队只有42万。鸦片战争时，双方的差距还要大得多。但是，由于腐朽落后的封建文化占据社会的主导地位，中国虽大，却像一个完全没有精气神的病人，不堪一击，一败再败。

新中国建立后，中国社会已是先进的社会主义文化占主导地位，人虽穷，志不短，由于精气神旺盛，已然成为顶天立地的东方巨人。1950年的时候，中国是一个真正的穷国。中国钢铁产量只有几十万吨，而美国是几千万吨，双方的实力差距非常大。但当美国把战争强加到中国人民头上的时候，中国的反击是非常可怕的。小米加步枪的中国军队同飞机加大炮的美国军队在朝鲜半岛对垒，中方五战五胜，把敌人从鸭绿江边一直赶到三八线附近，并迫使不可一世的超级大国在未能占到一点便宜的停战协议上签字。

以社会主义文化为主导的国家，不仅可以在军事对抗中立于不败之地，也可以在经济竞争中创造奇迹。新中国建立仅仅半个多世纪，就在经济总量上超越了已在现代化道路上先行几百年的日、德、英、法、意等资本主义大国，就是有力的证明。

20世纪中期以来，在中华大地上形成的新文化形态，是一个生机蓬勃的文化有机体。先进的社会主义文化居于主导地位，它以"仁爱、正义、民主、自由、和谐"的精神凝聚人心、解放思想、推动创新，实现社会的和谐。在这个文化有机体中，有主流文化，也有非主流文化；有主体民族的文化，也有非主体民族的文化；有先进文化，也有落后文化；有本国文化，也有外来文化；有"阳春白雪"的精英文化，也有"下里巴人"的大众文化；有过去时代的文化遗留，也有未来时代的文化萌芽。

崭新的社会主义文化形态，把高扬主旋律和提倡多样化统一起来，把尊重传统和推动创新统一起来，把对外来文化的吸收和改造统一起来，百花齐放，百家争鸣，把中华民族十几亿人的创造性激发出来，凝聚成改天换地的伟大力量，去实现中华民族的伟大振兴，并对人类的文明进步作出更大的贡献。

（原载《中国社会科学网》）

人类发展的新时代

在人类发展的这个新时代，我们无论把眼光投向任何方向、任何领域，都会看到知识的无限爆发，都会看到人类认识世界、改造世界的能力无限增长，都会看到文化的力量空前强大。文化主导着人类社会前进的方向。

——王天玺

我们处在人类发展的新时代。这是文化大发展、知识大爆发的时代。笔者在《生命大爆发》中写了这样一段话：

浩瀚的宇宙，

演化出美丽的生命；

美丽的生命，

演化出具有神奇知识的人。

这个漫长的演化历程，

经历了三次奇妙的大爆发。

第一次是200亿年前的宇宙大爆炸，

这次大爆炸产生了支撑生命体系的广袤宇宙。

第二次是5.3亿年前的寒武纪生命大爆发，

这次大爆发形成了灿烂的生命体系。

第三次是现在还在进行中的知识大爆发，

这次大爆发标志着人类智慧时代的到来。

在人类发展的这个新时代，我们无论把眼光投向任何方向、任何领域，都会看到知识的无限爆发，都会看到人类认识世界、改造世界的能力无限增长，都会看到文化的力量空前强大。文化主导着人类社会前进的方向。

知识大爆发，就是人们走到了读懂"天之书""地之书"和"生命之书"的关键时期，在20世纪和21世纪交替的短短几十年内获得的科学知识超过了以往的几千年。

一、读懂"天之书"，认识宇宙，是人类求知的一个大梦想

我们的古人只能用自己的眼睛观察天象，对广袤宇宙的认识非常有限。从伽利略时代以来，人们探索宇宙的冲动日益强烈，不断发明新的望远镜去观察月球、火星、太阳和无数的宇宙奇观。在美国、在中国，最大的地面望远镜直径已经达到几米，甚至几十米。但是这还不够，因为宇宙是早期形成的，很多恒星和星系发出的辐射都位于红外波段，这些红外波段不能穿透地球大气层，地面望远镜直径再大也吸收不到。为了观察更远、更广的宇宙，现代人发明全波段的空间望远镜，完全打破了这个限制。所谓空间望远镜，就是天文卫星。这种天文卫星距地面几百公里或者几千公里，完全在大气层外飞行。按天文卫星上装载的仪器分类，有可见光天文卫星、射线天文卫星、α射线天文卫星、红外射线天文卫星四大类。1990年以来，这些天文卫星拍摄到了极为清晰的火星照片和木星极光，观察到海王星云层的异常变化，还看到了正在诞生的恒星，数不胜数的星云、星团以及河外星系。在遥远的宇宙中，还发现了一个非常罕见的星系，该星系内每年新形成几千颗新的恒星，俨然是一个"造星机器"。2007年，欧洲南方天文台在距地球约190万亿公里的地方发现了一颗类地行星，它的质量约是地球的6倍，表面温度估计在零摄氏度至40摄氏度之间，与地球表面的温度相当。这是一个激动人心的发现，在人类探寻外星生命的历程中具有里程碑意义。

读懂"天之书"，不仅是要用越来越强大精密的望远镜观测浩瀚的宇宙，更重要的是要认识地球和其他天体的相互关系，探索宇宙的演化规律。

在漫长的历史中，世界各地的人们各有自己原始的宇宙观。只是在牛顿力学诞生之后，科学的宇宙观才逐步发展起来。但是，以绝对的时间、无限的空间为特征的牛顿宇宙模型存在一些重大的佯谬。正如天文学家奥伯斯和西利格等人所说，如果宇宙无限大，恒星无穷多，那就会导致"夜空不黑"。既然夜空是黑的，那么宇宙就不会是无限的。如果宇宙无限大，那么无限大的引力会导致物体有无限大的加速度，但物体的加速度是有限的，那么宇宙就不会是无限大的。爱因斯坦在20世纪初以广义相对论为依据，提出了新有限宇宙模型。按照爱因斯坦的描述，宇宙是一个弯曲的三维空间，其曲率与空间的物质分布有关。后来，哈勃、伽莫夫、霍金等宇宙学家以大量的天体观测数据为依据，逐渐勾画出一个有限宇宙的演化蓝图。他们认为，宇宙是一个从原始奇点发展起来的。大约200亿年前，奇点开始大爆发，温度达到100亿K左右，此时的宇宙成分只是一些基本粒子，如质子、中子、电子、光子、中微子等。此后的3分钟内，温度降到10亿K左右，开始形成氢、氦等化学元素。大爆发30亿年左右，温度降到100K左右，开始出现星云和各种天体。逐渐形成我们现在可以观测到的宇宙。从科学家们最近几十年实测的光谱红移和微波背景辐射证据来看，现今的宇宙依然在膨胀之中。这本"天之书"还要继续写下去、读下去。

二、读懂"地之书"，认识地球，是人类求知的又一个大梦想

承载人类和万物的地球深处，到底是什么景象，是虚的还是实的，是寒冷的冰窟还是奔腾的熔炉？几千年来，古人曾设想用各种办法来探测地球深处，但由于坚硬复杂的地壳阻隔，人们只能望地兴叹。20世纪60年代以来，科学家们开始了意义重大的大陆科学钻探。如果说天文卫星是探测天体的望远镜，那么大陆科学钻探就是探测地心的望远镜。最早进行大陆科学钻探的是苏联的地学专家，他们在科拉半岛上的SG-3钻孔曾钻到12262米深处。1968年，美国"挑战者"号深海钻探船在墨西哥湾开始了长达15年的深海钻探。该钻探收集的大量资料，证实了洋底扩张的科学假说，确立了全球构造运动的"板块理论"。2003年10月启动的"综合大洋钻探计划"最为雄心勃勃，其"地球号"探测船的钻头，将于2012年进到地幔，也就是要打通地球的中心点。此次探测地心，是为了揭示地

震机理，查明深部生物圈和天然气水合物，理解极端气候变化的过程，为深海资源开发和防震减灾提供科学依据。

为了读懂"地之书"，人们一方面用超级钻头打透地心，一方面则用超级计算机分析包裹地球的大气圈。1996年，世界上出现了第一台浮点运算速度超过每秒1万亿次的超级计算机，但是它的记录很快就被打破了，几万亿次，几十万亿次，几百万亿次的超级计算机相继出现。如今，在美国和中国，千万亿次的计算机正在实验室中运转。通过卫星和海洋浮标收集的气象数据，输入这样的计算机，科学家们就可以看到大气层演变的轨迹，就可以预测未来50—100年的气候。

为了读懂"地之书"，必须揭示构成地球的物质的奥秘。物质都有其构成单元，这就是原子。人的眼睛是看不到原子的，一般的显微镜也看不到。20世纪发明的电子显微镜分辨率很高，达到纳米级，可以看到病毒，但依然看不到物质的基本单元。十几年前，扫描隧道显微镜发明出来了。这种显微镜使用一根探针，探针和物体之间加上电压，当探针距离物体表面很近时，隧道效应就会起作用。中子会穿过物体与探针之间的空隙，形成一股微弱的电流。通过测量电流，就可以知道物体表面的形状，使人类实时观察到单个的原子。

物质不仅具有质量，而且具有能量。质量的基本单元是原子，能量的基本单元是量子。"量子"是知识大爆发的标志性概念。量子论的确立，不仅揭示了微观世界的奥秘，而且推动了一系列重大的技术变革，还深刻地改变了人们关于物质世界的哲学观念。量子力学的基础之一是"测不准原理"，它揭示出，微观粒子的位置和动量不可能同时被精确地测定，人们由此认识到经典的因果关系确定论在微观领域并不适用。

三、读懂"生命之书"，探测生命奥秘，是人类求知的又一大梦想

生命的奥妙，存在于遗传密码之中。遗传密码的破译，是20世纪生命科学最伟大的成就。破译遗传密码，就等于编撰一本适应于从细菌到人类的生命辞典，一切生物都按照这本辞典创造和传递着生命。

1986年，生物学家R·杜尔贝斯在美国《科学》杂志上发表的一篇论文中指出："人类DNA序列是人类的真谛，这个世界上发生的一切事情，都与这一序列息息相关。"这个论点为许多科学家所认同,他们共同发起了"人类基因组计划"。

1990年10月1日,由美国、中国等多国科学家参加的"人类基因组计划"正式启动。主要目的是测定人体22对染色体中的所有DNA序列,包括31.647亿个碱基对,共有3万至3.5万个基因。打个比方,人类的生命之书,是由30多亿个字写成的,如果把它们排版成书,足有20多万页。2000年6月26日,中、美、日、德、法、英六国科学家联合宣布,他们读完了这本30多亿字20多万页的生命大书,并且破天荒绘制出了人类基因图谱。

破译遗传密码和测定基因组序列,打开了人类认识生命、改造生命的伟大历程。

从20世纪50年代到21世纪50年代,将是人类历史上最伟大的时代。前50年没有世界大战,后50年也不会有世界大战。虽然局部的冲突和战争没有间断,但世界和平的大局一直保持不变。正是在这种总体和平的局面下,人类的主要精力才能够用来解决发展问题,特别是用来读懂"天之书"、读懂"地之书"、读懂"生命之书"。

在读懂"天之书""地之书"和"生命之书"的过程中,人类拥有了无限多的知识,进入了知识大爆发的时代。在这个知识大爆发的时代,我们必须要注意到以下两种情况:第一,知识已经不再只是掌握在少数社会精英手中。现代化的教育普及,使社会大众都可以获得基本知识;现代化的出版、传播方式,使新的知识可以很快传到世界的各个角落。而且,这种传播不是被动的、单向的,而是主动的、双向的。在人类知识之网上,每个人,每个社会机构,都是一个知识的神经节点,他们相互吸收、相互激发、共同创造,形成到处都有活水涌出的知识的大海。第二,知识本身具有非凡的主动性和创造力,它会形成前所未有的大产业,立刻转化为满足人们多方面需要的物质财富和精神财富。

生活在20世纪和21世纪交替时代的人们,由于能够初步读懂"天之书""地之书"和"生命之书",已经同以前时代的人们有了显著的区别。就好像一个人,已经脱离了童年时代、少年时代、青年时代,读完了大学,成为成年人,成为有文化的人。他们终于有能力全面回顾历史、审视现实、规划未来。当他们这样做的时候,就深切地感到,人类最大的不幸是人类自己造成的,就是他们破坏了人与自然的平衡,破坏了人与社会的平衡,破坏了人自身的平衡。在这种情况下,人类唯一正确的发展方向就是努力实现人与自然的和谐、人与社会的和谐、人与人的和谐、人自身的和谐。

人是大自然演化出来的,人的生命,是大自然恩赐的。但从动物中分化出来的人类对大自然完全没有感恩之情。非但如此,他们把大自然当做生存斗争的对象,像动物一样去任意践踏,任意索取,任意破坏。特别是进入工业化时代,在资本主义生产方式运行的几百年间,为了追求高额利润,对大自然的破坏和毒化达到了毁灭性的程度。这是一种必遭天谴的犯罪的生存方式。犯罪是要遭受惩罚的。这种惩罚,不但落在当代人的头上,而且会无比沉重地落在子孙后代的头上。扭转这种可怕趋势的时候到来了吗?到来了!在知识大爆发、文化大发展的历史时期,不是少数人,而是越来越多的人在人与自然的问题上猛然惊醒了。更为重要的是,高度发达的科学技术和生产能力,足以创造丰富的物质财富和精神财富,使人类可以从以金钱为主导的生产生活方式,转向更高的以文化为主导的生产生活方式,以便自觉地去实现人与自然的和谐。

社会是人组成的,是人的社会,按其本性,人与社会应当是和谐的。但实际情况完全不是这样,人与社会的矛盾充满着迄今为止的人类历史。社会不是抽象的东西,它是很具体、很实在的,它由政府、制度、法律等等要素构成。谁掌握了这些东西,谁就代表了社会,成为社会的主宰者。在奴隶社会,由于奴隶主阶级垄断了生产生活资料,他们就掌握了国家机器,成为社会的代表,社会的主宰者。这种社会,是压迫人的社会,主宰社会的奴隶主阶级同社会大众处于敌对的关系。到了封建社会,由于历史的进步,主宰社会的地主阶级同社会大众的对立关系稍有缓和。到了资本主义社会,由于生产力的发展和社会民主的兴起,在发达国家,主宰社会的资产阶级同社会大众的对立关系比以往的历史时期有明显改善。然而,正如 2008 年爆发的世界金融海啸所显示,垄断着金融资本的阶级依然是发达国家社会的主宰者,他们的利益同人民大众是完全对立的。结束这种状态的历史时机正在成熟。实际上,在知识大爆发、文化大发展的时代,核心竞争力不是土地，不是资本，而是知识，是全新意义的文化。在当今时代，文化已为人民大众所拥有，而不能由某个阶级来垄断。因此，也不允许某个阶级来主宰社会，人民大众最终将成为社会的主人，人与社会才能走向和谐，这就是社会主义。

在以金钱为主导的资本主义生产生活方式下，人与人的关系是通过物（商品）与物（商品）的关系表现出来的。处在社会分工大网上的人们，是在商品的运行中相互联系在一起的。这种联系方式个人无法控制，而且充满风险。每个资本家不得不唯利是图，都不惜损人利己，相互之间随时随地都会发生矛盾和冲突。到了知识大爆发、文化大发展的时代，一种崭新的生产生活方式，即以人为本、以文化为主导的生产生活方式开始兴起。在这样的社会中，人们将以文明的方式创造物质财富和精神财富，并以文明的方式对待他人，以实现人与人之间的和谐。

人与自然的冲突，人与社会的冲突，人与人的冲突，都会交集到具体的人，造成人自身的冲突，使人处于心力交瘁的困境。从根本上说，这是因为在社会发展的一定历史阶段，人们认识世界、改造世界的能力很有限，满足人们生存需要的物质总是很匮乏，必须付出几乎全部的心力来应对基本的生存问题。一个人是这样，全社会也是这样。到了知识大爆发、文化大发展的时代，人们有了很高的认识世界、改造世界的能力，能够创造出前所未有丰富多样的社会财富。人们可以用科学的方式进行创造性的劳动，既有时间工作，还有时间学习、健身和娱乐，实现人自身的和谐，这就是人和社会全面发展的时代。

（原载《文化经济学》）

中华文化具有无与伦比的凝聚力

　　博大精深、源远流长的中华文化是中国各族人民在几千年的历史中共同创造的。中华文化在促进民族团结、国家统一中所起的巨大凝聚作用是无与伦比的。

　　首先，中华文化创造了一个历史悠久的、统一的大国。世界上曾有过很多大国，但都是忽生忽灭、忽聚忽散，历时不久。只有中国几千年来能够维持大一统的局面，即使有的时候也有一些分裂，但是分裂过后是更大的统一，更牢固的统一。其次，中华文化创造了一个世界上最大的民族共同体。现在世界上很多地方主张一个民族就是一个国家。到处闹分裂、闹冲突、闹矛盾，只有中国几十个民族能够长达几千年在一个共同体内生活，这也是一个世界史上的奇观。最后，中华文化创造了世界上五分之一人口的民族特性。

　　中华文化所发挥的强固纽带作用是举世公认的，这种强固的纽带作用与中华文化本身所具有的特点是分不开的。在中国文化中，人的地位很高。中华文化很有温情，是以人为中心的文化。中华文化的这个特点具体表现在以下几个方面：在人与自然关系上，主张"天人合一"；在主客体关系上，中国文化强调主体的自我修养，修身养性，达到不朽；在人与社会关系上，强调"厚德载物"，并注重人与人之间非常良好的社会关系；在个人与事业的关系上，强调艰苦奋斗、自强不息，靠自己的奋斗去克服困难；在处理不同群体的关系时，强调"和为贵""己所不欲、勿施于人"，对不同民族、不同国家、不同政治团体，讲"王道"，反对"霸道"；对于一个人，要能够参与天地化育万物，达到高尚的人生境界，还要求有一个总的世界观、总的方法论、总的态度，就是实事求是、与时俱进。

  当然，中华文化也有她的弱点，这种弱点在近代暴露无遗。因此，我们必须按照江泽民总书记的要求不断进行文化创新，把我们的精神纽带建设得更加强固。为此，我们要从以下五个方面不断地努力：要树立主心骨思想。毛泽东思想、邓小平理论、江泽民"三个代表"重要思想，是中华文化的核心，是整个民族凝聚力的核心，是我们的主心骨；要向西方发达国家学习先进的科技文明成果和管理经验；要大力弘扬中华优良文化传统；要总结"五四"运动以来，我们新文化建设中优秀的、好的经验；要齐心协力地创造无愧于我们时代，无愧于我们民族，无愧于我们国家的新文化经典作品。如果我们把这些工作做好，中华文化的精神纽带作用就会非常强大，国家的统一、民族的团结、社会的稳定就有了保障，中华民族就可以对世界的和平和人类的共同进步作出更大的贡献！

（原载 2002 年 9 月 3 日《光明日报》）

文艺创作需要理论指导

无论什么种类的文化，都有一个起核心和主导作用的思想理论。对于中国社会主义文化来说指导思想是马克思列宁主义、毛泽东思想和邓小平建设有中国特色社会主义理论。毛泽东在延安文艺座谈会上的讲话，邓小平在第四次文代会上的祝辞，江泽民最近关于文艺问题的一系列重要讲话，都是一脉相承的马克思主义文艺理论，是繁荣和发展社会主义文艺的正确理论，是文艺创作的指导思想。

没有革命的理论，就没有革命的运动。没有科学的文艺理论，也不会有生机勃发的文艺运动。文艺理论是随社会和文艺实践的变化而发展的。但是中国文艺理论发生革命性飞跃则是在马克思主义传入之后。毛泽东《在延安文艺座谈会上的讲话》树起了马克思主义文艺理论的光辉旗帜，指明了社会主义文化发展和繁荣的正确道路。

任何一个文艺家都是在一定社会环境中生活和进行文艺活动的，不管他怎样自以为飘然隐逸，都不能真正忘情世事，不能没有自己的思想和世界观。否则他就不能认识现实，无法理解历史，不会对生活具有深切的感受。实际上，正是某种思想和世界观，某种文艺理论引导着文艺家去观察现实生活和透视历史事件，从中选取美与丑、善与恶、真与假、崇高与滑稽、悲剧与喜剧的素材，借助于语言、色彩和音响等等，创造出感性具体的艺术形象。先进的思想和世界观不能代替创作，但是有才能的文艺家一旦掌握了先进的思想和世界观，就能创作出人民喜爱的文化珍品，甚至创造出具有永恒意义的天才作品。问题不在于文艺是否需要文艺理论，而是需要什么样的文艺理论。对于当代中国文艺家来说，应当旗帜鲜明地提倡和掌握马克思主义文艺理论。

近年来，社会上出现了西方文化热的倾向。一些人眼望西方，忙不迭地拿进五花八门的文艺理论；一些人面朝往古，崇拜传统。对于这些，我们要有清醒的头脑，更要有海纳百川的气度和能力。中国现在的开放和吸纳外来文化的程度，超过历史上的任何时代，传统文化积累之丰富，也超过历史上任何时代，只要我们在思想上有主心骨，即旗帜鲜明地坚持马列主义、毛泽东思想和邓小平建设有中国特色社会主义理论，旗帜鲜明地坚持马克思主义的文艺理论，在此基础上进行实践和创造，社会主义的文化理论就会有一个新的大发展。

有理论指导才会有正确的实践。具有强大生命力的社会主义文化系统，是由社会主义的主导文化和其他有益文化构成的。以精品形式出现的主导文化体现历史发展的方向，反映时代的精神，规定着社会主义文化的前进方向。群众文化则以雅俗共赏的形态满足社会各方面的精神、生活需要，形成社会主义文化的深厚基础。新时期社会主义文化怎样为人民服务，怎样进行普及和提高，恰当的做法是在邓小平建设有中国特色的社会主义理论指导下，弘扬主旋律，提倡多样化。

理论对文艺创作的指导，具有它的特殊规律，文学家、艺术家在创造性劳动中，通过自身审美意识的折射，以特定的艺术思维方式、特定的物质媒介，将处于自然状态的社会生活，生动地形象地表现出来，这是一般的文学艺术品的产生过程。社会生活无限丰富，人们的审美要求多种多样，文学艺术家的思想水平和艺术才能千差万别。因此，呈现在世人面前的文艺作品就会有层次性和多样性。除了高雅文化，还有大众文化。特别是大众化通过多媒体传输，呈现出全新的形态。它传播了信息和开放意识，对社会发展是有积极意义的。同时，某些大众文化含有明显的物欲观念，对道德风尚会产生负面影响。电视和录像占据了人们的闲暇，高雅的书籍看得少了，理性思维能力弱化了。因此，怎样对待大众文化就成为新时期处理普及和提高的重要课题。首先是要积极引导，要用文化精品，弘扬主旋律，把大众文化引向健康轨道。其次是要提高，使大众文化成为雅俗共赏的东西。第三是要规范，对于大众文化的创作、生产、消费要用行政的和经济的手段加以规范。

在社会主义市场经济的条件下发展文艺，正确的理论指导更显示出它的重要性。自从市场经济的大潮在社会上掀起以来，有相当一些作家艺术家抱怨他们的作品没有人欣赏，他们自身未受到社会的重视。实际上，这些文艺家不应当抱怨社会和大众，倒是要老老实实承认，在新的历史条件下，我们自身确实需要从理论到实践认真解决怎样为人民服务的问题。

社会主义市场经济，是中华民族的伟大创造。它把社会各方面的活力都调动起来。推动我们的经济以很高的速度和很大的规模向前发展，推动我们的文化得到前所未有的普及。这种情况迫使我们的文艺家思考这样两个问题：第一，既然文化已经不是少数人享有的特权，而是成为社会大众生活中的一部分，那么作家艺术家也就成为人民群众的一员，他们怎样去适应这种新生活呢？第二，在共产党的领导下，人民大众不仅运用政治和经济的力量去推动历史的发展，而且运用文化的力量去创造新世界。在建设社会主义市场经济的伟大实践中，任务是那样艰巨，情况是如此复杂，人民大众渴望文艺家提供可以凝聚人心、振奋精神、高扬理想的优秀作品，以帮助他们创造新世界。

只有在正确理论指导下，才能创造出文化精品。文化精品，是文艺家充满激情的个人创造，是一种复杂的精神劳动，没有良好的环境和气氛，就很难有天才的作品产生。建设有中国特色社会主义的伟大实践，我们党正确的理论指导和文艺政策，为文学艺术家创造了很好的大环境。使一切有才能、有志气的文艺家获得广阔的创作天地，把真善美的作品献给人民，献给社会。

理论对于文艺创作的指导作用，很大程度体现在文艺评论上。文学艺术是通过形象思维和塑造典型来认识世界和反映现实的，它的社会意义和思想倾向不是直接地表达出来，而是隐藏在艺术形象的背后，有些精美的文艺作品的美学价值不是一眼就能看出，常常需要反复推敲，仔细琢磨才会明白。所以，公正客观、实事求是的文艺评论可以帮助文艺家总结创作上的优劣得失，探索艺术创作的规律，阐述作品的思想内涵，形成正确的舆论导向，帮助人民大众更好地接受和欣赏作品，提高审美水平，促进艺术精品的生产。

文艺评论当然要有正确的导向，注意思想和艺术性的统一。在作品的创作和评论过程中，不但要有文艺家的激情和想象力，而且要有评论家的深邃思想和睿智，更要有科学的、民主的态度和精神。评论者要有博大的胸怀，不仅要对作者免责，而且要对读者和社会负责。评论的客观公正不仅是对作品，也是对作者的。邓小平建设有中国特色社会主义理论，就是中华民族共同的精神支柱。我们的文艺家应该自觉地用这个科学理论武装起来。建设政治强、业务精的文艺队伍不但是社会发展的需要，更是广大文艺工作者自身的需要。繁荣文艺创作需要正确的理论指导，这是从长期的文艺实践中总结出来的真理。

（原载 2000 年 10 月 4 日《人民日报》）

愿世界华文文学更加繁荣

在美丽的抚仙湖畔，在这个充满着"团结、交流、友谊"精神的会场里，我很高兴地代表中共云南省委、云南省人民政府，并且以在座的梁金泉副书记和我本人的名义，向海内外前来参加第七届世界华文文学国际学术研讨会的朋友们、同志们表示热烈的欢迎。

我以为，"华文文学"可以从广义和狭义两个方面来理解。广义地说，它是以华文为载体的一种文学现象。这是一种非常值得重视，非常值得研究的文学现象。因为第一，它源远流长。当我们的祖先吟诵着《诗经》的美妙篇章，创造着光辉灿烂的古代文明的时候，后来的一些非常显赫的民族和国家还不曾在历史上出现。第二，它博大精深。华文文学的作者群、读者群之庞大是举世无双的，华文文学作品之丰富多彩，也是世界上罕见的。第三，它影响世界。产生于中华大地的优秀文学作品已经被译为很多种文字，传遍全球。而且在世界各地的华文作家的作品，也产生越来越大的影响。世界华文文学国际学术研讨会已经开到第七届，就是华文文学在世界上产生越来越大影响的非常好的证明。

狭义地说，华文文学是海外的华文作家所创造的文学现象。这种文学现象的产生，是和世界各地华人少数民族的形成相联系的。在人类历史上，各个民族之间越出国界的人口的迁徙是从来没有中断过的，中华民族的很多成分，也在历史的不同时期走向了世界各地。最早的记录，是箕子"义不臣周"带领他的封国臣民迁移到朝鲜去。后来有秦始皇时期的徐福带领中原的许多男男女女到了日本。出生在云南的郑和七下西洋，随行者在东南亚形成了一些移民点。这是古代的移民。1840年之后，随着中国封建社会走向解体，资本主义在世界各大洲的扩张，中华劳工走向世界各大洲。这是第二阶段的中华移民。本世纪中期以后,又有很多经商者、求知者从大陆和港澳台地区移居海外。从中华民族母体中分支出去的这些海外华人,长期抱着"落叶归根"的思想。直到第二次世界大战之后,他们的思想意识才逐步发生演化,从"落叶归根"转向"落地生根",先后在所在国、所在地区形成了一个具有独特文化的少数民族,即海外华族。海外华族,虽然是中华民族的一个支脉,但和当地社会环境相适应,各个华人少数民族的社会生活,不但和中华民族的主体不一样,他们互相之间也有差别。当然,这种差别,无法掩盖深藏于他们内心的共同中华文化之根。在这种中华文化的深根之上,长出了各具特色的华文文学的花朵。

不管是广义的理解华文文学还是狭义的理解华文文学,我想,整个华文文学与中华民族的历史命运都是息息相关的。中华民族无疑是世界上具有伟大创造力的民族。在人类历史的很长的时期之内,中华民族一直居于人类进步的前列。只是在最近的一两百年内,才逐渐地落到了欧美和日本的后面。这是一段不堪回首的、黑暗的、屈辱的岁月,但也是可歌可泣的奋斗的年代。多少仁人志士,为中华民族的解放和振兴而呐喊,而奋斗,而前仆后继。直到1949年中华人民共和国成立,一个东方大国像一轮朝阳在东方地平线上冉冉升起,中华民族的历史命运才有了根本性的变化。

最近十几年来,中华民族的主体,在邓小平提出的建设有中国特色社会主义理论的指引之下,社会生产力极大地发展,物质文明和精神文明的建设蓬勃向前。可以肯定,只要我们继续沿着这样一条道路前进,中华民族的振兴是没有任何力量可以阻挡的。到下个世纪中叶,具有中国特色的社会主义事业必定取得辉煌胜利。到那个时候,我们全球华人,包括中华民族的主体及世界各地的华人分支,他们都会为中华民族为人类作出的贡献而感到无比的自豪。

先生们,女士们,这一次华文文学国际学术研讨会在云南召开,是很有意义的。因为这次会议的主题,是东南亚的华文文学的历史和现状,而东南亚和云南正好是山水相依的地方,云南这块古朴神奇的土地,热烈欢迎女士们、先生们的光临。

大家知道,早在170万年前,在金沙江两岸,在红土高原上,元谋人就举着火把跨进了人类文明的门槛。从那个时候以来,悠悠岁月,沧桑巨变。在高原之风的吹拂之下，创造的火时旺时灭；在峡谷大河的浪涛之中，英雄的歌时高时低。现在，展现在朋友们、同志们面前的云南是一个什么样的景象呢？我们可以用四句话来概括，那就是：民族团结，边疆安定，经济发展，社会进步，这也就是整个中华大地改革开放和现代化建设的壮阔画卷中光彩夺目的一页。当然，这块土地上，仍然有贫穷，仍然有困难，但是我们对明天充满了信心。我真诚地希望朋友们，同志们分享我们的欢乐，也理解我们的困难。我真诚地希望这次会议，真正开成"团结、交流、友谊"的会议，愿世界华文文学更加繁荣！

（原载 1994 年 11 月 18 日《云南日报》）

不平凡的哲学家

——纪念冯定诞辰100周年

　　写过《平凡的真理》的冯定，实际上是一位不平凡的哲学家。他的不平凡，就是作为马克思主义哲学的研究者、宣传者，真正把握了马克思主义哲学的精髓——理论联系实际，并把它自觉贯彻到生活和实践中去，去努力地分析和解决当前人民群众深为关注的诸多思想、生活和工作上的具体问题。在这一点上，冯定和《大众哲学》的作者艾思奇是完全一致的。他们走的是一条把马克思主义哲学从学者书斋中解放出来，使之通俗化、生活化、大众化、中国化的道路。

　　马克思主义哲学或者说马克思主义的精髓就是理论联系实际——恩格斯把它解释为"马克思的整个世界观不是教条，而是方法。它提供的不是现成的教条，而是进一步研究的出发点和供这种研究使用的方法"；列宁把它提炼为"具体问题具体分析"；毛泽东用一个古老的中国范畴把其表述为"实事求是"；邓小平进一步把其发展为"解放思想、实事求是"；江泽民则在新的历史条件下用极富时代特色的话把其精辟概括为"解放思想、实事求是，与时俱进、开拓创新"。人们认识世界，改造世界，应当有实事求是的态度，这个道理是很多人都知道的。但事实也正如大哲学家黑格尔告诫人们的那样，"熟知并非真知"。问题出在哪里呢？诸多因素之中，很关键的一点是，不少人不是把马克思主义看作是在实践中自己运动的活生生的东西，而是看做是已经穷尽人类一切的绝对真理体系；不是自觉地用作自己行动的指南，而是当做一付可以欣赏、把玩的特定对象。这一对待马克思主义的错误态度和做法，在历史上曾经使中国革命和建设事业屡遭挫折。如果不是以毛泽东、邓小平为代表的共产党人站在科学的马克思主义立场上，高扬理论联系实际的马克思主义学风，坚持正确的思想路线，就不可能取得辉煌的成就。

值得自豪的是，在我们党发展壮大的伟大历程中，始终成长着、活跃着一些高扬马克思主义的理论联系实际学风的理论研究、宣传和实际工作者。三四十年代的艾思奇，五六十年代的冯定，就是其中的代表。他们的共同特点是，不是为学习而学习，不是就理论谈理论，而是十分自觉地面向当前革命、建设和改革的生动实践，密切关注广大人民群众的工作、生活和思想状况及其发展变化，从中找出矛盾，发现问题，探索规律，以人民大众喜闻乐见的形式，努力给予马克思主义的科学回答。不可否认，一定程度上，正是这些同志的无私无畏的探索创新和严谨扎实的辛勤工作，才使马克思主义哲学的立场、观点和方法逐渐深入人心，最终变成人民大众改天换地的强大物质力量。

今天的中国和世界都在经历最深刻、最广泛的变化。以江泽民为代表的中国共产党人，拿起解放思想、实事求是，与时俱进、开拓创新的思想武器，深刻分析中国和世界变化的规律，确立了以"三个代表"为根本的实现中华民族伟大复兴的奋斗纲领，开辟了中国特色社会主义事业无限光明的前景。当代中国的哲学家们，应当像冯定那样，发扬理论联系实际的精神，为学习、宣传、贯彻"三个代表"作出应有的贡献，这应是对冯定最好的纪念。

（原载 2002 年 11 月 23 日《人民日报》）

生命大爆发

(科普电影文本)

浩瀚的宇宙，
演化出美丽的生命；
美丽的生命，
演化出具有神奇知识的人。
这个漫长的演化历程，
经历了三次奇妙的大爆发。

第一次是120亿年前的宇宙大爆炸，这次大爆炸产生了支撑生命体系的广袤宇宙。

第二次是5.3亿年前的寒武纪生命大爆发，这次大爆发形成了灿烂的生命体系。

第三次是现在还在进行中的知识大爆发，这次大爆发标志着人类智慧时代的到来。

生命大爆发是宇宙演化的关键环节。

没有生命大爆发，宇宙被茫然的死寂充满，它的存在毫无意义。

没有生命大爆发，就不会有动物，不会有人类，不会产生神奇的知识。

生命从何而来，最初的生命怎样演化为人类，这样的"天问"困惑人类几百万年了，始终得不到令人信服的答案。

中国西部的玉溪市，有一个名为"抚仙湖"的美丽湖泊，湖岸有一座奇怪的小山，名叫"帽天山"。

当地人说："帽天山，帽天山，形如帽，戴天上。"这座能把帽子戴到天上的小山注定要成为回答"生命从何而来"这个"天问"的科学圣山。

1984年，在张文堂教授指导下研究古生物的侯先光看到一份帽天山生物化石的资料，他心有所感，立即从南京来到云南，直奔帽天山。

他风里来，雨里去，上山下坡，辛苦寻找，一连十几天，全无收获。

然而，功夫不负有心人。1984年7月1日，侯先光终于在帽天山西坡发现了一块保存完整的纳罗虫化石。在随后的一个多月里，侯先光又发现了大量的动物化石。

1985年，侯先光与导师张文堂合写的《纳罗虫在亚欧大陆的发现》一文发表在《古生物学报》上。他们把在帽天山发现的众多古生物化石命名为"澄江动物化石群"。这一发现轰动了国际古生物学界。

在此之后，中科院南京古生物所研究员陈均远教授、西北大学舒德干教授等也前来考察，有许多重要的新发现。

许多国家的古生物学家也先后来到帽天山，参与后期的发掘和进行深入的研究。帽天山的重大发现，催生了世界古生物学研究的新高潮。

帽天山上发现的动物化石群犹如一本天书，记载着生命演化的巨大奥秘，它透露了这样的天机：经过几十亿年的宇宙演化，地球在寒武纪早年经历过为期300万年的生命大爆发，现存动物全部门类的祖先，都在那次大爆发中出现了。

早在达尔文写作《物种起源》、创立进化论的时候，就有一些科学家设想，生命的演化，不止是渐变，还有突然的爆发。只是长期以来，人们找不到生命突然爆发的确切证据。

澄江动物化石群把寒武纪生命大爆发的证据生动地摆在世人面前。

寒武纪生命大爆发同以前生命极其缓慢的演化形成了鲜明的对比。

早在距今约 39 亿年的时候，地球上就出现了生命的迹象，那是海洋中单细胞的原核生物。但这种结构简单的原核生物在随后的 30 多亿年中几乎没有什么变化。

寒武纪到来了，生命演化的缓慢过程突然中断。广袤的海洋里，开始上演生命大爆发的精彩剧目。

从科学家们现已找到的古生物化石来看，澳大利亚埃迪卡拉生物是最早登台的演员，可惜它们的演出不成功。

1946 年，地质调查员斯普瑞格斯在距今 5.6 亿年的岩层中找到了它们的化石。这些生物器官非常简单，它们没有骨骼、没有腿脚、甚至没有消化器官，如同一个空气床垫，呈扁平状瘫爬在海底。这类生物与后来的生物世界没有任何联系，它们的出现是偶然的，至多是透露了生命大爆发即将到来的某种信息。

加拿大布尔吉斯化石是另一种类型。

1909 年，美国古生物学家沃尔克特在距今 5.15 亿年的岩层中发现了这种化石。可惜这些化石已经变质，动物体被压得扁平，许多信息丢失了，难以观察到生物体的构造细节。它们生存在寒武纪晚期，距离生命大爆发的高潮已经很远，从它们身上看不到生命大爆发的真实面貌。

生命大爆发舞台上真正的主角是澄江动物群。

澄江动物群距今 5.3 亿年，它们生活的年代晚于埃迪卡拉生物群，但早于布尔吉斯生物群。

古生物学家们在帽天山动物化石中发现了两百多种动物，令人惊奇的是，现今地球上所有门类的动物，包括人类在内，都可以在这些动物中间找到它们的远祖。

人类是脊椎动物家族中的一员，脊椎动物的远祖赫然立在澄江动物群中，它的名字叫"云南虫"。

"云南虫"最重要的器官是它有一根贯穿全身的软管，生物学家称其为脊索。正是这根软管，最终演化为脊柱，形成庞大的脊椎动物家族，并且从中走出了能够认识世界和改造世界的人类。

中国科学家发现"云南虫"之后，美国《纽约时报》评价说：如果这种古脊索动物夭折，那么动物的中枢神经系统将永远不会发展起来。

这种有脊索的虫后来演化出有脊柱的鱼，科学家将其命名为"昆明鱼"。这种最早的鱼，有头颅、原始脊柱和双塞型心脏，有发达的肌节和鳍条，甚至还长有一对大眼睛，能在海水中游泳。"昆明鱼"的发现被《自然》杂志称赞为"逮住天下第一鱼"。

澄江动物群已经具有发达的运动器官。

腿是动物重要的运动器官，最初形态的腿叫叶足，这种叶足呈单支型，没有关节，十分柔软，靠液压推动前行。

微网虫是叶足类中形体较大的一种，它长有9对叶足，还长出了9对矿化的骨板。科学家推测，这些骨板具有眼睛的功能。

三叶虫拥有比微网虫更强壮的腿。三叶虫的腿已经硬化为7节，能快速奔跑。

比叶足动物更复杂的是节肢动物。

抚仙湖虫也许是最原始的节肢动物，它的身体已经骨骼化，并且分化出了头、腰和腹部。它的头部是三分节构造，背部和腹部分节不同。这种构造与4亿多年前登上陆地的直虾很相似。而直虾是现代昆虫的祖先，抚仙湖虫当之无愧地成为昆虫的老祖宗。

澄江动物群化石不但让人们看到了当今动物的远祖模样，而且还生动地展示出寒武纪早期海洋中奇妙的生态系统。

当我们观察现代海洋动物时，最令人迷惑不解的是那些身体表皮长满棘刺的各种棘皮动物，这些看起来非常像植物的动物，美丽多彩。它们是从哪里演化出来呢？澄江动物群可以找到它们的祖先，那就是各种各样的古囊虫。

在寒武纪的海洋中，在柔弱的各类蠕虫旁边，游弋着强大的猎食者。其中的奇虾显然占据了当时能量传导系统的顶端。

奇虾个体很大，身长可达两米以上。它硕大的口腔里长有坚硬的牙齿。还有一对巨大的爪子，那是它战无不胜的武器。奇虾头部有一对大眼睛，身体肌肉发达，游泳能力很强，柔弱的小虫小鱼们很难逃脱它的捕杀。

在寒武纪初期的海洋舞台上，云南虫、昆明鱼、微网虫、三叶虫和奇虾等大明星，上演出无比精彩的戏剧——生命大爆发。现今地球上所有动物的先祖都登台了，都表演了。正是它们的登台，它们的演出，创造了无比壮丽的生命系统。

这场创造生命系统的精彩演出经历了约300万年。这300万年，仅相当于生命历史38亿年的一千分之一。如果生命历史是一天，这300万年只是一分钟。一分钟决定一切，这就是"寒武纪生命大爆发。"

寒武纪生命大爆发虽然表现得很突然、很短暂，但却经历了极其漫长的酝酿准备过程。

在可见的宇宙中，地球是生命的唯一家园。

地球诞生于46亿年之前，那个时候，地球与太阳的距离只有现在的十分之一，地表温度高达700度，到处喷洒着灼热的岩浆。如此严酷的环境不可能存在生命。

距今38亿年时，地表温度降到了38C°左右，海水中的物质发生了化学变化和改组，生命开始萌发，并诞生了最早的生命——细菌。

距今25亿年，出现了多细胞植物藻类。

又过了10亿年，海洋中诞生了新型植物——绿藻，绿藻有一个至关重要的功能，那就是能够产生比较多的氧气。这时，大气中逐渐形成臭氧层，可以阻挡紫外线和宇宙射线直接杀死脆弱的生命。

距今7亿年前的时候，气候变温暖了一些，原生生物在浅水处繁殖了起来，它们是介于植物和动物之间的单细胞生物，个体不到一毫米，肉眼不能看见。

距今5.6亿年时，出现了埃迪卡拉生物。这种生物最后完全灭绝了，但它传达出了灿烂的生命体系即将诞生的讯息。

到寒武纪初期，生命大爆发的条件完全齐备了。

生命离不开氧气。氧气进入动物细胞，使细胞获得新的能源，可以合成新的蛋白质，可以生成新的细胞，从而加速动物的新陈代谢过程。同时，动物细胞吸收了氧气，可以提升动物的神经系统，加快信息传递的灵敏度，增强动物适应环境变化的能力。

经过海洋藻类几十亿年的光合作用，生产出越来越多的氧气，到寒武纪初期，大气中氧气含量已达10%，约为现代氧气含量的一半。

生命离不开磷元素。磷与其他元素结合，可以构成细胞膜、细胞核、蛋白质、使生物长出骨骼，形成关节，使动物的手爪和牙齿变硬，体型增大，体能增强，运动能力提高。

磷还是生命遗传和变异的调控元素。由于磷元素的参与，基因分子链就会长大，变长，还可以变化位置，形成新的分子链，生物多样性由此产生。

由于大陆上的岩层被雨水长期冲淋，磷元素逐渐聚集到海洋中。现在发现古生物化石群的帽天山一带，磷矿品位高达30%以上，总储量达6亿多吨，足以为生命体的生成和发展提供无穷无尽的磷元素。

生命离不开适当的温度。生物最适合的温度范围在0℃到45℃之间。在寒武纪之前，地球上出现过长达6000万年的冰期，冰雪把整个地球包裹起来，厚厚的冰雪包裹把绝大部分日光反射回宇宙空间，地球表面温度一直在零下50℃左右，当时的生物只能在低温中勉强度日。

寒武纪早期，冰雪消融，地表开始升温，赤道附近的海洋水温达20℃以上，非常适合生物大规模生长。

外因是变化的条件，内因是变化的根据。生命大爆发的根据还是在生物体内部。

种瓜得瓜，种豆得豆，是生命传承的普遍现象。决定这种现象的根本力量是生命体内部的基因。

基因有多种，最重要的是"同源异形框基因"。它是生物多样性的设计师，它能精确安排生物体各部分的形成位置和发育次序。这种基因的多少，决定着生物构造的复杂程度。

在寒武纪初期，"同源异形框基因"已经增加到8个左右。这是生物多样性得以爆发出来的重要根据。

能使生物多样性爆发出来的另外一个内部根据是生物的有性繁殖。

有性繁殖的优势是后代多。有一种海葵，每年年末的月圆之夜，一天就可以排出上千万枚卵。

有性繁殖的另一个优势是增加基因变异量。实验证明，无性种群发生10个基因变化，只能产生11个基因型，而有性种群发生10个基因变化，则可产生5900多个基因型。基因型的迅速增加必然促使生物走向多样性，产生出更多的物种。

历经了几十亿年的演化，到寒武纪初期，生物的有性繁殖已经很普遍。在帽天山动物群中，科学家们从云南虫化石中鉴定出13对生殖囊，从海口虫化石中鉴定出雄性交配器和6对生殖囊，三叶虫尾甲的末节由于雌雄分化而变成单瓣和双瓣。

生物有性繁殖的普遍性，使物种个体数量的激增和不同种类的爆发成为可能。

万事俱备，只欠东风。到寒武纪初期，生物多样性得以爆发的外部条件和内部根据都已齐备，只欠一股来自宇宙的东风把五彩缤纷的生命之花吹开。

东风正好到来，它是某种恰到好处的宇宙射线。这种宇宙射线诱发了生物多样性，启动了生命大爆发。

这种宇宙射线的到来同地球运转到宇宙中的特定位置有关。

地球和太阳处在银河系之中，银河系是一个螺旋形星系，包括2000多亿颗恒星，这2000多亿颗恒星组成4条旋臂。地球随着太阳围绕银河系的中心运转，从上一条旋臂到下一条旋臂需要1.4亿年，大约6000万年处在旋臂之中。

寒武纪初期，太阳和地球恰好处在银河旋臂中，这时地球可以接收到来自银河旋臂内很多恒星的宇宙射线。这些宇宙射线经过臭氧层和海面水体吸收过滤后，恰到好处地成为生命机体变异的激发器。

几十亿年的酝酿，几十亿年的演化，碰到寒武纪初期宇宙射线恰到好处的激发，凝聚着的生命力量爆发了，广袤的海洋中出现了五彩缤纷的生命世界。

生命大爆发之后，动物王国的居民们享受着生存的自由和快乐。但是，无论是云南虫和昆明鱼，还是奇虾和怪诞虫，都不会想到，它们自己和它们的后代子孙会面临多少灾难，多少浩劫。宇宙的威力实在是太大了，它可以满怀热情地将生命托起，也可以轻而易举地将生命毁灭。

澄江动物群就是死于一场巨大的风暴之灾。

你看，抚仙湖虫和纳罗虫化石的肠胃里充满了未消化的食物，表明他们是美餐盛宴时非正常死亡的。

蠕虫死亡后，它的部分躯体还在虫管里，表明它们是在巢穴里被埋葬的。

微网虫、贫腿虫的化石告诉人们，它们是站立觅食时突然死亡的。

这块昆明鱼化石呈弯曲状，鱼头向下，鱼尾上翘，保存了死前痛苦挣扎的形状。由于强力挣扎，腮囊因灌进大量泥沙而明显鼓胀，表明这条鱼是被活埋的。

地质学家们仔细分析了埋葬化石的岩层，发现这些岩层是由细颗粒的泥岩组成的。这种岩石成分显然来自陆地。岩层里还有泥沙流动和海岸潮汐带的痕迹，显示当时发生了风暴泥流之灾，这群寒武纪时代的居民就是被风暴泥流活埋的。

这场风暴泥流吞没了无数脆弱的生命。当时海水中含氧量低,动物被掩埋后立刻同氧气隔绝,因而免遭细菌侵蚀而腐烂,这就使这些动物的死时状态形成化石,在岩层深处永久地保存下来。

经过亿万年沧桑巨变,当年埋葬寒武纪动物群的深海沉积物,被抬升2000多米,形成了状如草帽的帽天山,为世界保留了一本生动纪录寒武纪生命大爆发的无字天书。

为了破解这本无字天书,中国三位科学家荣获国家自然科学最高奖。这个最高奖虽然只颁给三位中国科学家,但也是对世界上所有研究生命天书的科学家表示了崇高的敬意。

为了回答生命从何而来,最初的生命怎样演化为人类这些"天问",一代又一代的科学家都在研读生命天书。

达尔文是最杰出的生物学家之一,他创立的进化论为破解生命天书作出了重要贡献。可惜,达尔文把生命进化的渐变性绝对化了,他不能容忍生命进化中有飞跃和突变现象的存在,他最担心寒武纪生命大爆发的研究会挑战他钟爱的进化论。

达尔文担心的事情果然发生了。寒武纪生命大爆发已经得到证实。但是他完全不必为此懊恼,因为像宇宙间一切事物的变化那样,生命的演化也是既有量变,也有质变;既有缓慢的进化,也有突然的飞跃和爆发。寒武纪生命大爆发的研究不是否定了进化论,而是发展了进化论,完善了进化论,使人们对生命天书的破解大进一步。

真正说来,我们应该庆祝寒武纪生命大爆发。没有这样的生命大爆发,就不会有灿烂的生命世界,更不会有文明的人类社会,蓝色的地球,只能像月亮那样,伴着无尽的寂寞和冷清,在浩茫的宇宙中转来转去。

澄江动物群化石的发现和研究,其科学意义真是大亦哉!

(本片在中央电视台和云南电视台播放)

彩云之南大通道

（电视专题片文本）

序

古人曰，首走为"道"，次走为"途"，众走为路。鲁迅先生解释说："地上本没有路，走的人多了，便成了路"。云南人深有体会，路是生存的条件，是交往的基础。由于地质史上神奇的喜马拉雅造山运动，使云南形成高山和大江纵列的特殊地形。在这几个大山河的纵谷区，云岭、怒山和哀牢山、高黎贡山被紧紧挤压在狭长的地带，金沙江、澜沧江、怒江和元江纵贯南北。这里江河咆哮，峰峦陡峭，行路艰难。

天堑变通道，障碍化为桥，是云南人梦寐以求的千年夙愿。构建彩云之南大通道，是云南人世代相继的宏伟大业。

第一集　山间铃响马帮来

民谣说："一日上一丈，云南在天上。"云南的西北部紧接喜马拉雅山，是登上世界屋脊的最后一个梯坎。云南高原同蔚蓝的天空特别接近，天蓝霞蔚，空气清新。云南以云得名，云的颜色、云的形状，组成了一个美丽迷人的"彩云南"。"彩云南现"，自古以来是大吉大利的祥兆。云南人以生活在彩云之南，享星辰日月之近而自豪。

自然的赐予，只是云彩的梦幻，而生活是现实的。千百年来，云南人就为山高谷深、路桥难通、交往困难而发愁。马帮运输因此应运而生，在云南交通史上创造了辉煌的业绩。

早在秦汉时期，云南的马帮运输就逐步形成了五条商道。

第一条是"五尺道"。这条商道最早的开拓者是修建过都江堰的李冰等人。此道北起宜宾，南到曲靖，在川滇之间形成了"栈道千里，无所不通"的局面。

第二条是"南夷道"。人们都知道张骞出使西域，其实张骞最早是出使南粤。他行前打听到从巴蜀地区经过牂牁江有一条路通南粤。经汉武帝批准，唐蒙带兵到夜郎，沿着牂牁江兴修南夷道。这条商道从川南经滇东，通往南粤各地。

第三条是"灵光道"。此道从川西渡金沙江，进入云南，经楚雄和大理，翻越博南山，跨过澜沧江和怒江，从腾冲出去，进入缅甸，到南亚各国。

第四条是"庄蹻道"，即庄蹻入滇之道，经昆明地区，同"灵光道"会合。

第五条是"步头路"，就是从红河下游进入越南的商道。

这五条商道既通内地，又通国外，共同构成古代著名的"南方丝绸之路"。

南方丝绸之路上当之无愧的主角是铃声悠扬的马帮。

马帮，是赶马人和他们管理的骡马所组成的独特运输队伍。

云南人的创造力是无与伦比的。他们不但创造了适应高山深谷的马帮这种交通运输方式，而且培育了适应这种运输方式的特殊动物——骡。

骡是马和驴的杂交成果，其生命力和抗病力极强，饲料利用率很高，肢蹄强健，富于持久力，最善于行走山中险道。而且性情温顺，易于驾驭。因此，赶马人更喜欢的是骡，而不是马，所谓"马帮"，实际上是"骡马帮"。

俗话说："行船走马三分命"。对赶马人来说，这绝非夸张之语。在滇藏之间的茶马古道上，有号称"十二栏杆"的路段，非常艰险。据古人描述，那里"悬崖峭壁，插入天空。……路宽不过三尺，甚至仅有尺余。行人至此，莫不胆战心惊。既不敢俯视谷底，也不敢仰望崖巅，屏息敛气，鱼贯而行"。在汹涌的金沙江上，悬挂两根溜索，马帮就是从溜索上溜过去的，"人马经常落入江中，能有几活！"

有一位叫曲布阿沙的摩梭女子，听到她的赶马阿哥在"十二栏杆"摔下谷底，痛不欲生，神情恍惚地跃入"虎跳峡"中，去追寻她的心上人。

从事马帮运输，不但要克服艰险的自然障碍，而且要应付复杂的社会关系。马帮长途运输，要闯过数不清的关卡，要交纳各种各样的税费。许多路段，要用重金聘请保人，因为在高山深谷之间，经常会碰到兵匪抢劫。轻则财物一空，重则生命难保。

在云南，山很高，谷很深。但在那似乎荒无人烟的高山深谷间，经常会听到浑厚的铜锣声，会听到清脆的马蹄响。

铜锣响，告诉人们马帮来了；马蹄印，留下了马帮运输的历史痕迹。在坚硬的石板上，马蹄印坑汪起的水碗，一个连着一个，记载着马帮的艰难历程。

具有传奇色彩的马帮运输队，从遥远的历史走来，前仆后继地穿行在崇山峻岭之间。他们所负载的，不只是几块盐巴，几袋茶叶，而是边疆民族的政治、经济、军事和文化，还有芸芸众生的悲欢离合。到了20世纪90年代，由于公路已经延伸到边远的山区，马帮运输自然地退出了历史舞台，震耳欲聋的汽车马达声永远地淹没了清脆悦耳的马帮铜铃声。

第二集　烽火连天滇缅路

有山有水就有人的足迹，有人的地方就有路的传说。云南的道路传说，一直以古道为载体，就这样，历史走到了20世纪初年。

云南第一条公路于1923年开始修筑。那一年，云南省政府拟定了"滇西路"修筑计划。全路分三步实施：第一步，由昆明到禄丰；第二步，由禄丰到下关；第三步，由下关到腾冲。

当时，修路的进度很慢，很慢！用了将近三年时间，才从大观街修到碧鸡关，长度不过16公里！人们对现代交通的渴望真是迫不及待，公路才修了 16 公里长的一小段，就于 1925 年 10 月举行了隆重的通车典礼。唐继尧等军政要员的车队，神气活现地从大观街开到碧鸡关，然后又转回来。整个典礼车队实际上只有两辆法国恒诺牌轿车和四辆美国福特卡车。为了壮声势，还加上了两台蒸气压路机。

此后，这条路一直在缓慢地延伸。随着时局的起伏跌宕，时修时停。直到 1935 年，整整用了 12 年时间，才把这条路修到下关，全长 424.6 公里。终于修到下关的"滇西路"，虽然只是一条土毛路，但云南破天荒有了一条现代公路。

抗日战争改写了"滇西路"的历史。

1937 年"七七卢沟桥事变"以后，抗日战争全面爆发。在中华民族生死存亡的历史关头，龙云将军预感到云南将发挥战略大后方的特殊作用，于 1937 年 8 月参加南京"国防会议"时提议修筑"滇缅公路"，保持国际通道，打破日本的海陆封锁。蒋介石很赞赏龙云的提议。同年 11 月，南京国民政府给云南下达"通令"，"限期 1 年内修通滇缅公路"。

从昆明到下关，400 多公里路修了 12 年，从下关到中缅边境，也是 400 多公里，还要翻越高黎贡山、怒山等大山系，跨越澜沧江、怒江等大峡谷，一年能修通吗？当时的交通部和云南省交通厅的官员，看到这一张"通令"，都手足无措。

英美公路专家声称，修通"滇缅路"，至少要三年。

面对国内外的怀疑论，龙云将军横下一条心，发了"民族脾气"，他说："太小看我云南了，要什么一年，十个月修通！"

国难当头，说干就干，全省总动员，全路一起上。

龙陵县长王锡光收到省政府令，封套上赫然贴着一根鸡毛。随令还有一个木盒，打开一看，里面竟是一副闪着寒光的手铐。省主席有令："分配龙陵县路段必须在限期内完成。逾期未完成，县长自戴手铐来昆受处。"

沿路各县县长，都收到了同样的命令。

云南各族人民是好样的，从 1937 年 12 月开始，滇缅路大会战全面展开。20 万多民工排成了 400 多公里的"人路"，差不多隔一丈就是一个民工。测量员和施工者同时开进，往往是前面测量一段，后面就哗哗啦啦的挖开了。

为了突击修好抗战路，云南人民付出了极大的牺牲。1938年9月21日的《云南日报》作了这样的报道："曾经有不少的男女民工死于粉身碎骨，血肉横飞。怪可怕的死于无情的悬岩底下，十分凄惨的牺牲于无情的大江之中，还有不少的开路先锋则死于恶性疾病的暴力之下。据大约统计：牺牲于上述种种缘故的男女民工不少于3000人……"

惠通桥，是跨越澜沧江的一座钢索吊桥。跨江吊索用汽车从南洋运到缅甸，再用人力运到工地。每根吊索小碗口粗，几百米长，不能割段运，只能整条钢索同时拉进。民工们把它盘成许多圆圈，穿入杠杆，数百人共同担起几百米长的大钢索，他们就是这样一步一步地从缅甸的热带丛林，把钢索运到惠通桥边。其危险，其艰苦，是难以想象的。

龙云将军的预言实现了，不是一年，而是9个月，滇缅路就修通了。1938年下半年，当6000多吨军用物资从滇缅公路运到昆明的时候，许多人惊呆了。

"像是一个梦突然就成了现实！"一位外国记者这样感叹说。

英国外交官莫里斯全线考察了滇缅路，对工程的艰巨与伟大赞不绝口。

滇缅路通车的消息传到美国，罗斯福总统将信将疑，指示驻华大使詹森前往查实。詹森大使考察之后发表谈话说："滇缅公路工程浩大，全赖沿途人民的艰辛耐劳精神，这种精神是全世界任何民族所不及的"。美国报纸甚至把滇缅公路同巴拿马运河相媲美。

滇缅公路的伟大，不仅因为它工程浩大，而是因为它和中华民族的伟大卫国战争联系在一起，是因为它和世界反法西斯战争联系在一起。

太平洋战争爆发之后，日军堵住了中国所有出海通道，并且企图完全切断盟国同中国的联系，把中国困死。是滇缅公路，而且只有滇缅公路，成为中国唯一的、最后的战略通道。大量的军事物资，还有几十万吨汽油，急需的药品，都从滇缅公路运进来，再从云南送往各个战区。

从1938年到1945年，国际反法西战线同日本军队围绕着滇缅路展开了激烈的争夺战。日本军队建立了"滇缅路封锁委员会"，其空军以河内为基地，用100架飞机对滇缅路实行猛轰滥炸。其陆军从缅甸北上，直扑滇缅路。中国军民同英美联军坚决回击，滇缅路上烽火连天，战斗十分惨烈。1944年5月，中国军队强渡怒江，沿着滇缅路将日军逐出境外，使云南成为最早将日本侵略军赶出国境的一个省，一度中断的滇缅公路重新成为国际战略大通道。

历史过去了半个多世纪，当时的滇缅公路早以旧貌换新颜。但是，抗日战争时期烽火连天的滇缅路，永远不会在人们的记忆中消失。以滇缅路为代表的云南公路，已同云南各族人民的生活和感情联为一体，成为多种文化交融的大舞台，成为边疆地区发展的丰碑，在历史和文化的演进中得到永生。

第三集　飞越"驼峰"天为桥

现代的人大多不知道这样一件小事：中国近代史上的第二个飞机场不是建在北京或者上海，而是建在昆明。它比中国第一个机场，即杭州中央机场仅仅晚了一年。

1922年，唐继尧组建滇军空军，修了巫家坝机场。这位雄心勃勃的云南都督从法国购买了30架战斗机、15架教练机。可惜这些飞机都是参加过第一次世界大战的老式飞机，性能很差，不到一年，便坠落了大半。

同巫家坝机场同时建设的，还有云南航空学校。云南航校对中国航空业的贡献是不应当忘记的。1929年，云南航校创造了连续飞行时间的全国纪录，全国首次将一架水上飞机从香港飞到杭州的飞行员，就是云南航校培养出来的。

云南航空业的历史辉煌，闪现在第二次世界大战时期。其标志是中美两国人民共同开辟的"驼峰"航线。

"驼峰"是一个比喻。航线穿行在喜马拉雅山南缘的千山万壑之间，由于受当时飞机性能的限制，飞机只能在峰与峰的凹处绕行，这些山峰，就像驼峰，故名之为"驼峰航线"。把山峰比喻为"驼峰"，不仅表现了人们奇妙的想象力，而且显示了勇士们战胜险恶自然条件的英雄气概。

当时的世界，正需要这样的英雄气概。

穷凶极恶的日本法西斯军队发动太平洋战争，控制了太平洋西海岸广大地区和海上诸岛。1942年，日军从东南亚北上，占领了缅甸全境，切断了中国同盟国联系的生命线——滇缅公路。

为了保证运送国际援华物资，并且粉碎日本飞机对昆明等地的狂轰滥炸，当时在中国担任空军教官的陈纳德将军向中美两国元首提出建议，组建"飞虎队"开辟从印度到中国的空中航线。罗斯福和蒋介石接受了这个建议。

1941年12月21日，当日本空军又来轰炸昆明的时候，"飞虎队"战机腾空迎击。一阵空中激战，入侵的十架日军飞机被击落九架，仅有一架逃脱。尚虎的云南各族人民给飞虎队员的军服印上老虎的图案，以表彰他们的英雄战绩。

飞越"驼峰"的飞行员面临着非常严峻的生死考验。这条航线最先是从印度的阿萨姆机场起飞，到达昆明、呈贡、嵩明、杨林等机场，全长550多英里。因为经常受到从密支那起飞的日本战机袭击，航线逐步北移，要飞越平均海拔6000米的喜马拉雅山南缘诸峰，航程超过700英里。

驼峰航线所经地区属世界屋脊，海拔太高，气候非常恶劣，而且强气流、低气压经常交替出现，飞机随时都有撞伤和坠毁的危险。这是一条名副其实的"死亡航线"，从1942年到1945年的三年中间，共有609架飞机坠毁，近2000名中美飞行员牺牲。美国一本记述驼峰航线的书中这样写道："在阳光灿烂的日子里，飞行员完全可以沿着山谷里绵延不断的金属碎片的反光飞行……"。

1996年秋，人们在怒江州泸水县的原始森林中发现一架基本完整的飞机，经有关部门实地考察和历史资料核对认定，该机是飞越驼峰航线的"C-53"运输机。

1943年3月11日，24岁的美国飞行员吉米·克斯与中国飞行员唐宣、王国梁驾驶的"C-53"运输机从昆明机场起飞后，在怒江峡谷穿入一片浓浓的云层失踪了。

后来，美国飞行员弗莱彻·汉克斯率领一个营救小组前往出事地区寻访，他们在密林中找了九天九夜，因突发疟疾，无功而返。实际上，他们已经走到离战友坠机处仅相隔1600米的地方，但他们当时并不知道！

1997年6月，80高龄的汉克斯又一次来云南寻找他的战友。中美两国联合组成的寻访队进入高黎贡山深处。攀岩附藤，艰苦探找，在一处白花、红花相映的大树枝鹃林中看到了53年前坠落的"C-53"。半个世纪前的历史场景出现在老人眼前，汉克斯深情地亲吻坠机残翼，仿佛在和亲爱的战友拥抱。人们为"C-53"献上了杜鹃花，以纪念献身于反法西斯战争的无数英烈。

这是"南京航空烈士纪念碑"，上面篆刻着"C-53"机组三位烈士的名字。

这里是昆明"驼峰飞行纪念碑"。1993年，陈纳德将军的遗孀陈香梅女士和美国"驼峰协会"的代表专程到昆明参加纪念碑落成典礼，与中国人民共同昭彰"驼峰精神"。

1998年3月，美国圣地亚哥博物馆举行隆重仪式，接受来自中国云南的一份特殊礼物——一幅写着"五十三年的挂念——献给驼峰飞行勇士"的长绸布标，布标上还镶嵌着高黎贡山傈僳族少年在53年前坠落的"C-53"运输机旁采集的53片大树杜鹃叶，以表达对"驼峰"英雄们的无限挂念之情。

第四集　铁龙欢歌到边寨

"云南十八怪"，其中一怪是"火车不通国内通国外"。20世纪60年代之前，情况确实如此。

这里说的是滇越铁路。

这是中国现今仍在运行的一条米轨铁路。

这是滇越铁路上一个火车站旧址。法式建筑的黄墙红瓦早已斑驳，半开着的百叶窗已无昔日的风采，哥卢士酒吧已当做堆粮的仓库。然而，云南最早的钢铁之路上汽笛之声仍在不断鸣响。

公元1898年，中国清朝政府同意法国修筑滇越铁路。这条铁路从越南海防港至中国昆明，全长855公里，轨距为一米。其中，海防至老街一段在越南境内，计长389公里，1901年动工，1903年通车。河口至昆明段在云南镜内，计长466公里，1903年开工，1910年竣工。辛亥革命爆发的

— 267 —

1911年，滇越铁路全线通车。

滇越铁路是法国人主持修建的，数十万中国劳工，为修筑这条铁路付出了鲜血和生命。仅在河口到腊哈地段，就有几千人死于施工事故。一位有良心的法国工程师在这座"人"字天桥下自搭帐篷，为大桥施工中死亡的工人守灵一年，寄托哀思。

滇越铁路上汽笛的第一声鸣响，宣告了云南开始走进近代社会。

在20世纪前半期，滇越铁路一直是云南对外联系的最大通道，也是中国西南地区最便捷的出海口。

大锡曾是云南最重要的工业品，其出口是地方财政的主要来源。滇越铁路开通的1911年，大锡出口一下子比前一年增加了50倍，达到6195吨。同时，欧美国家的各种商品，也由火车运进云南，比从内地运进减少了时间，价格也便宜了。

有学者曾经这样描述过20世纪前期云南城市生活的情况："有一铁路，同国内外通邮，也比较方便。国内报纸、刊物、书籍、科学仪器，文教用品，日渐输入云南……电影业，西医新药业，也在昆明逐步成长。当时火车票便宜得连普通大众都能享受。云南由于滇越铁路开通，昆明早期西式建筑，大都模仿法国式。建筑材料，逐步掺用朋泥。有的房屋用花砖铺地，瓷砖镶浴室，红木做地板、墙板，人们开始吃面包，有的还喝汽水、啤酒、咖啡，当然，这些都是从铁路进口的。"

滇越铁路打开了云南人的眼界，一批又一批青年通过铁路到海防，乘海轮到欧美各国考察和留学，这其中就有著名教育家熊庆来先生。

列宁说，铁路是文明的尺度。滇越铁路在中国近代文明史上占有重要地位。1908年4月30日，孙中山先生在滇越铁路中段发动了著名的河口起义。1915年12月，蔡锷将军经滇越铁路回到昆明，推动了声势浩大的护国运动，粉碎了袁世凯复辟帝制的图谋，维护了辛亥革命的成果。

悠久岁月，抹去了繁荣往昔。曾经挺拔的身姿凋萎了，曾经雄健的步伐迟钝了，给红土高原带来现代文明气息的窄轨列车，用它斑斓归于平淡的经历，诉说一个民族迈向现代化的历史艰辛。

历史的车轮从未停息。到20世纪60年代，在红土高原上，中国人修筑的铁路使法国人修筑的铁路相形见绌。

卷五　文化透视

1984年12月8日，美国纽约联合国大厦里正在举行一个特别的仪式。上午10时40分，联合国官员在会议大厅向各国代表郑重宣布：象征人类创造力的三件礼品被评为联合国特别奖。这三件礼品分别来自三个重要的大国，它们是：

中国，成昆铁路的象牙雕刻模型；

美国，阿波罗飞船带回来的月球岩石；

苏联，第一颗人造卫星模型。

联合国把成昆铁路象牙雕刻模型排在三件礼品的首位是有深意的，因为这是一个发展中国家创造的奇迹，而且是直接造福于人民大众的奇迹。

成昆铁路的建设，发轫于毛泽东"三线建设"的缜密思考。

为了推进攀枝花钢铁基地和我国军工企业的建设，修建成昆路迫在眉睫，毛泽东在为前去指挥三线建设的彭德怀送行时，表达了尽快修通成昆铁路的决心，他说："铁路修不好我睡不着觉，没有钱，把我的工资拿出来，没有路，我骑毛驴去，没有铁轨，把沿海铁路拆下来，一定要把成昆铁路打通。"

周恩来随即批示道："修成昆线，朱委员长提议，主席同意，使用铁道兵修。"

于是，中央军委决定调遣铁道兵5个师，共18万人，参加成昆铁路大会战。

西南铁路建设指挥部制定的计划是："川黔、贵昆、成昆三条铁路同时开工，加快进度。首先，抢通川黔，要求1965年10月1日通车，贵昆线1966年10月1日通车。最后，集中所有兵力决战成昆，采取南北并进、西昌会师的方案，争取于1969年7月1日建成通车。"

成昆铁路要穿越巨大的地质断裂带，其中有500公里是裂度为7度到9度的地震区。沿线有多种岩层，均受强烈构造作用，岩石十分破碎。再加上绝大部分路段山势陡峭，沟壑纵横，出了洞就是桥。设计和施工的难度在铁路史上都非常罕见。

成昆铁路建设者是奇迹创造者。这个奇迹是用智慧和力量创造出来的，也是数十万筑路大军用血汗和生命凝结而成的。

在铁路工程推进的每一天，都有险情发生，都有铁道战士献出年轻的

— 269 —

生命。

1970年7月3日，成昆铁路胜利通车。1000多位英雄，永远地守望着这条他们施工献出生命的中国西南地区经济大通脉！

成昆铁路的设计施工和建筑艺术堪称世界一流。其中有17项新技术、新工艺达到"国际先进水平"，荣获了国家科学进步特等奖。它的象牙雕刻模型被展示在联合国大厦里，成为人类创造力的一个象征，是当之无愧的。

贵昆铁路和成昆铁路通车以后，南昆铁路、内昆铁路以及昆玉铁路、昆大铁路相继建成，红土高原上的钢铁大通脉不断地向四面八方延伸，一列列钢铁巨龙，驶过城镇、驶过边寨，日夜兼程，奔向远方。

第五集　彩云之南大通道

20世纪90年代中期，志存高远的云南人开始实施一个大战略——建设彩云之南大通道。

在改革开放浪潮和经济全球化浪潮相互激荡的新时代，云南人发现自己的红土家园具有独特的区位优势：背靠大陆，面向大洋，依托13亿人口的祖国大市场，西邻10亿人口的南亚大市场，南接5亿人口的东南亚大市场。通过彩云之南大通道，三大市场的商品、资金、技术和人才得以在红土高原沟通、会聚、化合，形成生机无限的发展高潮。

建设彩云云南大通道，基础工程是修公路。

在高山深谷间修路太困难了，云南公路的延伸曾经非常缓慢。

到20世纪40年代末期，全云南只有9条公路，而且路况很差，多是土毛路，晴通雨堵，许多路段仅能单车通过。在这些路上行驶的，是1000多辆破旧汽车，就公路交通来说，在云南，旧时代能够留给新中国的，就只有这么一点资产。

一张白纸，好写最新最美的文字，好画最新最美的图画。解放了的云南人，重新激起建设彩云之南大通道的壮志豪情。

1950年，滇缅路改造和昆洛路建设同时开始。

改造过的滇缅路比原路缩短了100多公里，路面也全部重新铺过。这条公路成为西向缅甸的最繁忙的交通要道。

1954年，从昆明到西双版纳的公路贯通，可以直接到达缅甸、老挝和泰国。

与此同时，昆河公路也修通了，中越之间既有滇越铁路相通，又有昆河公路相通。

俗话说，要致富，先修路，在改革开放的大潮中，彩云之南大通道的建设就超过了历史上的几千年。

1998年，是云南高速公路建设开始大规划、大投入、大发展的年份。西部大开发激发出来的伟大创造力推动着大通道不断向前延伸。

滇中、滇南、滇西和滇东北的广大区域里，百万筑路大军摆开阵势，日夜奋战。他们用智慧的双手，把楚大、玉元、昆玉高速公路铺展在蓝天白云之下，让昭麻、昆禄、曲禄、大丽、个冷、平文等高等级公路腾跃于崇山峻岭之中。

云南公路建设已经迎来辉煌的时期。全省公路总里程超过20万公里，位居全国第一。其中，高速公路近2000公里，以昆明为中心200公里范围内的干线公路全都实现高等级化。红土高原上已是乡乡通公路，几乎所有的行政村也都通公路。连接国内和国外的几大干道也高等级化或高速化。自有人类在横断山区活动以来，这是云南交通最便捷的时代。

人类源于水，人类的文明进步源于水。

生长在内陆腹地的云南人，不但在水的滋润下创造文明，而且依靠蓝色水道，冲破障碍，勇敢地走向五洲四海。

中国历史上最伟大的航海家，就是从云南的崇山峻岭中走出来的。

600多年前。郑和率百船万军之众，劈波斩浪，七下西洋，开通了40多条航线，同亚太地区30多个国家建立起和平友好关系，绘制出世界最早的航海图集。云南人郑和，因为创造了令人惊叹的航海文明而永载史册。

郑和家乡的人们，继续编织着打通水道的蓝色之梦。

请翻开地图看吧！

金沙江—长江水道，贯通了云南同祖国中部和东部的联系；

右江—珠江水道，贯通了云南同祖国南部的联系；

元江—红河、澜沧江—湄公河、怒江—萨尔温江、独龙江—伊洛瓦底江四大国际水道，把云南和东南亚地区联为一体。

红河是云南最早开发的航道。早在秦汉时期，"蜀安南道"的水运码头就设在河口。

清朝光绪年间，河口正式被立为商埠，政府在此设立公署和海关，在红河上建有三座码头。史书记载说，在河口一带的红河上，"大船三百，小船千艘，往来如蚁，"可见红河航运曾经相当发达。

往事如烟。人们珍惜历史，更看重新的开拓。云南航运的风帆，在改革开放的春风吹拂下重新展开。

1982年，云南第一个货轮船队从水富起航，穿过7省2市，到达南通港时航程已是2882公里，开辟了金沙江—长江最长的内河航线。

澜沧江—湄公河全长4880公里，被称为"东方多瑙河"。这条大江从世界屋脊奔涌而出，一路欢歌来到彩云之南，从中老缅交界的244号界碑出境，流经老挝、缅甸、泰国、柬埔寨和越南，最后汇入浩渺的太平洋。

实际上，直到20世纪90年代之前，这条沿岸各国人民赖以生存的大江一直是默默地流淌着。

大约70年前，一位关心国计民生的学者，为了研究这条大江的航运之利，曾经乘坐竹筏，独闯澜沧江—湄公河。他就是厦门大学教授陈毕生。江上的险滩、暗礁太多了，陈教授的竹筏最终触礁翻沉，探险失败。

在陈毕生教授探险失败之后半个世纪，中老两国专家组成的考察船重新上路。1990年5月，考察船从西双版纳顺江而下，穿过峡谷险滩，穿过炎热的原始森林，从中国的景洪港到老挝的琅勃拉邦，历时一个月，往返1400多公里，获得了航运数据上万个，考察航行获得成功。

同年10月，满载货物的云南船队开始载货试航。船队从景洪港起航，直达老挝首都万象。历时一个多月，往返2200多公里。破天荒实现了澜沧江—湄公河的载货航行。

生活在高原上的云南人，因为感觉离日月星辰更近，自然会有许多飞天之梦。这种飞天之梦因时代不同而不断变幻着色彩。

抗日战争年代，勇士们要抢占蓝天制高点，保卫祖国，消灭侵略者。

经济全球化时代，人们要架起四通八达的蓝天彩桥，谱写人流、物流、信息流快节奏交接的畅想曲。

1984年，云南人自掏腰包，从美国购进两架波音737客机，建设云南航空公司。当时，国内许多发达省市都为之惊诧。

10年之后，当云南境内建成10个现代化航空港时，邻近省市都投来羡慕的目光。

1993年秋天的一个下午，亚洲最现代化的新加坡樟宜机场迎来了首架云南航空公司班机。

1994年12月30日，云南与老挝成立航空联营公司，云南人开创了中国地方民航走出国门之先河，勇敢地开拓东南亚航空市场。

如今，云南是现代化机场最多的省区市之一。新组建的云南机场集团统合着昆明、西双版纳、大理、丽江、保山、德宏、昭通、临沧、思茅等10个航空港。

依托这10个航空港和100多条空中航线，高山大川的障碍消除了，云南人可以很便捷地在省内旅行，可以很自由地飞向全国，飞向全世界。

在不断壮大的云南航空队伍中，许多优秀的少数民族飞行员、乘务员格外引人注目。

走进21世纪，加盟东航集团的云南航空将以更强的实力飞向全国、飞向全世界。不断地编织着云南美丽的飞天之梦。

彩云之南，是一片神奇的土地，它把正在形成的世界最大自由贸易区连成一体。几千年来生活在这里的人们，显示出无与伦比的创造力。他们正在疏通航道，延长铁路，优化公路，完善空运，建设现代化的国际大通道，为中华民族的繁荣昌盛，为东南亚州的团结合作，为人类的文明进步，献上一份厚礼。

（本片在云南电视台播放）

中国西部小康之星

(电视专题片文本)

小康的概念,在中国历史上,很早就已经出现。《诗经》中讲道,"民亦劳止,汔可小康",意思是说老百姓太劳苦,应该稍稍得到安乐了。在西汉《礼记》当中,小康的概念得到了进一步的阐述,它是仅次于"大同"社会的一种理想社会模式,是用礼义治理的社会,如果当政者不按照礼义办事,危害人民利益,人民可以罢免他。这样的小康社会,历史上从来没有出现过,只是劳动人民在身处困境时,对理想社会梦一般的向往。

从《诗经》中最早描述的人们对"小康"社会的渴望开始,几千年间,贫苦大众向往小康,志士仁人追求小康,但是没有人看见过,真正的小康社会究竟是什么样子。

一

这里曾经是一座荒芜贫困的小山村,如今却已经是美丽富庶的城镇。它的繁荣兴旺,百姓的安居乐业,被外界传为佳话,这里就是有着"云南第一村"美誉的大营街。胡锦涛等党和国家领导人视察过这里,几十个国家的友人参观过这里,许多人在了解了大营街村的变化之后,都发出由衷的感叹,这是中国农村共同富裕的榜样,是中国农民的希望所在!

回首二十几年前,昔日的大营街村还是延续了几百年的苍凉与贫穷。世世代代的农民都靠土地吃饭,但是,大营街却是人多地少,人均土地不足三分。在传统的农业社会里,土地的匮乏,注定了一种苦难的命运。民以食为天，在大营街，因为地少粮少，吃饭历来是天大的困难。

现年 70 多岁的武琼仙老太太动情地说，她有五个儿子一个女儿，加上老伴全是壮劳力，因为粮少食量大，每年开春就缺粮，东家借，西家讨，吃了上顿没下顿……

在当年的大营街，很多年轻人因为贫困不得不选择背井离乡。吃饭难的地方，娶媳妇也难。村里许多姑娘不愿留下来受穷，远嫁他乡，外村的姑娘又不愿意嫁进来，许多年轻人只好打光棍。祖祖辈辈的大营街人，他们都在期盼，他们都在做着一个同样的梦，一个安居乐业，丰衣足食的梦。

东风吹来满眼春，改革开放的春风席卷了中国大地，一代伟人邓小平的确具有非凡的洞察力和创造力，他注意到了小康理想的伟大的感召力。早在 1980 年，他就把小康作为"中国式现代化"的奋斗目标提了出来。

在小康社会的宏伟蓝图和美好理想的感召下，大营街人也迈出了创造奇迹的第一步。村里实行家庭联产承包责任制，推广农业科学技术，在人均三分地上做文章，实现高产稳产，解决了吃饭难的大问题。告别了"脸朝黄土背朝天，一年粮食半年饱"的艰难岁月。

今年 67 岁的戴保周，当年正是他和众多党员干部一起，带领群众开始大办乡镇企业。从最初的建筑业起步，大营街先后办起红砖厂等 20 多个投资少、见效快的集体企业，走上了一条以工补农之路，1992 年，全村经济收入突破 1 亿元，是 1978 年的 100 多倍，实现了大营街的第一次经济腾飞。

这是现任大营街的党委书记任新民。他接替戴保周上任后，随即以强烈的创新意识，把高科技注入到农村企业当中，找到了新的经济增长点，他们捕捉到全国所有卷烟企业都是从国外高价进口卷烟辅料的信息，贷款 4000 多万元办起了科技含量很高的"滤嘴棒厂"和"水松纸厂"，1995 年，全村经济总收入突破 10 亿元，是 1978 年的 1000 多倍，实现了大营街的第二次经济腾飞。

在长期的创业过程中，大营街的领导班子逐渐成长起来，他们按照"集体经济为主，多种经济成分共同发展"的路子，对本村 8 个大型企业实现强化管理的机制创新，对 20 多个小企业实行拍卖、转让等多种形式的产权制度改革，优化经济结构，到2003年，经济总收入突破20多亿元，是1978年的2000多倍，实现了大营街的第三次经济腾飞。

从邓小平提出建设小康的宏伟蓝图到现在，经过20多年的实践，党的十六大正式确定了全面建设小康社会的奋斗目标。

今天的大营街人，在"三个代表"重要思想的指引下，按照科学发展观的要求，正在创建政治文明、物质文明、精神文明、生态文明协调发展与社会全面发展的小康新村。

一个祖国西南边陲的小山村，一个2.6平方公里的小山村，就在这短短的20多年间，从一个贫困的小山村变为"西部小康之星"，这不能不说是一个人间奇迹。

请看今日之大营街村：

村东是温馨和谐的居民住宅区；

村西是现代化的科技工业区；

村北是风光旖旎的农业生态园；

40米宽的玉带路和环湖路，犹如两条彩带，把这些园区像珍珠一样串联起来；无论从哪个角落来看，我们都难以置信，这就是昔日那个村民连饭都吃不上的穷山村。

大营街富了，更为可贵的是，这里的富不是少数人暴富，多数人贫穷的畸形之富，而是在党员干部的带领下，生活在这里的人们，走上了一条共同富裕的道路。

村里的青壮年是各项事业的经营者和就业者，按照按劳取酬的原则，他们的工资收入从数万元到数十万元不等，几乎人人都有存款，家家有汽车。

这是大营街的住宅小区，街道整齐、绿树成荫，家家户户都有现代化住宅，由村里给予房价65%左右的补贴。村里有充足的农产品供应，每家都有一个福利本，每月可持本按照人头免费领取肉、蛋、油等食品，新鲜蔬菜可以每天领取。

在村办幼儿园里，不仅有着城市一样的设施规模，而且完全实行供给制，所有孩子吃住免费，一年发四套衣服。看到孩子们纯真的笑脸，就可以感受到他们沉浸在怎样的幸福生活中。

村里的学校同大城市学校也没有什么两样，全部现代化教学。而且，青少年上学都有补贴，学历越高，补贴越高。每天清晨你都可以在大营街的公园里看到这样的景象，健康就是优质生活的保障。

这里的老年人实行54岁退休制，普通农民最低退休金每月400元；所有退休老人每年都被送到昆明大医院去全面体检，费用全部由集体负责。孤寡老人进福利院，有专人护理，全部实行供给制。

在大营街，有一条特殊的规定，凡是活到100岁的老人，村里发给10万元长寿奖。一位95岁的老人过生日，党总支书记任新民亲自送去了5万元的长寿奖。老人第一次拿到这么多的奖金，激动得双手发抖。任新民说，您老人家不用发抖，只要您健康地活着，100岁时我们再送给您10万元奖金。在大营街村人的眼里，老人长寿是无上的光荣，是家家户户的精神财富。尊老爱幼，父慈子孝，已经成了大营街村的风尚。

在大营街，真正实现了老有所养，壮有所为，少有所教，百姓安居乐业，充分体现了共同富裕的社会主义新气象。

历史上从来没有存在过的小康社会，今天正一步步向我们走来，红土高原上这个小村庄，它的近乎神话般的变化告诉人们，小康社会并不是一场虚幻的梦。

这就是实实在在的大营街，从早年间的穷困破落的小山村，到今天享誉国内外的小康村，大营街村经过了20年的艰辛创业，大营街人用他们自己的心灵和双手，在社会主义建设历史上谱写了一曲壮美的乐章。

二

大营街村为什么能够在中国西部众多贫困山村中脱颖而出，成为中外驰名的小康之星呢？原因可以有多方面，但是，共产党领导下的共同富裕和全面发展方针，是大营街村发展模式的本质和灵魂。

这里是大营街村党史陈列室，胡锦涛总书记曾经参观过这里。

一幅幅琳琅满目的锦旗，一张张光彩熠熠的荣誉奖状，见证了云南第一村奇迹般的演变，同时，也记录了大营街村共产党员保持先进性的奋斗历程。

大雁高飞看头雁，建设小康社会要有好的领路人，大营街村的领路人正是这样一批始终保持先进性的共产党员。

回顾大营街村党组织的历史，从解放初期到现在，党的书记一共只换过三任。现年76岁的周家元是村里最早的共产党员之一，作为村党组织的第一任书记，是他，带领着村民走上社会主义道路。

戴保周，是大营街村的第二任书记，是他，带领村民跨进改革开放的新时代，使大营街村成为云南省第一个亿元村。

现任党总支书记任新明，在大营街村更是一个传奇式的人物。幼年的任新明，因为家境贫寒，只念过六年小学，就被迫中途辍学。早年的坎坷经历，反而成为任新民奋发图强的动力，从14岁起，任新民开始自己创业。他最初的工作，是建筑队的一名学徒工，依靠自己的人品和能力，任新明逐渐赢得了大家的爱戴和信赖，被选为建筑队长。

在整个玉溪地区，任新明这个建筑队长是以"拼命三郎"著称的。在承建玉溪烟厂工程时，为保证工程质量和按时完工，任新民带领工人连夜奋战，多次累倒在工地上。任新民的敬业精神和诚信态度令烟厂方面非常感动，由此奠定了大营街村与红塔集团进行项目合作的良好基础。

在新的历史时期，共产党人不但要发扬公而忘私的奉献精神，更要有带领群众在市场经济大潮中搏击的能力和魄力。任新明就是这样的共产党员，为了创办集体企业，任新明把自己的40万元存款全部捐出，以超人的胆识和智慧，带领群众先后创办了28家企业，而且家家赢利。任新民常说，对我们这些工作在基层的共产党员来说，立党为公，执政为民，不是挂在嘴边的口号，而是表现在面对群众的一言一行中。

任新民是一个有理想、有抱负的农村共产党员。他曾经这样描述自己的理想和抱负："人在社会上，要有理想，有抱负。我的理想，我的抱负，就是要把大营街这块土地建设好，让和我一起长大的兄弟姊妹都过上好日子。这是我过去想的，现在也是这样的。"

位于大营街村西面的玉泉山，是村子里唯一可以利用作为工业园区的山地，昔日曾经是包括任新明在内的任氏先祖的坟地，为了大营街村能够有更大的发展，任新明不顾身边的重重阻力，带头迁出了祖坟，这在当时的大营街是大逆不道的事情,但是任新明义无反顾。

任新民说:"做事情都从我自己做起,我希望要做到的事情,希望职工做到的事情,我首先要做到,这一点慢慢巩固到今天。在群众当中,应该说我们说话是一呼百应的。不管你说到哪里,老百姓就会做到哪里,甚至没说到的,他们都会做到,说到底是一个人格魅力,严格要求自己,把自己管好了,再去要求别人。"

任新明心里装的是整个村子的父老乡亲。1998年,大营街村企业改制,上级部门为保障企业创始者的利益,为任新明划出1.3亿元原始股份,但是任新民始终拒绝执行这个文件。

许多年过去了,任新民一直安于当一名小小的村官,他多次拒绝大企业的高薪职位,多次放弃各种升官的机会。他说,升官掌权是某些人梦寐以求的事情,但是我的抱负不在这里,大营街村人太穷了,不带领他们跳出穷坑,我是不会离开大营街的,这是我入党时就立下的誓言。

在大营街村,立誓带领群众创业致富的,不止是任新民一人,而是一个战斗的集体。这是让每个大营街人都为之自豪骄傲的一支队伍。在大营街村老百姓的眼里,成为一名共产党员是重于泰山的大事情。从群众推荐到组织培养,到最后成为预备党员,各个阶段都要张榜公示,要让党组织和群众考验你是不是坚持"三个代表",是否具备先进性的条件。从2001年到2003年,全村递交入党申请书的优秀青年共257人,获得群众推荐,列为培养对象的126人,最后成预备党员的仅仅76人。

唐晓芬,现工作于大营街居委会食堂,多年来,在这个平凡的岗位上认认真真地做着自己的工作。2000年7月,唐晓芬光荣地加入了中国共产党。

唐晓芬说:"我们从小是在大营街办事处长大的,看着领导对人民群众办好事,做实事,看着老人们来拿养老金,我们觉得亲生儿子都不如任新民他们那样孝顺老人。真是我们的榜样。我们大营街如果没有这么好的领导,就没有今天,所以觉得自己应该提高思想素质,早日加入中国共产党。"

邓小平说,先富带后富,最终达到共同富裕,这是我们的目的,大营街村的共产党员也正是这样做的,正是他们,坚定不移的带领着群众走在共同富裕的道路上。

1998年，国内兴起企业改制高潮，大营街村的共产党员面临很大的压力和考验，全村成规模的企业都是集体企业，企业负责人都是共产党员，如果借改制之际变卖企业，企业负责人可以捞取很多好处，但是全村人民共同富裕的经济基础却被挖掉了。疾风知劲草，大营街村党总支咬定青山不放松，决心走共同富裕的道路不动摇。他们说，我们有30多个盈利企业，好比是30多只会下蛋的母鸡，这么优质的集体企业绝对不能卖掉，而是要进行制度创新，使他们下出更多的金蛋。确有一批经营不好的小企业，好比是不会下蛋的母鸡，可以卖给养鸡高手，让他们养成会下蛋的鸡。

任新民认为：人生这一回，钱财生不带来，死不带去，有钱了要为社会做贡献。真的，这是我们的真实思想。所以在大营街的企业，公的私的，还有合资的都搞得上去。就是调动各方面的积极性，把自己的家乡建设好，为国家多交税收，为老百姓的生活多做一点。

为了实现共同富裕，必须完善以集体经济为主，多种经济成分共同发展的经济结构。大营街村党组织在大力发展集体经济的同时，为个体私营经济发展也创造了良好的环境。

有一段时间，银行贷款很困难，村里就拿出几千万资金扶持私营企业。村民王保国，如今已经退休。当年的他曾经是一家私营骨粉厂的老板，因为经营不善破产，所有资产甚至包括住房都不得不变卖抵债，王保国全家几乎要流浪街头。当村里知道这个情况后，决定借钱给他还债，让他保住住房，不致流落街头，还把他安排在集体企业里工作，从工资中扣减贷款，使他得以渡过难关。

作为小康社会的建设者，大营街村的共产党员和村民们的目光是远大的。在推动经济蓬勃发展的时候，他们并没有单纯地追求经济收入，而是着眼于人与自然的和谐共处，追求人与社会的全面发展。

今天的大营街，已经看不到一点贫困村庄的影子，它已经成为一座现代化的新兴城镇。鸟语花香的生态园，恬静雅致的居民区，现代化的工业区，还有运用电脑从事生产，过着现代化生活的村民，所有这一切，都可以很清楚地告诉人们，在这里，长期困扰人类社会的城乡差别，工农差别，脑力劳动和体力劳动的差别正趋于消失。

毛泽东说过，严重的问题是教育农民。全面建设小康社会，最重要的是农民要通过坚持不懈的学习和自我教育，大大提高科学文化素质和思想道德素质。大营街党总支一班人是农民中的优秀分子，他们形成了一个坚持多年的学习制度，除了自学，还每周集中学习一次，学政治，学经济，学文化，学科学技术。

在党员干部的带动下，大营街村已经成为一个学习型社会。村里的各类企业每年都坚持举办各种形式的专业技术培训班，并且经常选派人员到大学和大企业学习。一大批德才兼备的高层次管理人才和技术骨干，正是在这种浓郁的学习气氛中迅速成长起来。

大营街村，还定期邀请各方面的专家给村民讲课，进行社会公德，职业道德，家庭美德教育。农民不仅在物质上实现了共同富裕，精神文化素质也有了全面提高升华。今天的大营街人，不再是传统观念中守着土地度日的庄稼汉，他们正在逐渐成为有文化，有理想，素质不断提高的新型农民，他们正是未来农村发展的希望。

这的的确确是一个发生在现实社会的奇迹，每一个到过大营街的人都会不由自主地发出内心由衷的感叹。大营街人是好样的，村庄的外貌在变，百姓的生活在变，村民的内心在变，大营街村的新型农民，用他们辛勤的劳动，创造出一个灿烂的中国西部小康之星。

附：电视专题片《西部小康之星》主题歌歌词

《浣溪沙·大营街》：

玉溪之水山前过，蜜蜂采花一路歌，燕子衔泥做新窝。

鸡毛上天非难事，黄土变金有新说，小康村里农家乐。

（本电视专题片在云南电视台播放）

中华绿色赋

(大型电视剧专题片文本)

第一集　绿色困境

天地之间，养护生命的一切，都可以统称为"绿色"。

浩瀚宇宙中，只是地球有绿色，地球因此成为最美丽的星球。

浩瀚宇宙中，只是地球有生命，地球因此成为最生动的星球。

浩瀚宇宙中，只是地球有人类，地球因此成为最文明的星球。

地球东方的中华大地，生活着56个民族13亿人口。

中华民族生活的这个区域，是神奇的东方宝地。

它背靠雄浑的欧亚大陆，面向跃出朝日的太平洋。青藏高原耸起地球之巅，长江黄河润泽丰饶农田。

纬度有高有低，温度有热有凉。季风十分发达，气候复杂多样。阳光伴着雨露，大地孕育万物。

这就是养护中华民族的伟大的绿色之母。

我们伟大的绿色之母，是那样的辛苦！她不停地劳作着：江河不停地奔流，树草不停地生长，庄稼不停地结实，微生物和动物也不停地制造着各种营养物质……

我们伟大的绿色之母，是那样的无私！她把一切宝藏都奉献给自己的中华儿女，让他们去生长，去发育，去创造光辉灿烂的中华文明。

我们伟大的绿色之母，是那样的坚强！不管千百万年劳作的疲惫，不顾气血耗尽的危险，继续支撑13亿儿女去完成社会主义现代化的壮丽长征。

现在，13亿儿女终于有了一个为时稍晚的觉悟：我们在绿色之母身上任性作为太久了，我们正在快步走进绿色的困境。

人活着，就靠一口气。人从生到死，没有一刻可以离开空气。

今天，生活在首都北京的人，每天都吸进什么样的空气呢？

北京三环外马甸桥北有一座高塔，这是中国科学院大气物理研究所的空气质量监测塔。

监测PM2.5的设备就安放在这座高塔内。

PM2.5是大气中直径小于或等于2.5微米的颗粒物，也称为可入肺颗粒物。这种微小颗粒物主要来自工业排放和汽车尾气，含有大量有毒有害物质，在大气中停留时间长，输送距离远，严重污染大气环境，对人体健康危害相当大。

2012年除夕的鞭炮，一夜之间使北京的PM2.5数值升高了1500。

实际上，在中国许多城市，平常的空气中就含有超量的PM2.5和其他有害物质。在我们许多城市和农村，空气质量根本不达标，千千万万的人们每天都在呼吸这种有害健康的空气。

水是生命之源，没有水，人类的家园就会变成死寂的世界。

中国目前60%以上的土地都严重缺水，三分之二以上的城市都是缺水城市。国际公认的缺水警戒线是人均1000立方米，而北京市人均水资源量仅有100立方米！

比缺水更为严重的是水质的污染。2010年，国家重点监测的395个城市饮水源地，竟有24%的水质达不到三类水的标准。更有上亿农村居民，还在饮用受到污染的水。

中华大地承载着五分之一的人类，负担太重了！在这里，人类活动对自然环境的影响之大，超过了地球上的所有其他大国。放眼全国，荒漠化的土地到处可见，一半以上的草地已经退化，1000多个天然湖泊消失了，湿地面积严重萎缩。更危险的是大片良田被占用，13亿人口赖以吃饭的18亿亩耕地红线正不断遭到突破。

空气、水流、土地，都是人类和动物最基本的生存条件，这些生存条件的恶化不能再继续下去了！

各种能源和资源推动了经济和社会的发展，但能源和资源的有限性约束着经济社会的发展。不管你愿意还是不愿意，我们的社会都已经进入了资源约束性增强的时代。

阜新是一座典型的资源枯竭型城市。

100多年前，一个放羊人在科尔沁大草原的边缘发现了一种可以燃烧的石头，于是诞生了这座著名的煤城。

几十年，阜新一直在消耗不可再生资源，这样的生产方式是不可持续的。

在疯狂采挖了半个世纪之后，这座年龄并不算大的城市宛如一个重病的老人：资源枯竭，地面塌陷，生态环境严重恶化。

资源枯竭有三种类型，一种是主体资源生产能力下降形成产能型枯竭，一种是主体资源产品价值下降形成经济型枯竭，一种是资源开发破坏生态环境形成环境型枯竭。

像阜新这样的资源枯竭型城市，不是一个两个，是几十个、上百个，而且还在不断增加着。

我们熟知的有大庆、伊春、白银、铜陵等等。其中煤炭城63座，有色金属城12座，黑色冶金城8座，石油城9座，影响到1.54亿人口。

中国发展受到资源短缺的强制约束是全面性的，邓小平对此早有洞见。他在1989年就同外宾谈话时说："中国地多还不如说是山多，可耕地面积并不多。另一方面实际上是个小国，是不发达国家或叫发展中国家"。

研究资料显示，我国人均矿产资源占有量相当于世界水平的58%，人均水资源是世界水平的1/4，耕地面积是世界水平的1/3，森林面积是世界人均的21%，煤炭是世界人均的69%，石油是世界人均的6.2%，天然气是世界人均的6.7%。

总而言之，从人均资源量来看，正如邓小平所说，中国"实际上是个小国"。

真正的困境是这样一种情况，一方面，人均资源量很少，并日渐枯竭；另一方面，资源的浪费又十分惊人。

研究资料显示：我国单位GDP能耗是美国的4倍，是日本的6倍，甚至是印度的1.3倍。我国综合能源效率约为33%，比发达国家低10个百分点。煤炭消费比重比世界平均水平高出40个百分点。水电、核电、风电等清洁能源占一次能源消费为8%，远低于国际平均水平。

真正的困境还有这样一种情况：在国内资源保障程度下降的同时，消费的需求却是迅速增长，使我们对国外资源的依赖度不断加大。

石油的对外依存度已经超过50%，铁矿石对外依存度超过40%，铜和钾的对外依存度达到70%。虽然中国是煤炭大国，但现在已沦为煤炭进口国。

且不说资源依赖他国存在着多大的风险，问题是整个世界都已经进入了资源和环境强制约束的时代。

西方发达国家早就遇到了资源枯竭和环境污染的困境。

西方发达国家赖以成长的资本主义生产生活方式，是造成全世界资源浪费和环境污染的罪魁祸首。

最早发展资本主义生产的英国，也是疯狂浪费资源和严重污染环境的国家。

在19世纪中期，英国中部的山谷间，有1.4万个烟囱在释放烟雾，把城市和乡村的空气都毒化了。

英国著名作家狄更斯，写了一本小说叫《荒凉的小屋》。小说这样描绘当时伦敦的阴暗图景："处处弥漫着雾。雾飘进格林威治退休老人的眼睛里和咽喉里，使他们在炉旁不断地喘息"。

1845 年，恩格斯到曼彻斯特考察工人阶级状况，这是一座靠烧煤发展起来的工业城市。恩格斯站在伊尔河的迪西桥上，对桥下的河水作了这样的描述："一条狭窄的煤一样黑的恶臭河流。即使在离水面四五十英尺的桥上都无法忍受"。

酸雨、黑雾和各种工业污染，害得曼彻斯特的人们透不过气来。据统计，工人阶级的子女，有 60% 活不到 5 岁。

继英国之后，美国成为最大的资本主义强国。

美国最初是靠燃烧石油膨胀起来的。

1859 年，美国在宾夕法尼亚州发现了石油。石油的发现，改变了美国的面貌，也改变了世界的面貌。

第二次世界大战之后，借助中东石油的廉价供应，美国和其他西方国家经历了一段持续 25 年的繁荣。

新颖多样的广告，刺激了消费者的享受欲望。这些享受欲望巨浪般地吞没了无限多的资源和能量。

仅仅美国一国，就消耗了世界 1/3 的资源，其他发达国家消耗了另外 1/3，留给第三世界国家的资源，已经不到 1/4。这就是世界发展的强制性约束。

1969 年，一个跨国研究机构拿出了一份震惊世界的报告——《增长的极限》。

这个报告描绘了一幅令人丧气的图景：因为资源有限，发展不可能无限。

残酷的现实，比报告预言的前景来得更早。

1973 年的石油危机，猛然打断了二战以来世界经济的扩张进程。

养护生命的绿色遭到破坏是全球性的，资源有限的强制性约束是全球性的，打破绿色困境，寻找新发展之路的探索也是全球性的。

1987 年，在布伦特夫人主持下，许多国家的学者参与撰写了一份研究报告，题为《我们共同的未来》，明确提出可持续发展的主题。

可持续发展就是"绿色发展"。

1992年,联合国环发大会通过了倡导绿色发展的《21世纪议程》。

绿色发展已经成为全球经济竞争的战略制高点。

进入新世纪以来,美国提出了"绿色振兴计划"。奥巴马在总统就职演说中这样表达发展新能源的热情:"我们将利用太阳、风和土壤来为我们的汽车和工厂提供能源"。

欧盟也投资1050亿欧元以发展绿色经济,力图保持在绿色技术领域的世界领先地位。

前不久召开的金砖国家领导人第四次会晤和博鳌亚洲论坛,都不约而同地将绿色发展作为讨论主题。

在全球推进绿色发展的大潮流中,有一个不祥之兆。

一些发达国家以保护环境和人类健康为借口,公然推出"绿色壁垒"。

欧盟对区域内经停航班征收碳排放税,澳大利亚通过了对碳排放征税的法案。这类做法,都是以保护环境为名,行贸易保护之实。

面对人类共同的气候变化危机,发达国家和发展中国家本应承担共同但是有差别的责任。但是,一些发达国家却不愿承担他们应尽的责任。

2011年12月11日,南非德班气候变化大会,中国代表团团长面对发达国家的不断搅局,发出了愤怒的声音:"该做的我们都做了,我们已经做了,你们还没有做到,你有什么资格在这里给我讲道理?"

中国是最大的发展中国家,面对全面性的强制性的发展约束,确定了科学发展观,决心走绿色发展之路。

中国在世界上率先推出《中国21世纪议程》,摒弃先污染后治理的老旧做法,决心走消耗小、效益好、很环保的新型工业化之路。

中国坚持科学发展观,主旨是以人为本,实现全面协调可持续发展。

这是真正的绿色发展、和平发展。它将实现中华民族的伟大振兴,它将开创人类文明进步的崭新道路。

第二集　绿色能源

2012年初，霍尔木兹海峡战云密布。

海峡的动静，触动着世界的神经，因为全球一大部分石油的流动，都与这个海峡有关。

海峡局势的缓急，牵动着石油价格的升降，足见决定世界发展的能源支柱，是多么脆弱！

综观历史，人们发现，人类文明的演进，都伴随着能源技术的转化。

以木炭为主要能源，是自然经济时代的重要特征。

来自煤炭的动力，开启了工业革命的时代。

英国的曼彻斯特、伯明翰等城市，当时都是烟囱林立，机器轰鸣的地方。

工业革命开始的时候，欧洲几乎所有的工业城市，都临近煤田。缺乏煤炭的意大利和北欧国家，很晚才实现工业化。

19世纪下半叶，托马斯·爱迪生建起一个发电和供电系统，将美国带入电气化时代。

几乎与爱迪生发明电的同时，德克雷上校在宾夕法尼亚发现了石油。

当人们为了点亮煤油灯而开发石油的时候，有两位眼光犀利的人物，推动了石油时代的到来。

一位是英国海军上校费希尔。

费希尔的目的，是用石油改造英国海军。烧煤启动军舰，费时几个小时。而用石油启动，只需几分钟。

1904年，费希尔担任英国海军大臣，开始启动他的海军改造计划。

1914年8月，协约国和同盟国的海军在地中海厮杀。为了抢速度，烧煤的德国歌本号战列巡洋舰以24节高速行，4名司炉在高温中累死。所有船员轮番铲煤，甲板上到处躺着快被烤死的士兵。

第一次世界大战结束时，英国海军40%以上的军舰都以石油为燃料。

另一位开创石油前途的人，是美国人亨利·福特。他是爱迪生公司的年轻雇员。在爱迪生的支持和鼓励下，福特选择石油为汽车的燃料。

到1925年，美国生产的汽车达到1700万辆。以石油为动力的汽车，改变了美国，也改变了世界。

由于飞机、军舰、坦克都要用石油发动，各国的军事体系，都离不开石油。

由于汽车、火车、轮船、机床、拖拉机都要用石油发动，各国的经济体系，都离不开石油。

亨利·基辛格于是得出这样的结论：如果你控制了石油，你就控制了所有国家。

第二次世界大战以后，为了攫取世界霸权，美国采用军事干涉、美元计价、技术垄断等多种方式，牢牢掌控着中东石油探明储量的42%，任意操纵国际石油价格的涨落，人为地造成了世界经济发展的不确定性。

石油、煤炭等化石资源是有限的，人类必须尽快打破对化石能源的过度依赖。

有限的化石能源被少数国家垄断是危险的，人类必须尽快打破这种不合理的经济秩序。

开发绿色能源，实现绿色发展，是历史的必然，是时代的呼唤。

在开发绿色能源的大潮中，中华民族必须早谋划，早动手，奋力抢占先机。

中国开发绿色能源，必须从实际出发。

中国的实际是，在相当长的时间内，煤炭仍将是能源的绝对主力。

从现在到2050年，我国煤炭能源占总能源的比例在40%以上。40年间，至少要使用1000亿吨煤炭。

煤炭的开采和燃烧污染非常大。

每开采1吨煤，平均污染2.48吨水；每挖出1万吨煤，就会有近3000平方米的地面沉陷；每开采1吨煤，就会排放近5立方米的瓦斯；每挖1万吨煤，就需要消耗木材100立方米。

过去的半个世纪，我国采煤堆放的煤矸石达50亿吨；被污染的矿井水达 790 亿吨；采煤沉陷土地面积达 950 万亩；煤炭自燃 56 个火区，过火面积 720 平方公里。

很显然，中国开发绿色能源，最紧迫、最重要的是，必须实现煤炭的绿色转化。

实现煤炭的绿色转化，可以从提高火电厂热效率做起。

我国火电厂的热效率水平不高，平均仅有 33%。

华能集团在浙江玉环电厂采用超超临界燃煤技术，热效率一举提高到 45%。

如果火电厂都采用超超临界燃煤技术，全国一年即可节约原煤 2 亿多吨。

实现煤炭的绿色转化，应当发展"煤制油""煤制气"产业。

目前，在全国各地，已运行着 8 个煤炭绿色转化示范工程。

中国神华、潞安、兖矿建成的"煤制油""煤制气"项目，处于世界领先水平。

实现煤炭的绿色转化，必须突破特高压输电技术。

年复一年、日复一日的北煤南运、西煤东运，既增加了交通困难，又造成重大污染。

煤炭就地转化为电能，可以改变这个困境，但这需要拥有特高压输电技术。

2011 年初，山西长治到湖北武汉的特高压输电线路开通了。

我国攻克了特高压输电的世界科技难题，创造了把运煤变为输电的清洁模式。

实现煤炭的绿色转化，应当完善"煤基多联产"方式。

"煤基多联产"就是把煤炭气化、净化，在发电供热的同时，生产出多种高附加值的化工产品。

开发绿色能源,需要提高天然气、煤层气和页岩气开发技术。

天然气具有转换效率高、环境代价低,投资省和周期短等诸多优势,现在和未来很长时期,都将扮演支柱能源的重要角色。

十二五计划期间,我国将加大鄂尔多斯、川渝、塔里木等地区的天然气开发力度,加快建设塔里木、西南、长庆三大200亿方级的气田,并将输气管道拓展到15万公里。

煤层气就是瓦斯,热值是煤的2到5倍。

美国一年的煤层气产量相当于我国一年的天然气产量。

中国拥有40万亿方的煤层气储藏量,可以开发利用14万亿方以上。

页岩气是从页岩层中开发采出来的非常规天然气。

美国页岩气开发有80多年的历史。2007年,美国页岩气年产量达到500亿立方米,在美国大大降低油气对外依存度中发挥了决定性的作用,这给中国以极大的启示。

2009年10月,国土资源部在重庆市綦江县开始启动页岩气资源勘查项目。

据初步勘测,我国页岩气资源量约为36万亿立方米,超过美国,是世界第一页岩气大国。发展页岩气产业,将使我国能源格局发生革命性的变化。

开发绿色能源,必须大力发展水电。

我国水电资源非常丰富,可开发量超过5.4亿千瓦,居世界第一位。

到2009年底,我国水电开发利用率仅为34%,发达国家是60%,我国水电开发利用空间十分广大。

我国水电开发技术很先进,水电站水电混流式、轴流式、贯流式大机组技术迈入世界先进行列,输变电技术也世界领先。三峡、二滩、小浪底等特大型大坝的建成,标志着中国是世界水电潮流的领跑者。

开发绿色能源,必须大力发展风能产业。

我国陆上和海上的风能资源都很丰富。

十二五期间，我国将建设六个大型陆上风电基地和两个大型海上风电基地，我国风电建设已进入"海陆并举、全面发展"的新阶段。

矗立在东海大桥附近的巨型风车，已经成为上海的新亮点。

在"春风不度玉门关"的地方，巨大的风车阵令人心头为之一震。

目前，中国风电装机容量跃居世界第一。

风电装备制造业异军突起，形成了华锐、金风、东汽、联合动力等世界级风电装备企业。

开发绿色能源，必须大力发展太阳能产业。

我国太阳能资源也很丰富，可开发装机规模超过20亿千瓦。

西藏日喀则，阳光之城。

山东援建的日喀则太阳能电厂已并网发电，发电量30兆瓦。

十二五计划期间，我国将在西藏、内蒙古、甘肃、宁夏、青海、新疆、云南等省区，建成太阳能电站500万千瓦以上。

目前，我国已形成完整的太阳能光伏产业链。长三角、环渤海、珠三角和中西部地区，已形成各具特色的太阳能产业集群。

中国太阳能电池产量占全球总产量的40%以上，成为全球第一太阳能电池生产大国，涌现出无锡尚德、江西赛维、天威英利等一批著名企业。

除了发电，太阳能还为工农业生产和人民生活的广大领域提供能量。

我国自主创新的高效气二相集热器已经研发成功，生产出系列产品，可以同时和交替提供80度到200度的热风和热水，具有广阔的产业化发展前景。

开发绿色能源，必须发展高效安全的核能产业。

浙江三门，正在建设一座新型的核电站。

这是中美两国最大的能源合作项目，在世界上首次使用第三代先进压水堆核电技术，简称AP1000，计划2013年建成发电。

世界上正在运行的核电站，普遍采用第二代压水堆核电技术，AP1000采用的是第三代核电技术，即采用"非能动安全系统"。

在紧急情况下，"非能动安全系统"自动发挥作用，利用物质的重力、惯性以及流体的对流、扩散、蒸发、冷凝等特性，及时冷却反应堆，并带走反应堆产生的余热，不需要泵、交流电源、柴油机等外力驱动的系统，大大提高了安全保障。

我国科学家以 AP1000 核电站为依托，正在开发更先进的 AP1400 技术。这种新型压水堆装机容量达到 140 万千瓦，是具有中国自主知识产权的先进的非能动核能技术。

2011 年春天，国务院批准了山东荣成石岛湾高温气冷堆核电站项目。这是世界上首座第四代商用示范核电站。

20 世纪 80 年代以来，各国核能建设都有这样一个梦想，就是建设具有固有安全性的高能核反应堆。现在，这个梦想即将在中国实现。

用水冷却的核电站能提 300℃ 的热能，用氦气冷却的核电站能提 300℃—1000℃ 的高温氦气，用这种高温热能发电可以大幅度提高发电效率，还能进行热电联产，而且具有固有的安全性。

2011 年 7 月 21 日，我国第一个实验快堆成功实现并网发电。

实验快堆就是快中子增殖堆，是第四代核能技术的优先堆型，可将天然铀资源的利用率从压水堆的 1% 提高到 70%，可充分利用铀资源，对我国核电的持续发展具有重大战略意义。

截止 2010 年底，我国开工建设的 20 台机组装机容量达到 2192 万千瓦，在建核电机组规模位居世界第一。

在日本福岛核危机爆发前几周，从中国传出一个重要的信息，即中国科学家正推出一种更安全、更清洁、更便宜的核电技术。

这种核电技术是运用钍反应堆而不是铀反应堆。钍反应堆有惊人的安全特性，它产生的有害废料比铀反应堆少得多。在运转过程中，如果反应堆过热，一个小塞子会熔化，钍基熔盐会排入一个特制容器，不需要电脑或日本那种会被海啸破坏的电子泵。反应堆会自救，不易引发核灾难。

钍反应堆在大气压力下运转，不会发生在日本看到的那种氢气爆炸，也不会有铀射放出来。

英国《每日电讯报》就此发表文章说,"如果中国发展钍反应堆的努力取得成功,将极大地改变全世界的能源版图,并可能避免一切因亚洲的工业革命与西方固有的消费相碰撞而引发的灾难性后果"。"中国人将很快在钍技术和熔盐方面处于领先地位,祝他们好运。他们正帮人类一个大忙,我们也许可以平安度过这个世纪,不会因能源不足而彼此攻击并毁掉地球"。

开发绿色能源,还要大力发展潮汐能、沼气能、生物质能、波浪能、地热能等等。

浙江温岭,江夏潮汐实验电站。

舟山群岛岱山县,亚洲第一座潮流电站。

我国拥有1.8万公里海岸线,拥有300多万平方公里海域,蕴藏着丰富的波浪能、潮汐能和海洋风能,开发前景无限广大。

开发绿色能源,必须完善智能电网。

智能电网是智能化、信息化、互动化的电网。只有建设智能电网,才能实现可再生能源的集约化开发,远距离输送和高效率利用,才能实现各类分布式电源、储能装置、用电设施并网接入标准化和电网运行智能化。

我国电力行业在智能电网发展的基础理论、技术体系以及智能设备等领域都处于世界领先地位。

第三集 绿色资源

资源,是一切可被人类开发和利用的物质、能量和信息。

在我国的自然资源中,水资源、气候资源、土地资源、矿产资源、森林资源、海洋资源、石油和天然气资源、生物物种资源等,都是国家的战略资源。

从1999年开始,我国开始了持续12年的国土资源大调查。

2011 年，调查数据出来了，它传达出了这样的信息：如果不转变发展方式，如果不以绿色方式利用资源，中华民族的全面振兴是不可能的。

以绿色方式利用资源，需要重视节约用水。水是非常重要的战略资源。

2011 年，中共中央一号文件非常郑重地宣告，水是生命之源，是生产之要，是生态之基。

一号文件还历史性地划了三条关于水的红线。

第一条，规定到 2020 年，全国年总用水量要控制在 6700 亿立方米以内。

第二条，规定到 2015 年，全国万元工业增加值的用水量要比 2011 年下降 30% 以上，农业灌溉水的有效利用系数要从 2011 年的 0.5 提高到 0.53 以上。

第三条，规定到 2020 年，全国主要江河、湖泊水功能区达标率要提高到 60% 以上。

此前，国务院已批复了水利部提出的《全国水资源综合规划》。

《规划》对全国水资源作了科学的配置。

到 2030 年，配置全国经济社会用水量 7113 亿立方米，占全国水资源总量的 25%。

城镇和农村配置水量的比例由 31∶69 调整为 37∶63。

城乡生活配置水量由 633 亿立方米提高到 1021 亿立方米。

全国工业配置水量由 1397 亿立方米增加到 1718 亿立方米。

全国农业配置水量由 3707 亿立方米增加到 4078 亿立方米。

我国的用水结构，70% 为农业用水。在干旱的北方地区，农业灌溉用水甚至占到 90%。农业节约用水是重中之重。

新疆石河子农场，正在大面积推广棉花膜下滴灌技术。

在甘肃，广泛采用全膜双垄沟种植，既能大面积保墒，又能形成自然的集流面，使有限的降水都被沟内作物有效吸收，为旱区农作物生产创造了一个良好的人工小环境。

为了解决水资源短缺,我国实施了许多重大水利工程,最著名的有南水北调和引黄济津工程。然而,这些工程只能解决淡水资源的重新分配,并不能增加淡水总量。

海水淡化是增加淡水资源的重要途径。

这是青岛碱业公司,是一座综合利用海水的企业。

他们利用冷却纯碱设备排出的温海水进行淡化,淡化剩下的浓海水用于提取精盐。其中,海水淡化成本约5.15元/立方米,盐的收入为4.9元/立方米,总成本为0.25元/立方米。

碱业公司给青岛市增加了淡水,还从浓海水中提取钾、溴、镁、锂和精盐,效益相当好。

我国滨海地区,都可以参考青岛的做法,着眼于增加淡水的战略考虑,加快海水淡化步伐。

为了使被污染的河水变清,河北省创造了"流域生态补偿机制"。

这个补偿机制要求谁排污,谁出钱;谁污染,谁治理。

子牙河是河北省的一条重要河流,流经5市49县,涉及人口2000多万,污染情况一直很严重。

2008年3月,子牙河流域生态补偿机制开始实施。

处于上游的石家庄市出境水污染超标,当月被扣缴360万元。

石家庄市把压力变为动力,依法取缔了39个污染严重的企业,对所有单位采取全程超标排放跟踪监控,标准是治理费需要多少,排污企业必须缴纳多少。这些措施非常有效,子牙河在石市的出境水质逐月好转。当年9月,所有出境断面水质全部达标,子牙河的水变清了。

以绿色方式利用资源,需要重视土地的节约。土地也是重要的战略资源。

这里是珠江三角洲。把1997年和2003年两幅同一地区的卫星遥感图放在一起对比,其间的巨大变化令人目瞪口呆。

球江流域千年繁盛的鱼米之乡不见了,拔地而起的是一个庞大的三角洲城市群。

在北京师范大学环境演变重点实验室，我们看到了卫星拍摄的环渤海地区城市群的演变过程。

20多年间，由于大城市的面状扩张，交通城市的线状延伸和小城镇的点状散布，使北方大粮仓的耕地变得越来越稀少。

仅在1998年到2003年的5年间，全国耕地就减少了662.25万公顷。

由于城市扩张多数占用了城郊的优质耕地，耕地质量的下降比面积减少更为严重。

为了约束吞噬土地这头怪兽，国务院发布《全国土地利用总体规划纲要》，规定到2020年，全国耕地应保持在18.05亿亩以上。为此，必须实行最严格的节约用地制度，健全节约土地标准，加强用地节地责任和考核。单位国内生产总值用地下降30%。

比保住18亿亩耕地更为艰难的，是耕地面临的污染。

重金属污染对耕地危害最大，重金属不能被生物降解，却能在食物链的生物放大作用下，成千万倍地富集，最后进入人体，毒害生命。

重金属污染，实际上是可以治理的。

在湖南郴州市邓家塘，绿油油的草长满农田。

这是一种名为蜈蚣草的植物，它的作用是清理土地的重金属污染。

蜈蚣草吸收土壤中砷的能力，相当于普通植物的20万倍。通过蜈蚣草吸附作用，三到五年之内，受到污染的耕地就可以恢复健康。

蜈蚣草一类的解毒植物实际上并不少。例如，广东有东南景天，西北地区有竹柳。

以绿色方式利用资源，需要实行循环经济。

美国经济学家肯尼迪·鲍尔丁很有想象力。在他看来，地球就是茫茫宇宙中一艘小小的飞船，人口和经济的无序增长迟早要耗尽飞船内有限的资源，而生产和消费时排出的废气废物将塞满飞船，毒害船内的乘客。最终飞船会坠落，人类社会将崩溃。

这样的悲剧能避免吗？当然能。条件是全人类都需要改变生产生活方式，尤其是要改变经济增长方式。

在宇宙飞船中，几乎没有废物。即使是乘客的排泄物，也是经过处理净化，转变成清洁的氧气、水和盐，再给乘客使用。如此循环不已，构成一个宇宙飞船中的绿色生态系统。

鲍尔丁提出的飞船内资源循环的理念，被命名"循环经济"，引起世界的普遍反响。

德国人是循环经济的开拓者。

他们从处理垃圾起步。

20世纪70年代，德国形成了37万个垃圾堆放场，日益增高增大的垃圾山压得人们透不过气来。

出路何在？最好的办法是垃圾的良性利用。

1994年，德国颁布《物质闭路循环与废物处置法》。该法的核心思想很明确，生产者必须对其产品的整个生命周期负责。从产品的设计和生产开始，包括运输、销售、售后服务，直到产品生命终结和废弃物处理，都由生产者负责。

现在德国总理默克尔，当时任环境部长，她曾这样说明"废物处理法"："对一种产品的责任，不能以制造出来而告终，它必须包括使用和对废弃物进行与环境无害的清除，即首先是重新使用和重新利用，这样循环的圈子就会合拢了"。

从1999年开始，德国有一定规模的企业都必须对自己产品的生命周期负完全的责任。

丹麦的卡伦堡工业园区，被誉为世界循环经济的成功典范。

卡伦堡园区的产业主要是发电、炼油、制药和生产石膏板，五家大企业和十余家小企业之间，通过各自产生的废物形成联系链条，这个工厂的废物是那个工厂的原材料，并合拢成一个工业共生系统，实现园区污染的零排放。

循环经济可以概括为三项原则，一是减量化，二是再使用，三是再生循环利用。只要认真实行这三项原则，就可以从根本上缓解资源供给和环境污染的矛盾，实现经济的良性发展。

中国走循环经济之路，比发达国家起步晚，难度也比较大。

直到20世纪90年代，资源低效利用的情况仍然非常普遍。

赵焕章拍摄的电影《咱们的退伍兵》，生动地反映了这种情况。

为了带领乡亲们共同致富，退伍兵赵二虎苦心钻研炼焦技术。影片最后，在激动的泪水中，炼焦厂拔地而起。

当时，一位国家领导人出差夜航，飞越这部电影描写的山西大地，只见浓烟和火光连绵不断，便吃惊地问道："这是在做什么？"回答说："山西到处在炼焦"。

虽然炼焦污染环境，但炼焦的人说："战争年代流血牺牲都不怕，为了经济发展，牺牲点健康算什么！"

山西还流传着这样的笑话：活着为了啥？挖煤，生娃。生娃为了啥？挖煤，生娃。就是没想过，没有煤了还干啥？

山西挖了煤之后，留下数十亿吨的煤矸石。这些煤矸石不仅占用大量土地，有些还在自燃，不断地污染着大地，污染着空气。

值得庆幸的是，进入21世纪，我们开始摒弃这种不顾代价地损耗资源的做法，坚定地开始综合利用资源，走上了循环经济之路。

实际上，综合利用资源，是中国社会的一个传统。

毛泽东就非常重视综合利用资源。他说过，资源的循环利用好比打麻将，上家的废物，就是下家的原料。

现在，中国社会的循环经济，是由三个层次构成的。

企业进行清洁生产，是第一层次的小循环。

工业园区形成共生关系，是第二层次的中循环。

社会范围内废旧物的再生利用，是第三层次的大循环。

为了推动循环经济的健康运行，国家制定了《循环经济促进法》和《清洁生产促进法》。

国家"十二五"规划《纲要》明确规定："要加快构建覆盖全社会的资源循环利用体系。推行循环生产方式，资源产出率提高15%"。

资源循环利用，关键在技术进步。山东泉林纸业对此有着深刻体会。

草浆造纸曾经臭名昭著，一个厂就能污染一条河。

泉林纸业是草浆造纸的大型企业。2007年，环保部门给这个企业下达了硬指标：排放一升水，化学含氧量不能超过100毫克。这几乎是一份草浆造纸的死刑判决书。

泉林人卧薪尝胆，终于发明了非木纤维"置换蒸煮"的新工艺，所排放的化学需氧量仅为自然排放的千分之一，使草浆造纸起死回生。

泉林纸业围绕着麦草制浆这一工艺流程，建立了六条资源循环链，把生产过程中产生的污水、黑液、草屑、废氨液全部纳入循环，经过净化处理，重新用于生产过程。

生产废水处理后，或用于原料基地的灌溉，或再用于生产过程，一点都不浪费。

泉林纸业建成200吨秸秆综合利用项目，代替了320万吨木材，还每年为周边农民带来11亿元的收入，经济效益和社会效益都很好。

鄂尔多斯电力冶金公司则是走出了一条循环利用煤矸石的新路。

煤矸石占我国固体废物的30%以上，仅在鄂尔多斯矿区，每年抛弃的煤矸石就在3000吨以上。

这巨量的废物，实际是真正的宝藏。经过分析，鄂尔多斯煤矸石中氧化铝含量高达45%左右。鄂尔多斯电力冶金公司兴建了资源综合利用项目，每年可利用6万吨高铝煤矸石，提取高品位氧化铝，真正做到了变废为宝。

资源循环利用，需要发展拆解产业。

德国西门子富士通公司，是一个享誉世界的废旧电器回收拆解企业，拥有先进的回收拆解处理系统和技术装备。

目前，我国已建成10个大型废旧金属回收交易市场，还有15个再生金属拆解加工园区。

在渤海、长三角、珠三角地区，国家支持建设5个技术先进、管理优化、环保到位的拆解加工园区，年拆解能力达到100万吨。

与拆解产业同时发展的，是再制造产业。

再制造作为战略性新兴产业，对于发展循环经济，建设节约型社会，具有重大意义。

废旧设备，废旧机器，通过再制造，在质量、性能与新品相同的情况下，可节能60%，节材70%，节约成本50%，几乎不产生固体废物，大气污染排放量降低80%以上。

我国再制造比发达国家起步晚，但自主创新，形成一系列独有的科技成果。发达国家的再制造，以换件修理为主要手段，通过失效部件的更换，带来装备性能的恢复。被更换下来的部件成了废弃物，仍然是一种浪费。中国工程技术人员另辟蹊径，创造性地运用表面工程技术，并同信息技术、纳米技术、生物工程技术结合起来进行再制造，可以高效地使老旧设备获得新生，性能甚至超过新品。

山东能源机械集团有一个"大族再制造有限公司"，他们再制造的刮板输送机，使用寿命比新品延长了两到三倍；他们再制造的煤炭截齿，性能普遍好于新品。

第四集　绿色发展

在人类历史上，以高污染为特征的发展是黑色发展，以生态美好为特征的发展是绿色发展。

在黑色发展中，人们很难呼吸到清新空气。

空气是否清新，可以看负氧离子多少。在云南一些州市的林间地头，负氧离子高达7000到10000。但在北京大街上，只有500左右。

2012年除夕的一夜鞭炮，北京城区负氧离子降到400以下，而毒害空气的颗粒物，也就是可以精确测定的PM2.5值，则猛然升高到1500。

在黑色发展中，人们很难喝到干净的水，很难吃到干净的水果、蔬菜和粮食。由于生态环境恶化，造成人的生活质量下降，身体机能衰退，民族素质弱化。这种趋势不尽快扭转，将危及中华民族的命运和前途。

我们必须摒弃黑色发展。

我们只能坚持绿色发展。

绿色发展是以人为本的发展，是以先进文化为灵魂的发展，是以良好生态为基础的发展，是实现人与社会、自然和谐的发展。

绿色发展可以从一个企业做起。

大连獐子岛渔业集团，是一个从事海洋经济的企业。他们一改传统的污染海洋的生产方式，精心建设养护海洋生态的"海洋牧场"。

他们的海洋牧场，是在黄海 1000 平方公里的长山群岛海域，建立一个立体的、多层次的海洋生态空间。他们运用不污染海水和环境的科技设施，形成适合鱼类生活的海草床和鱼礁，使底栖生物和不同海层的鱼虾互相滋养，高效繁殖，大大提高了海产的数量和品质。

我国有 300 万平方公里的广袤海域，如果都像獐子岛渔业集团这样坚持绿色发展，就可以建成一个造福子孙万代的海洋经济大国。

绿色发展可以从一个县域做起。

浙江安吉，原本是一个山区贫困县。禁不住黑色发展大潮的拉动，曾经很想挤进工业强县的行列。结果令人失望，发展很有限，污染却很严重。

不止如此，安吉是黄浦江的源头，又是太湖的水源地，安吉被污染，危害很广很大。

安吉人最后作出困难而正确的抉择：生态立县，绿色发展。

他们种了 108 万亩竹子，大力发展竹产业。安吉竹类产值占全国竹类总产值的 20%，人民和政府的光景都好了。

安吉的白茶，成了著名的原产地保护产品。

迷人的绿色，使安吉成为长三角大都市的"后花园"，每个村庄都成了一道风景线，生态旅游奠定了休闲经济大县的地位。

绿色发展可以从一个城市做起。

云南省普洱市是一个"绿色发展"的典型。

这是集"老、少、边、穷"为一体的地方，但又是一个引领绿色发展潮流的地方，也就是中央电视台广告节目中经常出现"妙曼普洱，养生天堂"的地方。

普洱市各族人民共同确定的发展战略是"生态立市、绿色发展"。

绿色发展是以人为本的发展，是人与自然和谐的发展。在普洱市，处处都体现出绿色发展的理念。

普洱最显著的特点是怡人的绿色，最突出的优势是良好的生态。

普洱市人均有树林18.2亩，是全国平均数的8.1倍，森林覆盖率达到70.5%。全市海拔1000米左右，年均气温15℃—20℃，无霜期超过315天，年降水量达1100—2780毫米，负氧离子含量在7000以上，是最适于人生活、工作的地方。

这是普洱城区的梅子湖宾馆。城市在森林中，森林在城市中；水恋着山，山拥着水，人和山水天地融为一体。

普洱市的绿色发展，是以生态文明的高度自觉为基础的。

普洱市委书记沈培平说得好，"我们这个地球既是人类的家园，也是其他动物、植物、微生物的家园。我们要像爱护眼睛一样爱护生态环境，认识自然，尊重自然，敬畏自然，融入自然，合理利用自然，坚定不移地走人与自然和谐，人与其他动物、植物及微生物和谐，动物、植物、微生物之间相互和谐的生态文明之路，永葆普洱青山常绿、碧水长流、蓝天永驻"。

普洱市走"生态立市、绿色发展"之路，是坚决的、认真的。

普洱市几千平方公里的地下，蕴藏着多种多样的矿藏，为了不破坏生态环境，不干扰绿色发展，许多矿藏都没有开采，不打破它们亿万年来的沉睡状态。

普洱市不少地方的光热水土条件很好，可以发展立竿见影的橡胶产业。但是，为了保护珍贵的热带雨林，最近八年，一棵橡胶树都没有种。

从昆明到新加坡的亚洲高速公路穿过普洱市，发展城镇化的条件很优越，但普洱市避免陷入盲目的、低层次的房地产扩张，而是走高文化设计、高品质建设的路子，每一个项目建成后都要经得住历史的检验，给后人留下的，不是废品，而是精品；不是垃圾，而是文物。普洱文化中心、普洱学院、梅子湖酒店都是鲜活的例子。

以"生态立市，绿色发展"为纲领，普洱市正在建设国家级绿色经济试验示范区。他们立足当地资源禀赋，发挥自己的特色优势，统筹考虑经济发展中各种要素的联系，对产业、土地、环境、人才等重要元素进行科学配置，精心打造利国富民的特色产业。

普洱市的一大特色产业是普洱茶。
普洱市因普洱茶得名，普洱茶因普洱市光大。
这是景迈山，著名的普洱茶原料基地。
这是人与自然和谐、人与人和谐的绿色发展之地。
布朗族、傣族人民在古茶树林中毗邻而居，世世代代友好相处。
这里人人喝茶，家家种茶。随着茶产业的发展，每家的收入都上万，上10万，生活越过越红火。
这里的茶园也是一大生态景观。茶树不是孤立生长，而是同各种伙伴树同生共长，互相支持，彼此滋养；不打农药，不施化肥，茶叶的清香是自然天成的。
茶叶好，加工提炼更要好。
普洱市改变了卖茶叶原料的做法，走上了科学制茶的新路。他们投入8000多万元，组织国内外150多位茶叶专家，对普洱茶的养成机理和生物功效进行研究，获得30多项专利，并引进天士力集团，借鉴药物萃取的方法，完善普洱茶制作工艺，开发新型茶产品，打响了"帝泊洱"品牌，实现传统普洱茶向数字化、标准化、功效化、品牌化、规模化和国际化的成功转型，形成上百亿产值的绿色产业。
这是普洱市最大的普洱茶工厂。工厂同山水融为一体，厂房都浸润着感人的茶文化，制茶工艺是传统文化同现代科技的完美结合。

与普洱茶产业壮大的同时，普洱市还立足自己的特色资源，同星巴克集团合作，打造现代化咖啡产业；同康恩贝集团合作，打造现代化的生物制药产业。这些产业都与各民族千家万户农民的利益联系在一起，形成一个基础雄厚、潜力巨大、发展快速的绿色产业集群。

绿色发展的中心是人，绿色发展的灵魂是文化，绿色发展的理念是和谐，绿色发展的基础是生态。

在普洱，人们每时每刻都呼吸着高负氧离子的清新空气。睁开眼睛就看到蓝天白云、茂林修竹；静下心来就听到小虫聒鸣，小鸟歌唱。雨林湿地相间，野花野草自长。生态之好，令人心旷神怡。野生大象都喜欢这个地方，已从2004年的5头，增加到目前的71头。

在普洱，人们日常生活少不了唱歌跳舞，民族文化受到保护，得到弘扬。"木鼓节"让佤族人民陶醉，"葫芦节"叫拉祜人民欢腾。还有"中老越三国丢包节""中老缅越四国边疆艺术节"，祖国边疆是一气和谐的天地。

普洱正在成为以人为中心的国际养生天堂。在这里，看，有神秘森林；饮，有醉人的普洱茶；呼，有天然氧吧；吃，有山茅野菜；玩，有欢乐的民族歌舞。在信息化、快节奏的生活中倍感压力的人们，可以在普洱的绿色中融入自然，拥抱健康。著名企业家黄怒波曾经周游世界，比较了许多地方，最后选择普洱作为自己事业和人生的归宿之地，决定投资500亿元，在普洱打造国际旅游养生天堂。

普洱市作为绿色发展的一片热土，引起了国内外的广泛关注。

普洱市和安吉县传统上都是非常贫困的地方，这样的地方能摒弃黑色发展，坚持绿色发展，其他地方更可以坚持绿色发展。

普洱市和安吉县传统上都是十分落后的地方，这样的地方都能摒弃黑色发展，坚持绿色发展，更何况其他先进的地方。我们欣喜地看到，整个中国，正在走上绿色发展之路。

第五集　绿色家园

中华民族需要气势恢弘、生机盎然的绿色家园。

我们正在建设这样的绿色家园。

建设绿色家园，必须保护好中华民族的生态屏障。

青藏高原，是中华民族的第一道生态屏障。

夏季的青藏高原，放大了干旱和季风的作用，使东亚的季风在全球最为激烈，使中亚成为最显著的干旱区。

冬季的青藏高原，集中了中纬度地区最大的冻土和冰川，成为长江黄河的源头，成为我国重要的湖泊和沼泽之乡。

构建青藏高原生态屏障，要重点保护自然地理的多样性，保护独特的生态系统，发挥好涵养江河水源和调节气候的作用。

根据国家总体规划，青藏高原生态屏障建设涵盖西藏、青海、四川、云南、甘肃、新疆6省区的179个县。根据不同地区的地理特征、自然条件和资源环境承载力，分别划分为生态安全保育区、城镇环境安全维护区、农牧业环境安全保障区，还有资源区和其他预留区，并制定实施相应的建设和管理措施。

以三江源地区为例，重点是强化草地、湿地、森林和生物多样性保护，推进沙化土地和水土流失治理，加强土地整治和防治地质灾害，提高自然保护区管护水平。

国家确定的生态安全大格局，是由"两屏三带"构成的。

"两屏"，是青藏高原生态屏障和黄土高原—川滇生态屏障。

"三带"，是东北森林带，北方防沙带和南方丘陵山地带。

形成"两屏三带"生态战略格局，标志着我国生态系统的管理，从单要素管理，向多要素、全系统管理的转变。

按照规划，到2020年，当全国生态主体功能区布局基本形成时，我们面前,将呈现出生产空间集约高效,生活空间舒适美好,生态空间山青水碧,人口、经济、环境相互协调的绿色家园。

建设绿色家园,必须找回清洁的水。

中国面临的一大困难是缺水,比缺水更严重的是水质被严重污染。

目前,严重缺水的地区占全国总面积的60%,2/3的城市都是缺水城市。

2011年5月,北京水务局对外公布,北京市人均水资源量已降至100立方米,而国际公认的缺水警戒线是人均1000立方米。

为了缓解北方的缺水困难,国家正在实施规模宏大的"南水北调工程"。

为了改善水利功能,国家制定了《全国重要江河湖泊水功能区划》。

《区划》将全国重点江河湖泊划分为4493个水功能区,根据不同水域的功能定位,实行分类保护和管理,确定纳污红线,严格控制排污数量。到2020年,全国重要江河湖泊水质达标率达80%,到2030年水质基本达标。

现在,31个省级人民政府都在推进辖区内的水功能改善工程,为维护江河湖泊的健康生命,全国人民共同撑起无比巨大的中华水源保护伞。

建设绿色家园,必须扩大森林覆盖率。

在世界上,坚持全民植树的国家只有一个,那就是中国。

在世界上,实施三北防护林建设等浩大森林工程的国家只有一个,那就是中国。

"三北防护林工程"从1978年开始,到2050年完成,将历时70多年。建设范围东起黑龙江的江宾县,西至新疆维吾尔自治区的乌孜别里山口,全长8000多公里,宽400到700公里,占国土面积的42%。

30多年来,三北工程累计完成造林保存面积2446.9万公顷,森林覆盖率由工程建设前的5.06%提高到10.51%。已经栽活的树木单行排列,可以绕地球3750圈。造林开挖的土方量,相当于构筑了75座万里长城。

三北防护林体系建设被誉为"世界生态工程之最","是改变大自然的伟大壮举"。2003年被吉尼斯总部确认为世界上"最大的植树造林工程"。先后有70多个国家的元首、部长和专家前来考察，他们都深感震撼。

沿海防护林带、红树林消浪林带、荒山荒坡林带、农田防护林带的建设也都取得了重大的成就。

建设绿色家园，必须改造荒漠化土地。

荒漠化在全球以每年7万平方公里的速度扩张，全球陆地总面积的1/4已经荒漠化，有10亿多人口受到荒漠化的严重威胁。

中国是世界上荒漠化最严重的地区之一，全国荒漠化土地总面积262.37万平方公里，占国土总面积的27.33%。

几十年来，中国政府和各族人民坚持进行荒漠化治理，初步遏制了荒漠化扩大的势头，取得了可喜的成就。

无论在北方，还是南方，都创造了治理荒漠化的成功经验。

亿利资源集团创造的"库布其产业化治沙模式"成效显著，引起了全世界的重视。

库布其沙漠是中国第七大沙漠，总面积有1.86万平方公里。

亿利集团20多年摸索出来的治沙经验主要有三条，即科技带动、产业驱动和生态改善民生。

亿利集团在沙漠中修起纵横交错的穿沙公路，把广袤的沙漠科学切割，化整为零，分而治之。先在公路两侧用沙柳做成网格沙障，固定沙丘。再用飞机进行大面积飞播牧草，同步种树。用同样办法，绿化一块，再绿化下一块，不断扩大战果，直至覆盖全部库布其沙漠。

库布其沙漠治理的成功，其他许多地方治沙的成功，是令人鼓舞的。过去是沙逼人退，现在是绿进沙退。联合国官员称赞说："中国防沙治沙走在了世界的前列"。

建设绿色家园，必须保护生物多样性，建设好自然保护区。

每一个生物物种，都包含着丰富的基因。一个基因，可能影响一个国家的经济，甚至关系到一个民族的兴衰。

生物资源，是国家的战略资源。生物多样性的保护水平，是衡量综合国力和可持续发展能力的重要指标。

到2008年年底，我国已建成农作物种质资源国家长期库2座、中期库25座。建成国家级种质资源圃32个。建成国家牧草种质资源基因库1个，中期库3个，种质资源圃14个。建成畜禽种质资源基因库6个。国家保存的农业植物种质资源量39万份。此外，我国林木种质资源、药用植物种质资源、水生生物遗传资源、微生物资源、野生动植物基因等种质资源库也都建立起来，形成相当规模。

保护战略性生物资源、维护国家生态安全的重要途径，是建立各种类型的自然保护区。

到2008年底，我国已建立各级自然保护区2538个，总面积14894.3万公顷，占陆地国土面积的15.13%，超过世界12%的平均水平。其中，国家级自然保护区303个。这些自然保护区，保护了我国80%的陆地自然生态系统、40%的天然湿地、20%的天然林、85%的野生动植物种群、65%的高等植物群落。

建设绿色家园，必须保护草原。

草原是地球上最大的陆地生态系统之一，中国是世界上第二草原大国，拥有60亿亩天然草原。

草原坚守着森林难以延伸的广阔地域，那里干旱而高寒，环境最为严酷，生态相当脆弱。草原作为面积最大的绿色屏障，在我国生态安全战略中，彰显出特殊而重要的地位。

2011年，国家启动了草原生态保护机制，范围涵盖内蒙古、新疆、西藏、青海、四川、甘肃、宁夏、云南八省区和新疆生产建设兵团。

在内蒙古、所有牧区和半牧区普遍实施草原生态保护机制，总面积10.2亿亩，5年投资总额高达275亿元。

在锡林郭勒盟，牧民齐木德一家6口人，有1.5万亩草场，牧养五六百头羊。过去多年，除去饲草料成本，齐木德一家年均收入在4万元左右。实行草原生态保护政策后，按照国家禁牧补助标准，齐木德家的草场得到恢复，每年还获得7万多元补助金，生产生活条件都改善了。

规模如此浩大，惠及无数牧民的草原保护工程，历史上前所未有，它将决定着中国草原的未来。

建设绿色家园，必须保护湿地。

湿地被称为"地球之肾"，主生长、发育，生态重要性非常显著。

参照国际湿地分类，我国湿地包括海岸湿地、河流湿地、湖泊湿地、沼泽湿地、草甸湿地等五大类。这些湿地是淡水的宝库，储存着我国96%以上可利用的淡水资源。这些湿地还能调蓄洪水、净化水源、减轻侵蚀、补充地下水，是降低自然灾害风险的"缓冲器"。这些湿地还是生物多样性的生态系统，被誉为"物种基因库"。

在中国大地上，许多湿地的消失令人惊心。

这是东北三江平原，从卫星图片的对比中人们可以看到，仅在最近30年间，已经有多少湿地不见了。

这是长江中游的江汉平原，20世纪70年代到90年代，许多湿地被围垦，变成了耕地。

若尔盖湿地是黄河上游的重要储水库，由于人工排水和过度放牧，沙化、盐碱化的情况非常严重。

这是广东珠海，基岩海岸已经城市化。这种情况在许多沿海城市都存在，沿海滩塗湿地是消失得最快的湿地生态系统。

在中国，抢救"地球之肾"的战斗已经打响。

太湖、巢湖、滇池以及淮河、辽河、海河"三湖三河治理工程"已经开展多年。

十二五规划中，又加上了因重金属污染的湘江治理工程。

全国许多地方加大了湿地保护力度，湿地建设已经成为我国自然生态建设的一大热点。

建设绿色家园，需要发展森林城市。

森林是城市中生命的保卫者，它吸收二氧化碳，放出氧气；它吸附粉尘，净化空气；它涵养水源，提供清水；它给人荫凉，减少噪音；它增加湿度，调节候；它防固沙，保卫城市。

城市森林的建设，不仅可以提高生态文明程度，而且可以催生和壮大城市生态产业，使城乡人民收入增加，生活改善。

2004年以来，先后有贵阳、沈阳、长沙、成都等36多个城市获得"国家森林城市"称号。

石河子市地处天山北麓。原本是通古特沙漠的一部分，没有树，没有草，连鸟儿也不飞。

1950年，第一批军垦战士来到这里，开始种树种草。诗人艾青曾在石河子工作过16年，他在《年轻的城》中写道："这里的一草一木，都由血汗凝成"。

现在，石河子已是一座森林城市。市区公园星罗棋布，城中森林成片成带。绿地率达到36.7%，森林覆盖率达到35%。

绿色孕育着生命，绿色代表着生机，绿色充满着希望，绿色张扬着活力。中华儿女在通古特沙漠中建设起石河子这样的森林城市，在全国广大地域内，到处都在涌现天蓝、地绿、水清、月明、人和的森林城市。

学术年表

1981 年

《论"生命的根源"》,载《哲学研究》1981 年第 2 期。

1982 年

参与起草《中华人民共和国民族区域自治法》。

1983 年

《哀牢山彝族起义》,云南人民出版社出版。

在全国人大民委民族法律研讨会上发表《一项伟大的任务——消灭民族间事实上的不平等》的演讲。

1984 年

《民族、社会与国家》,云南人民出版社出版。

1985 年

《民族法概论》,云南人民出版社出版。

1986 年

《宇宙源流论》,云南人民出版社出版。

1990 年

《达赖愧对黄袈裟》,载《贵州民族研究》1990 年第 1、2 期。

1995 年

《先民的智慧》，云南人民出版社出版。

《建立社会主义市场经济体制是中华民族的伟大创造》，载 1995 年 8 月 7 日《云南日报》。

1996 年

发表《邓小平理论与世界格局的演变》的演讲。

发表《重视民族问题的战略地位》的演讲。

《论文艺》，载 1996 年 7 月 8 日《云南日报》。

1997 年

发表《中国解决民族问题的正确道路》的演讲。

《伟大的历史使命》，载《党史月刊》1997 年第 1 期。

《用科技之火驱赶贫困》，载 1997 年 4 月 10 日《云南日报》。

《小农户走向大市场的一座桥》，载 1997 年 11 月 25 日《云南日报》。

1998 年

《变革时代的行与思》，人民出版社出版。

《学风问题与精神状态》，载 1998 年 1 月 18 日《云南日报》。

《要"小康"靠"老乡"》，载 1998 年 5 月 25 日《云南日报》。

在日本东京国际学术讨论会上发表中国民族问题的演讲。

1999 年

发表《论坚定社会主义信念》的演讲。

《论中国民族法体系》，载《四平民族研究》1999 年第 1 期。

《世纪末的战争》，载 1999 年 9 月 21 日《人民日报》。

2001 年

《光辉的建党学说》，载 1999 年 4 月 17 日《人民日报》。

2002 年

《社会主义是人民心中的太阳》，载《求是》2002 第 5 期。

《茶·茶文化·茶产业》，载《求是》2002 年第 7 期。

《中国各民族都是祖国统一的缔造者和维护者》，载 2002 年 7 月 27 日《人民日报》。

《文艺创作需要理论指导》，载 2002 年 9 月 3 日《光明日报》。

2003 年

《"三个代表"兴中华》，人民出版社出版。

作为中央宣读团成员和中央党刊总编辑，应邀在上海、天津、陕西、安徽、吉林、甘肃等省市和北京军区、南京军区、兰州军区、二炮部队、武警总部干部大会上作党的理论创新的演讲。

《多极世界和为贵》，载《求是》2003 年第 7 期。

大型电视理论专题片《东方之光》，中央电视台和各省市电视台在党的十六大召开期间同时播出。

《马克思主义中国化与中国经验马克思主义化》，载《求是》2003 年第 24 期。

2004 年

电视专题片《西部小康之星》，云南电视台播出。

《天府之国新跨越》，载《求是》2004 年第 21 期。

2005 年

在国家行政学院发表《共产党执政与中华民族振兴》的演讲。

电视专题片《彩云之南大通道》，云南电视台播出。

2006 年

科普电影《生命大爆发》，中央电视台和上海电视台播出。

《放眼彩云南》，载《求是》2006 年第 3 期。

2008 年至 2011 年

主持编撰《中国彝族通史》。

2010 年

《金融海啸和世界大格局》，云南人民出版社出版。

2011 年

《文化经济学》，云南人民出版社出版。

2012 年

《中国模式论》，红旗出版社出版。

2013 年

《神奇中国梦》，红旗出版社出版。

图书在版编目（CIP）数据

王天玺学术文选／王天玺著．— 昆明：云南人民出版社，2014.9（2015.9 重印）

（云南文库·学术名家文丛）

ISBN 978-7-222-11675-7

Ⅰ．①王… Ⅱ．①王… Ⅲ．①社会科学-文集 Ⅳ．①C53

中国版本图书馆 CIP 数据核字（2014）第 221731 号

出 品 人：	刘大伟
统筹编辑：	马维聪
责任编辑：	马维聪　梁洪泽　谭　华
装帧设计：	郑　治
责任校对：	谢学军　李继孔
责任印制：	洪中丽

书名	**王天玺学术文选**
作者	王天玺　著
出版	云南人民出版社　云南大学出版社
发行	云南人民出版社　云南大学出版社
社址	昆明市环城西路 609 号
邮编	650034
网址	http：//ynpress.yunshow.com
E-mail	ynrms@sina.com
开本	787mm×1092mm　1/16
印张	20.5
字数	300 千
版次	2014 年 10 月第 1 版　2015 年 9 月第 2 次印刷
印刷	云南商奥印务有限公司
书号	ISBN 978-7-222-11675-7
定价	60.00 元